JN438820

이승우 교육칼럼·에세이

교육이 살아야 나라가 산다

이 승 우 지음

이승우 박사는

1956년 전북 군산에서 태어나 경기고등학교와 서울대학교 법학과를 졸업하고 행정고시에 합격하여 공직생활을 시작하였다. 공직생활 중 서울대학교 행정대학원에서 행정학석사, 미국 하버드대학 케네디스쿨 정책학 석사, 성균관대학교 대학원에서 행정학박사 학위를 취득하였다.

36세 전국 최연소 나이에 순창군수로 부임하여 순창고추장 민속마을 조성, 강천산 관광지 개발, 농외소득증대 사업 등을 추진하여 순창을 최우수 농촌으로 만든 업적이 있다.

청와대 대통령 비서실에 근무하면서 국정홍보, 행정쇄신과 지방정책 보좌에 탁월했다는 평을 받았다. 행정안전부에 근무하면서는 지방공무원제도와 지방재정정책 등 주요정책을 입안하였다.

전라북도 기획관리실장으로 있으면서 도정의 중심역할을 하여 전북의 위상을 높이는데 발군의 공로가 있었다. 군산 자유무역지역 지정, 새만금 방조제공사 지원업무에 특히 공이 컸다. 이 업적으로 인하여 국가로부터 홍조근정 훈장을 수수 하여 국가 공직자의 표상이 되었다.

2002월드컵 문화시민운동 중앙협의회 운영국장으로서 시민의식 운동 전개를 주도하면서 월드컵 거리응원문화를 새롭게 탄생시켜 세계를 놀라게 하였으며, 대한민국의 자긍심을 높였다. 민간에서는 시민정책연구원을 설립하여 공공정책을 국민을 위한 정책의 방향으로 전환하는 연구를 하고, 국제사이버대학교 부총장으로 초빙되어 교육 관리와 행정에 경륜을 투여하였다.

다시 전라북도 정무부지사로 복귀하여 전라북도 도정을 이끌며 새만금 개발 현안문제를 타개하는데 지도역량을 발휘하였다. 중앙공무원 교육원장으로 부임하여서는 공무원 교육의 혁신적인 제도개혁을 추진하였고, 학습인증제 도입 등 공무원의 역량 배양을 위한 전문교육을 강화했다는 호평을 받았다.

군장대학교 총장으로 취임하여 취업이 강한 대학으로 면모를 일신하여 지방의 명문사학으로 발돋움 시키고 있다. 전라북도 교원단체 총연합회장으로 선출되어 전북교육의 현안문제를 개선하며 교육의 혁신을 이끌고 있다.

서 문

교육의 창조적 혁신을 꿈꾸며

그동안 우리교육은 교육의 각 분야에서 변화의 개혁을 위한 꾸준한 노력에도 불구하고 여전히 교육적이지 못하다는 비판에 직면해 있다.

우리의 교육이 어떤 방향으로 가야하며 어떻게 가르쳐야 하는 줄 알면서도 실제적으로는 입시경쟁의 압축적 교육에 매몰되어 이상적인 교육을 추구하려는 교육은 그저 구두선에 그치고 있을 뿐이다. 교육의 문제점들을 잘 인식하고 있기는 하지만, 그것을 바꾸고 개선하는 개혁의 실천은 변화해야한다는 당위성의 담론으로만 대체되어 허공의 메아리로만 되돌아 온지 벌써 반세기가 넘었다.

우리의 교육의 문제점에 대한 비판과 질책이 누적되어온 세월만큼 이제는 교육의 창조적 혁신이 절실하게 필요한 때이다.

몸살을 앓아 울고 있는 학교도 달래야 하며, 입시중심의 꽉 막힌 답답한 가르침도 확 트이게 하여 학생과 학부모가 만족할 수 있는 행복한 교육이 되어야 한다. 실추된 교권이 회복되어야 하며, 교육에서 소외된 학생이 없는 교육이어야 한다.

궁극적으로 교육의 본질적인 혁신은 인간의 창조성을 개발하여 그 창조적인 능력을 함양하는데서 이루어진다. 교육의 창조적 혁신의 주체는 선생님들이다. 교육이 잘못되었다는 비난과 꾸지람을 온몸으로 당하며 묵묵히 교육의 본연을 찾아 가르침을 행하는 선생님들만이 지금의 우리교육을 바꾸어 혁신할 수 있다. 여기에는 교육당국과 학부모님들의 뒷받침과 지지가 무엇보다도 필요하다.

우리의 교육에 발전적인 개혁의 간절함이 남아있는 한 교육이 창조적 혁신의 꿈은 이루어 질 것이다.

2013년 12월

오성산 자락 집무실에서

저자 이 승 우

목 차

■ 학교가 울고 있다

■ 우리교육, 정말로 반성해야

■ 교육이 살아야 나라가 산다

■ 가고 싶은 학교, 보고픈 선생님

■ 선생님은 위대하다

■ 언론사 칼럼

■ 1분 논평

학교가 울고 있다

요즈음 학교가 만신창이가 되어 가고 있다.
교육은 창조적 능력을 개발하는 것이라는데
오랫동안 입시위주 교육에 찌들린 데다
공교육을 망쳤다고 두들겨 패고,
흐리멍텅 하다고 눈을 흘긴다. 그래서 힘든데
학생인권이 어쩌고저쩌고 드잡이 질로
멍들게 하더니
정작 가르치는 일은 나중 일이고
진보냐 보수냐 싸움질이다.
학생들의 마음은 떠나버려
휑한 허전함 외로운데
학생들은 저희들끼리 따돌리며 치고받는다.
학교도 결국은 울어 버렸다

교육은 학생의 창조적 능력을 개발하는 것

교육이란 무엇인가? 에 대한 물음은 내 자신이 교육학을 전문적으로 공부하지 않았기 때문에 교육학자적 대답은 할 수는 없다. 교육관련 이론서나 문헌을 이것저것 들여다보면 그야말로 교육에 관한 정의는 백가쟁명(百家爭鳴)이다.

분명한 것은 교육은 가르치는 자와 배우는 학생간의 상호작용 속에서 이루어지는 것이고, 그 상호작용의 매개체가 교육내용이라는 사실이다. 지금 우리의 교육의 일상적이고 식상한 비판적 화두인 입시위주의 교육이란 말은 학생들에게 가르치는 내용이 상급학교에 진학하기 위한 내용과 요령만을 가르친다고 해서 붙여진 비판적인 명제이다. 입시위주 교육이 비판적인 교육의 실재를 말하고 있는 저변에는 고입이나 대학입학 시험이 문제가 있다는 것을 상정하고 있다. 즉, 특목고나 일반고에서 학생을 선발하는 시험방식, 또는 학력고사, 그리고 대학입학을 위한 수능시험이나 각 대학에서 선발하는 방식의 시험이 잘못되었다는 것처럼 느끼게 한다. 그러나 고입선발에 관련된 학력고사나 대학을 입학하기 위한 수능시험은 고교에 진학하거나 대학에 입학하는 학생의 수학능력이 있는지를 가늠하는 것으로 평가방식에 하등에 문제를 제기할 수는 없다.

고입선발인 학력고사는 그 평가의 포괄적인 내용이 중견국민으로서의 역량과 능력을 갖추고 있는지를 묻는 것이고, 대학 수학능력 평가는 대학생으로서의 수학능력이 있는지의 정도를 평가하는 것이다. 따라서 입시위주의 교육이라는 말은 적어도 외견상으로는 비판적으로 써서는 안될 말이다. 그런 의미에서 보면 입시를 목적으로 하는 교육은 상급학교를 진학하기 위한 하급학교의 정당한 교육목적이 되는 것이다. 문제는 그 교육의 정당한 목적과 수단이 전도되어 교육이 이루어지고 있다는 면에서 입시위주의 교육이 교육 아닌 교육으로 비판을 받고 있다는 점이다. 목적을 지향하는 정당한 교육이 아닌 수단으로서의 교육이 이루어지기 때문에 원래의 교육적으로 지향해야 할 교육활동이 이루어지지 않고 요령이나 방편으로 목적을 수단시하기 때문이다. 요령과 방편의 비교육적인 입시위주교육은 교육의 본질을 송두리째 해체 해버린다. 수십 년 동안 우리의 교육 풍토에 뿌리 깊게 자리 잡은 병폐로서의 입시위주교육은 젊은 청소년들은 그것이 좋은 것인지 나쁜 것인지도 모르고 적응하도록 길을 들였다. 우리 청소년들은 잘 훈련된 곡마단의 코끼리 마냥 아무 생각 없이 사육사의 손짓에 따라 움직일 뿐이다.

입시위주교육에 매몰된 우리 학생들은 지금 내가 배우는 내용이 무엇을 의미하는 지, 그리고 그것을 왜 배워야하는지를 모르고 있다. 아는 것이 있다면 그 요령과 방편대로 해야 만이 고등학교에 갈 수 있고 대학에 갈 수 있다는 것뿐이다. 선생님은 그것을 무조건 알아야한다고 주입하고, 학생은 무의미철자를 머릿속에 우겨 넣으면서 입시의 그날까지 단기기억 속에 저장만 하면 된다.

이런 형편의 입시위주의 교육이고 보니 우리 학생들은 의미 없는 지식들을 저장고에 넣어둔 채, 그것이 무엇인지도 모르고 시험 보는 요령과 방편으로 활용할 뿐이다. 그러니 선다형 시험지의 답은 잘 골라내도 그것이 왜 정답이며, 정답이 아닌 나머지 보기의 답은 왜 답이 아닌지를 설명하지 못한다. 단편적인 지식만 쌓아갈 뿐이다.

아이러니 하게도 대입을 앞둔 고3 수험생들은 90%이상이 컴퓨터 게임에 열중하고 있다. 그들은 게임을 통하여 입시위주의 교육방식에서 받는 스트레스를 해소한다고 한다. 그 이유는 간단하다. 입시에 목직을 둔 학교교육은 의미 없이 기억의 저장고에 벽돌처럼 차곡차곡 쌓아두어야 하기 때문에, 그것을 감당해야 하는 인지구조의 저장고는 무겁고 힘겨울 수밖에 없다. 하지만 게임은 '내 자신 스스로가 인지전략을 새워가며 전략을 펴고 새로운 논리를 만들 수가 있어서 머릿속의 멍멍함과 꽉 막힌 가슴이 시원하게 뚫린다'는 것이다. 입시위주의 주입식 암기식 교육이 단순지식과 시험을 보기 위한 요령과 방편만을 가르치기 때문에 학생들은 그 방법들만을 기계적으로 파지(把持)하면 인지적 조작, 즉, 머리 쓰는 두뇌회전에 억압을 받아 스트레스가 가중되게 된다. 이 때 게임을 통해 인지적 조작의 활성화를 함으로서 억눌린 긴장을 해소한다는 것이다. 입시위주의 교육이 주입식·암기식 교육이라고 비판받는 것이 바로 이런 현상 때문이다. 교육의 장면에서 교사와 학생의 상호작용은 기본적으로 지식을 축적하는 것이 일차적인 학습활동이지만, 그 지식을 기능으로 바꾸는 인지적 조작을 통하여 학습자들은 그 능력이 발휘되는 것이다. 그러나 입시위주의 교육은 지식의 내용을 통한 입시문제풀이의 수단과 요령만을 가르치기 때문에 학생들은 인지구조의 활성화 전략을 수립하지 못한다. 자기 방식의 학습 인지전략을 활성화하지 못하는 긴장감의 스트레스를 게임을 통하여 해결하고 있는 것이다.

인간은 원래 경험과 실천을 통하여 인지전략을 활성화한다. 즉, 얻어진 지식을 기능으로 바꾸는 조작을 통하여 능력을 형성한다. 이것이 인간 모두가 가지고 있는 교육적 자아이다. 교육적 자아를 가지고 인간은 그 고유의 특성인 고등정신기능을 발휘하여 능력을 표출한다. 고등정신은 인간만이 가지고 있는 고유한 성질로서 이것을 창조성이라고 한다. 그렇기 때문에 교육이 어떤 방식으로 말하여지든 간에 교육의 본질은 창조성을 개발하여 창조적 능력을 발휘하는데 있는 것이다. 따라서 인간의 본성은 창조성이다. 교육은 인간의 본성인 창조성을 개발하는 것이 되고, 이러한 창조성을 개발하는 교육을 창조교육이라고 한다. 따라서 모든 교육의 목적은 창조성으로 귀결된다. 그래서 우리 교육의 교실사태의 실상이 입시위주의 암기식·주입식 교육으로 이루어져도, 교육이 외현적으로 표방하는 목적은 창조적 인간교육, 창의성 교육, 창조적 능력개발 등을 말하고 있는 것이다. 우리교육이 외현적으로 창조성 교육을 말하고 있는 만큼 실제의 모든 교육도 창조교육체제로 혁신적인 변화를 추구해야 한다.

그렇다면 창조교육은 무엇인가? 창조교육을 하기 위해서는 먼저 인간의 본성을 창조성이라고 전제하고, 그 창조성을 개발하는 교육적 패러다임을 구성해야 한다. 여기에서 우리는 인간의 본성이 창조성이라고 한다면, 창조성은 무엇이냐 하는 문제에 직면하게 된다. 지금껏 창조성이나 창의성과 관련된 연구들을 살펴보면, 창조성은 머리가 좋은 영재의 입장에서 어느 능력분야의 하나가 뛰어난 것쯤으로 인식되고 있다. 그러나 이것은 말 그대로 한 분야의 영재적인 능력일 뿐이다. 창조성은 인간의 전인적 능력의 중심요소이다. 따라서 창조성을 개발한다고 하는 것은 인간의 전인적 능력을 개발하는 것으로 궁극적으로는 인격의 완성을 지향하는 것이다.

인간의 창조성을 아우르고 있는 본질은 사랑이다. 사랑은 모든 대상에 대한 관심과 의욕이다. 관심과 의욕은 사람의 삶에 있어서 살아가는 동력으로서 목표의식을 형성하는 것이다. 관심과 의욕이 있을 때 사람은 어떤 지식의 대상에서 인지전략의 활성화를 자기 능력껏 활용하여 가치를 창출한다. 그러므로 창조성은 인간의 본성으로서 삶의 전 영역에 작용된다.

개인적으로는 나의 아버님이시지만, 한국에서 창조교육학을 창시하고 체계화한 한국 교육학계의 태두인 학창 이종록 선생의 창조교육학파의 이론에 따르면 창조성을 전인격체로 파악하고 있다.

창조교육에서는 인간의 창조적인 삶의 영역을 여섯 분야로 나누어 창조교육이 전인격체의 교육임을 전제한다. 첫째로 신체·생리적 영역의 창조적 능력가치는 생동력, 둘째, 사회적 영역의 창조적 능력가치는 협동력, 셋째, 이지적 영역의 창조적 능력가치는 탐구력, 넷째, 도덕적 영역의 창조적 능력가치는 선행력, 다섯째, 예술적 영역의 능력가치는 심미력, 여섯째, 종교적 영역의 능력가치는 신애력이다. 이와 같은 창조능력의 가치를 길러내기 위한 교육은 먼저 학생의 자유성과 자발성을 조장해주면서 교사의 사랑과 학생의 공경심이 어우러진 교육적 작용의 교실사태를 상정한다. 그리하여 창조성을 개발하는 교수와 학습방법의 단계는 발상-발견-발굴-발현-발전이라고 하였다.

발상은 상상을 시작하는 단계이다. 상상은 지각이나 사고등과 같은 자극이나 객관적 원인에서 규정되어 생기는 체험과는 달리, 자유롭고 자발적인 직관활동에서 만들어지는 것으로 개인적이고 직관적이다. 그 내용을 구성하고 있는 요소는 체험속에 있다고 하더라도 전체로서 종합된 것은 경험을 초월하는 것이므로 기억과는 본질적으로 다르다. 상상에는 개인적 인격이 나타나는 것이 특색으로 개인의 요구, 감정 등이 투영된 것이다.

발견은 발상의 단계에서 탐구되어진 가치를 긍정하고 그 가치에 의욕과 정열을 가지게 되는 과정이다. 발견의 단계에서는 아직 구체화되지 못하고 희미한 상태에 있는 상상의 내용이 구체적으로 표현되면서 차츰 통일과 질서를 얻어가는 과정이다. 그러므로 발견하고자 하는 내용이나 대상의 각 부분의 영역이 구체화되어 창조적인 사고가 가시적으로 표현되기 시작한다. 즉, 해결해야 할 구체적인 문제를 발견하는 단계이다.

발굴은 발견의 단계에서 얻어진 합리적이고 계통적인 구상으로 바뀌는 과정이다. 새로운 가치를 향한 목적적이고 통일적인 구상이 이루어지는 단계를 말한다. 여기에서는 발견의 단계에서 얻어진 내용이나 문제의 요소를 파악하고 분석하여 구체적인 창조성으로 가다듬어 가는 것이다. 따라서 발견단계의 사고가 실제 활동으로 이루어지면서 학생들의 개성이나 특성에 창작적 체험이 들어오는 것을 말한다. 발견과 발굴의 단계는 관념적인 구분일 뿐, 실제로는 공존관계에서 거의 동시에 작용되는 것이다. 즉, 발견은 발굴을 이루어가는 직접적인 토대가 됨으로써 창조적 가치가 실현되어가는 과정에서 도리어 새로운 방향으로 상상력을 새롭게 전개하면서 거기에서 또 다른 발상을 낳게하는 것이다.

발현은 발굴된 내용을 활용하여 계통적으로 정리함으로써 의미 있는 내용으로 완성되어가는 것을 말한다. 발굴의 단계에서 얻어진 자료를 분석과 종합으로 정리하여 내용을 구성하여 가다듬는 단계이다. 즉, 발굴단계의 내용이 발전단계를 위한 상상의 힘으로 다듬어져서 점차로 통일과 질서를 얻어가는 과정으로 나타나는 것이다. 여기에서는 발전단계에서 나타내고자 하는 대상과의 공감적 작용이라든가, 각 부분의 표현될 가치의 역할을 생각하는 중요한 구실을 한다.

발전은 새로운 가치에 대한 구성을 객관화함으로서 새로운 가치가 창조되는 과정이다. 모든 사고력을 자유롭게 활용하며 구상을 실천·구현하는 단계이다. 이와 같은 가치의 실현이나 완성은 그 자체로 끝나는 것이 아니라, 이것은 다시 새로운 창조성을 낳게 하는 발상을 자극할 수 있어야만 진정한 창조성의 가치가 있는 것이다.

이처럼 창조교육이론은 그 전인격적인 능력을 발휘하여 인격을 완성하는 이론적인 체제를 가지고 있음을 알 수 있다. 그런데 왜 우리의 학교현장은 창조교육의 체제로의 변화를 하지 못할까? 그것은 반세기만에 다른 나라에서는 도저히 이룰 수 없었던 경제부흥의 압축 성장의 영향이 있다고 본다. 초고속 성장의 샴페인을 터뜨렸던 산업사회지향의 우리의 역량은 교육에 투영되면서 압축적인 교육으로 몰아갔다. 그러므로 교육의 본질은 도외시한 채, 수단과 요령이 교육의 전부인양 인식되고 입시위주의 암기식·주입식 방법의 노예가 되어 우리 학생들의 창조적 능력을 개발한다는 교육의 논리는 그마저도 지식적인 이론으로만 남아있지 않나 싶다.

이제 우리의 교육이 변화되고 혁신되어야 한다는 주장들은 더 이상 구두선에 그쳐서는 안 된다. 학생들이 자신의 창조성을 능력으로 마음껏 발휘할 수 있도록 하는 창조교육체제로의 과감한 변화가 필요하다. 언제까지 우리 학생들이 입시라는 감옥 안에서 교육 아닌 교육의 원죄를 숙명처럼 안은 채, 주어진 요령과 방법을 규율인양 반복하면서 꿈과 희망을 잊혀져가는 박제인간이 되어가야 할까? 교육을 이 지경까지 만든 것은 주입식·암기식의 입시위주의 교육을 받아 그 방식대로 다시 대물림 하여 학생을 가르치는 우리 기성세대의 책임이다. 후일 경쟁과 투쟁만으로 점철되는 승리의 결과가 교육의 본질로 인식되지 않기 위해서는, 그래서 사회적 자아가 실현되고 인격의 가치가 바로서기 위해서는 지금이라도 늦지 않다. 교육은 학생의 창조적 능력을 길러 인격과 역량이 조화되어 인간다운 사람이 사는 사회를 만드는 것이 지금 우리 교육의 가장 시급한 과제이다.

입시경쟁의 선두에 선 학교

아무리 입시중심의 교육이었다고는 하지만 예전에는 그래도 미래에 대한 꿈이 있었다. 이걸 꿈꾸었다가 '에이, 이건 재미가 없을 것 같아' 하면서 장래의 희망을 바꾸기도 했다. 그런데 요즘 학생들은 아예 그런 꿈조차 없다는 생각이 든다. 장래의 희망보다는 어떻게 하면 돈을 잘 벌어 잘 먹고 잘 살 수 있을 것인가 하는 것이 전부인 현실적 고민이 주류를 이룬다. 그래서 자칫 기본적인 삶조차 누릴 수 없게 되지 않을까 하고 전전긍긍한다.

우리시대 무렵의 학생들의 꿈은 이상적이었다. 막연하게나마 밝은 미래를 생각하면서 큰 꿈을 꾸었다. 지금의 학생들은 현실적인 꿈만을 꾼다. 어린 학생 때부터 스스로를 제한하고 가두기 시작하는 것은 아닌지 안타까운 생각이 든다. 물론 지금의 학생들이 우리 기성세대보다 훨씬 풍요로워진 삶의 덕분에 여유로운 생활을 하고 취미생활을 하면서 사는 것이 당연한 것일 수 있다. 여유로운 생활덕분에 우리 자녀들에게 '정 안되면 가게라도 하나 마련해 주마' 하는 것이 학생들의 꿈을 현실에 안주하게 하는 것이 아닌가 한다. 그러다 보니 우리 학생들이 자연히 진취적이지 못한 부분이 있다. 자기의 꿈을 이루기 위해서 도전을 한다거나, 기존에 없던 것을 만들어봐야 하겠다는 창조적인 정신보다는 기존의 삶이나 사회에 어떻게든 잘 적응하여 남보다 더 먼저 좋은 자리에 가야겠다는 현실 안주적인 경쟁에만 매몰되어 있다.

우리 청소년들이 뭔가 도전하고 부딪혀야 사회가 변화한다. 도전하는 패기는 기성세대들에게도 변화와 혁신에 대한 자극을 줄 수 있다. 그런데 젊은 청소년들이 그렇게 하기 어려운 사회 환경이다 보니 기존의 사회에 너무 쉽게 순응해 버린다. 그런 면에서 보면 학생들에 대한 교육이 더 어렵게 느껴진다. 도전과 창조의 의식을 갖게 하는 것이 좋은 교육인 줄은 알지만 가르치는 선생님들도 사회적응적인 안주의 풍조 때문에 과감하게 하지 못하고 우물쭈물하다 체념해 버리고 만다.

학교에 입학하기 시작하면서부터 현실적인 꿈과 그것을 이루기 위한 여러 여건들을 스스로 점검하기 시작하면서 생각의 폭이 좁아진다. 그러다 보니까 선생님이 이야기하는 미래의 비젼과 전망에 대해서는 거리가 멀다고 일찍부터 생각하는 경향이 심화되고 있는 것이다. 실제로 전북교총회장의 일을 수행하면서 고등학생들과 간담회를 한 적이 있었는데, 그들의 대부분의 미래에 대한 꿈은 적당히 대학을 졸업하고 돈을 잘 벌어 잘 먹고 잘 살겠다는 것이었다. 얼핏 소박하고 보편적인 희망 같지만, 그 내면에는 도전과 미래의 가치를 창조하려는 의욕이 없는 현실 안주적인 무기력한 꿈들이었다. 그러다 보니 선생님이 가르치는 것과 학생이 배우려는 것 자체를 극히 제한적으로 받아들이게 되고 스스로를 좁은 테두리 안에 가둘 수밖에 없는 것이다. 이것은 꿈과 비전이 없이 이 사회에서 살아남는 길은 우선 대학을 가고 보자는 입시위주의 교육의 오랜 관행 때문에 형성된 학생들의 생각이다. 적성과 꿈에 맞추어 원하는 전공에 진학하기 보다는, 무조건 보다 좋은 대학을 얼마만큼 학생을 진학시키느냐가 그 학교의 수월성을 평가하는 사회적 풍조이다 보니 학교의 교육이 입시경쟁의 선두에 서 있는 것이다.

선생님들은 미래에 대한 다양한 꿈과 비젼, 그리고 가치를 창조해 왔던 사례를 말해 주고, 그 꿈을 찾아 나가는 과정을 이야기하면서 가르쳐도 충분히 학력을 신장하는 교육이 될 수 있다. 그런데 현실적인 여건이 학교 간 학생 간의 경쟁이 곧 학교와 학생의 수월성을 가늠하는 척도가 되다 보니, 선생님들은 뻔히 알면서도 무조건 암기시키고 주입시켜 우선 대학부터 가고 보라고 하는 것이다. 어떤 학생이 자기가 좋아하는 드럼 치는 일에 몰두하여 학과 공부를 소홀히 하자 선생님은 '3년만 참아라, 대학가고 나면 드럼 치는 일은 얼마든지 할 수 있다'고 지도하는 것이 옳은 학생지도가 되어버린 학교교육의 슬픈 현실이다. 그 학생은 드럼 치는 일도 대학진학도 하지 못하고 시급제 일용 노동을 하며 때늦은 인생살이 도전을 다시 시작하고 있다. 한 학생의 개성과 적성이 입시경쟁의 교육에 의해 희생된 학교교육의 씁쓸한 뒷모습이다.

큰 틀에서 자기의 꿈을 펼치며 자기를 재발견 할 수도 있고 꿈을 이룰 수 있다. 그런데 대학진학만을 위하다보니 결국 대학진학이 아니면 '나는 할 수가 없어'라고 포기하게 만드는 것이 입시경쟁을 선도하고 있는 학교교육인 것이다. 그래서 학교교육의 붕괴, 공교육의 위기라는 말이 생겨났고, 학교교육을 정상화하여 공교육을 살리자는 주장은 수십 년이 지났지만, 결국, 교육을 바로 세우자는 실효성 없는 운동의 구두선과 교육자나 교육학자들의 주장의 논지적인 자료로 그치고 말았다. 여전히 학교가 입시경쟁의 선두에 서 있다는 비판은 면하기 어려운 상태이다.

그러므로 사회 전체가 공교육에서의 문제해결 방법을 포기하고, 사교육을 통하거나 다른 방법을 통해서 자녀들의 문제반을 헤결하려고 한다. 입시경쟁의 선두에 있는 학교에서는 인성교육이나 창조교육 자체를 생각할 상황이 아닌 것 같다. 학교는 오르지 좋은 대학에 가기 위한 입시학원이 되었다. 이제 학교는 대부분의 학생들이 고등학교라도 졸업해야지, 대학교라도 나와야지 하는 생각으로 악착같이 매달려 있어 입시경쟁의 급물살에 허우적거리며 그냥 흘러갈 뿐이다. 이런 급물살 속의 교육에서 개성과 꿈과 끼를 기르는 창조교육은 꿈도 꾸지 못할 일이다.

학교현장을 둘러보며 선생님들과 간담회를 통해서 우리 사회는 일찍부터 학벌주의와 학력주의가 판을 치면서 그 학벌과 학력을 갖기 위해서 사생결단으로 몸부림치는 경쟁사회의 교육이라는 것을 더욱 절실히 느꼈다. 자본주의 사회체제가 다양해 지면서 직업도 다양화되었다. 학생자신이 지닌 꿈과 현실사회의 직업을 대응시켜 나가는 교육이 이루어져야 하는데, 지금의 입시구조의 교육의 상황에서는 현실적으로 불가능한 구조이다.

좋은 일자리를 갖고 사회적으로 존경받고 사랑받고 싶어 하는 것이 모든 각 개인의 바람이다. 그런 바람을 성취하려면 사회구조상 엄청난 경쟁을 해야 하고, 그런 경쟁의 무기가 학력과 학벌지상주의 사회를 만들었다. 그러다 보니 그런 경쟁에 뛰어들도록 학교가 그 선두에 서서 지휘하지만, 대부분은 자기가 원하는 목적을 성취하지 못하는 구조가 되어버렸다. 결과적으로 학교교육은 교육을 통해 성공보다 좌절을 경험하게 하는 경쟁의 필요악으로 기능하고 있는 셈이다.

이처럼 과열된 무한 경쟁체제에서 아무리 노력해도 학교교육만으로는 목적지에 가기 어렵다고 여기게 되면서 사교육 의존도를 극도로 높이기 시작했다. 입시경쟁을 선두 지휘하는 학교교육이 사교육을 조장하고 있는 것이다. 하지만 누구나 다 사교육에 사활을 걸고 있는 상황에서 아무리 열심히 해도 원하는 것을 얻기 어렵다는 좌절감이 팽배한 교육의 구조가 되어버렸다.

교육은 경쟁보다는 함께 어울리는 방법, 더불어 사는 방법부터 가르쳐야 한다. 그러나 우리의 교육은 어렸을 때부터 경쟁을 내면화하는 교육을 하고 있다. 결국 이러한 교육의 경향이 사회 전체적으로 흐르다 보니 이제는 교육만으로 해결할 수 없는 부분이 많아지게 된 것이 지금의 교육의 문제이다.

어렸을 때부터 경쟁이 아닌 어울리고 배려하는 교육을 받아야 커서도 그런 방향으로 간다. 하지만 부모부터가 자녀의 장래를 불안해한 나머지 오르지 자녀의 경쟁력 강화에만 목을 매는 현실이다. 사회에 나가서 살아남기 위한 경쟁력과 정신력을 길러준다고 군부대의 극기 훈련소 같은 데를 입소시키는 다소 비이성적인 사회의 통념 때문에도 입시경쟁의 교육체제를 변화시키기는 요원해 보인다. 그것은 사회 전체가 시스템으로 움직이며 교육은 불가분의 관계가 있기 때문이다.

초·중등교육과 대학교육, 그 이후의 사회와의 관련해서 교육과 직접 관련된 것은 일차적으로 일자리 고용의 문제이다. 우리사회의 고용구조는 다른 나라에 비해 비교적 불안정한 상태이다. 고용구조에서 비정규직이 절반 이상인 것은 심각한 문제이다. 직업이 분화되고 경제 환경이 급변하는 가운데 점차 불안정한 직종들이 많아지면서 좋은 일자리가 줄어들고 있는 상황이다 보니까 그것이 대학교육에 영향을 미치고, 대학교육은 초·중등교육에 영향을 미치게 되면서, 동시에 고용구조를 중심으로한 사회구조가 초·중등교육의 향방을 좌우함으로 학부모의 교육에 대한 생각에 영향을 미친다. 그러다 보니 학생들 자신도 더 불안해 할 수밖에 없고, 학생들에게 절대적인 영향을 미치는 학부모들도 대부분 이런 사회에서는 입시위주의 교육에 따라갈 수 밖에 없다는 생각을 갖게 된다. 그러므로 교육이 입시위주로 더욱 강화되고 학교가 입시경쟁의 선두에 서게 된 것이다.

1980년대 이후 신자유주의적인 정치경제 이념과 정책들이 부활하고 강화되어 사회전반으로 급속히 확산되면서 다른 선진국보다 빠른 속도로 산업현장에 도입되었다. 그로 인하여 고용구조가 그만큼 빠른 속도로 불안정해진 우리 경제의 실상이다. 그 영향으로 교육정책이나 노동정책이 영향을 받고 갈수록 교육에도 경제적인 접근 방식을 도입해야겠다는 생각이 당연시되었다. 그런 상황을 반영이라고 하듯 교육부장관에 경제 전문가가 기용되어 교육은 압축경제 성장처럼 경제발전의 논리를 적용하면서 학교를 입시경쟁의 일선에 내몰았던 것이다.

지금이라도 늦지 않았다. 우리가 우리의 교육을 입시위주의 교육이라고 비판하고 성찰하고 있는 것만큼, 우리의 교육은 그 본질과 기능을 본연에 맞게 회복할 수 있다. 국가 백년의 미래를 생각하는 교육이라면 교육은 입시경쟁의 선두로 나설 것이 아니라, 인격과 인성의 창조적인 능력을 함양하면서도 입시위주교육의 정당한 교육목적을 이룰 수 있도록, 가정에서는 학부모, 학교에서는 교사들이 사회에서는 시민의식이 우리의 교육체제를 창조적으로 혁신하는 교육의 혁명적 발상의 전환이 필요한 때이다.

한국 공교육의 위기와 타개 방향

공교육이란 국가권력의 주도에 의해 교육의 주도권이 이루어지는 교육이다. 공교육은 국가가 법규를 가지고 실행하는 교육이기 때문에 공교육의 행사는 법규에 의해 제한된다. 국가주도에 의한 공교육의 정책은 1960년대부터 세계적으로 문제와 비판이 제기되기 시작하였다. 한국에서도 공교육의 문제점은 지속적으로 제기되어 왔으나 공교육의 새로운 문제 제기의 기점은 2008년도 '4.15 학교 자율화 추진계획'에서 부터이다.

'4.15 학교 자율화 추진계획'은 정부와 학교, 교사, 학생, 학부모 등의 교육이해 당사자 간에 오히려 새로운 갈등이 형성되면서 공교육이 더욱 실종되어 갔다는 비판을 면하기 어려운 실정이다. '교실 붕괴', '학교교육의 위기'에 결국은 '학교폭력' 등의 문제로 우리 교육계는 공교육 망국론으로 불릴 만큼 위기적 비판에 직면해 있다.

이러한 공교육의 현실은 가야만 하던 학교가 이제는 가기 싫은 학교가 되어 버렸다. 공교육의 부실은 모든 것이 국가의 책임으로 귀결될 수밖에 없다. 공교육이 하나의 거대한 국가의 교육 사업이라면, 지금의 상황은 교육의 부실경영 표본이라고 해도 과언이 아니다. 결국 공교육을 해체하여 민영화하자는 담론이 형성되는 것도 그만큼 공교육의 위기와 국가의 교육의 부실경영을 반증하고 있는 것이라고 할 수 있다.

국가가 공교육에 관여하는 것은 국가가 학교를 설립하고 운영하기 때문에 정당화될 수 있다. 물론, 이 비용이 국민의 세금으로부터 나오는 것이기는 하지만 어떻든 국가가 공교육에 관여하는 근거는 거기에 있다.

우리나라에서는 국가가 모든 제도교육을 다 관리하고 통제하고 있다. 그러다 보니 사립학교의 교육활동에까지도 국가가 관여하고 있다. 그리하여 제도교육 전반에 대하여 거의 절대적인 권력을 행사한다. 학교의 설립과 운영에 관한 수많은 규제뿐만 아니라 학생정원, 모집방식, 등록금의 책정, 교육내용, 평가 등 전반에 걸쳐 개입함으로써 사립학교 교육도 마치 공교육처럼 관리하고 있다. 심지어 사립 교육기관 교원의 봉급까지 국가가 지급하고 대가로 교육활동에 관여하고 있다.

그러므로 사립교육기관의 입장에서는 별도의 노력을 기울여서 새로운 프로그램을 개발하거나 독자적인 교육활동을 전개하기보다는, 국가에서 제시하는 최소한의 요건만 충족시키면 된다는 무사 안일주의의 교육에 길들여지게 되었다.

물론, 이러한 실상의 이면에는 입시위주의 교육이라는 한국사회 최대의 관심이 깔려있다. 즉, 한국의 교육과 관련된 모든 부정적 행태들은 입시라는 편리한 장치를 핑계로 정당화되고 있는 것이다. 따라서 공교육은 사교육기관인 사립학교를 포함하는 제도교육으로 혼돈하여 이해되고 있다.

우리나라에서는 교육에 대한 국민의 공공적 합의가 존재하지 않는다. 물론, 이상적인 목적으로서 홍익인간의 이념 등과 같은 인간교육과 현실적인 기능적 목표로서의 입시중심 교육이라는 현상이 존재하기는 한다. 그러나 교사와 학생, 학부모 모두가 학교가 무엇을 해야 하는지, 어떻게 해야 할 것인가에 대한 관심이나 목표의식이 현실적으로 작용되지 않고 있다.

이것은 교사와 학생, 학부모 모두가 공급자(국가)위주의 획일화된 제도교육에 길들여진 탓이다. 교육을 통해서 길러내야 할 인간상이 무엇인지, 학교는 무엇을 해야 하는지, 학생이나 학부모가 할 수 있는 일은 무엇인지에 대한 논의와 이에 대한 합의가 없다.

학교의 입장에는 어떤 방식으로 가르쳐야 할 것인지, 학생들을 위해서 어떻게 하는 것이 최선인지 고민할 필요가 없다. 국가의 입장에서는 그들의 교육정책만이 교육의 공공성을 확립하는 일이라고 볼 것이며, 수요자인 학생과 학부모는 그냥 이에 따르는 것이 교육이라고 생각한다.

따라서 비판하거나 문제를 제기하는 경우도 수요자의 입장의 교육적 이득을 추구하려는 논리에서 이루어 질 뿐이며, 교육목적과 방법에 대한 공공적 합의의 부재로 구체적인 대안의 제시를 찾아보기 어렵다.

모든 교육의 획일화와 표준화 문제로서 전국의 초·중학생은 같은 교과목을 같은 양 만큼씩 배우게 되어 있다. 전국의 인문 고등학교는 배우는 교과목이나 내용에 차이가 없다. 국가의 관리 하에 길들여져 온 탓이기도 하지만, 여기에서 벗어나면 큰 일이 날 것처럼 생각하는 경향이 있다. 그러다 보니 학교의 서열화가 자연스럽게 형성될 수밖에 없다.

개별학교나 교사는 별도의 노력을 기울일 필요가 없기 때문에 학교 간 교육의 특성화의 차이가 없게 된다. 사설학원에서 가르쳐지는 과목은 공교육에서 실제적으로 추구하는 입시위주 교육의 내용을 보완해 줄 뿐이어서 사설학원의 사교육 역시 입시위주 교육에 일조함으로 공교육 부실의 한 역할을 담당하고 있을 뿐이다. 따라서 한국 공교육에는 국가만 존재하고 학생이나 교사는 설자리가 없다. 즉, 교육주체의 역할이 소외되어 있는 것이다.

1972년 중학교 평준화 교육을 시작으로 1974년 고교평준화에 의한 평준화의 교육정책은 2000년대에까지 개정을 거듭해 오면서 교육이 국가의 통제에 의해 표준화·획일화되어 버렸다. 학교교육에서 교사와 학생은 기계적으로 작동만 할 뿐, 교육적으로 무엇을 어떻게 생산해야 할지 모르게 되어 있어 교육자체가 무의미할 뿐이다. 이러한 현상들은 급속한 사회변화, 학생 특성 및 문화의 변화, 학부모의 교육열, 잘못된 교육정책 등과 결부되어 결과적으로 교실붕괴와 학교폭력 등의 결과를 가져와 공교육의 위기를 초래하는 요인이 되고 있다.

공교육의 위기 원인으로서 교사 요인을 보면, 교육의 공급자

역할을 담당하는 교사들이 사회변화와 학생들의 변화를 쫓아가지 못하기 때문이다.

학교바로세우기 실천연대(2010)의 조사에 따르면, 학생의 34.9%, 학부모의 38.3%가 학교공동체 간 불신의 원인으로 '일부 교원의 자질과 자기 개발 등의 노력 부족'을 선택했다. 반면에 교사들은 3.5%만이 이 항목을 선택했다. 또한 학생들의 11.8%가 '사회변화에 대한 교사들의 무지'를 꼽았고, 40%가 '주입식 교육관행'을 꼽았다. 학생들은 교사들보다도 '주입식 교육관행'을 더 큰 원인으로 보고 있는 것이다. 이 점은 학교 개선의 우선순위에 대한 학생들의 응답에서도 잘 드러난다. 학생들의 21.1%가 '교사들의 교육방법'이 학교에서 먼저 개선되어야 할 것으로 보았다.

학생요인으로는 학생들의 의식이 변한 요인이다. 학생들은 학교는 제도권의 학력을 획득하여 대학을 가기 위하여 졸업해야하는 곳으로 인식할 뿐, 학교가 공부하는 곳은 아니라고 보는 것이다. 따라서 학교에서 이루어지는 각종 평가는 학교의 공부를 통해서가 아닌 학원이나 개인 과외에 의해 대비해야 한다는 의식이 지배적이다. 2000년대 들어 현재까지 사교육비 증가율이 매년 평균 4.95%가 증가하고 있는 것은 공교육체제인 학교 교육이 제대로 기능하고 있지 않음을 반증하는 결과라고 할 수 있다.

또한 학생들의 반 사회성과 반 권위주의적 무례한 태도, 기존의 사회화에 대한 극단적 도전의 모습, 그들의 왜곡된 개인주의와 자기중심주의 범람도 교실붕괴의 하나의 원인으로 지적되기도 한다. 아울러 주변문화에 머물렀던 청소년들의 문화가 엄연한 주류 문화로 자리 잡아 가면서, 어른에게 청소년이 영향을 받기보다는 오히려 청소년에게 어른이 영향을 받고 있는 역전된 문화상황의 도래는 교사의 문화적 지도력을 약화시킨다고 보고 있다.

공교육 위기의 제도와 정책요인으로서 학교의 원인은, 학생의 흥미와 욕구를 충족시켜주어야 할 학교가 그 역할을 제대로 담당하지 못하고 경직되어 있는 것을 문제점의 원인으로 볼 수 있다. 교사들의 25.2%가 공교육 위기의 원인으로 학교구조 및 교육제도의 경직성을 지적했다. 교육의 자율화는 오래되도록 문제시 되어온 획일적인 입시경쟁을 지양하고 학생 개개인의 잠재력을 최대한 실현시키는데 그 근본이 있어야 한다. 그런데 학교 자율화 조치는 규제를 완화한다는 한 가지 명분만으로 학생들을 더욱 강화된 경쟁으로 내몰아 사실상 고교의 입시 경쟁을 더욱 부활시켜, 오히려 자율화에 의해 공교육인 학교체제의 구조와 그 제도가 경직되는 결과를 초래한다고 보는 것이다.

교육정책의 원인으로는 정부가 교육개혁과 경제의 구조조정이라는 명분을 앞세워 교원과 교직사회가 원치 않는 교육정책과 제도를 수립하여 일방적으로 추진해 왔다는 데 있다. 경제논리를 앞세워 교원의 정년을 단축시키고, 정치적 결정에 의한 교원노조의 합법화, 경제의 구조조정을 이유로 교육재정의 상대적인 삭감배정이 교원의 근무의욕과 사기를 저하시켜, 결과적으로 의욕적인 교육활동을 위축시켰다.

특히, 2008년 4.15 학교 자율화 추진 계획이후, 교원의 인사에 대한 교육감의 권한이 절대적으로 확대됨으로서 교원의 권위와 자율성이 크게 훼손되고 아울러 교육력이 약화되어 사기를 저하시키는 결과를 초래하였다.

공교육 위기의 사회·문화적 요인으로서, 가정의 원인은 내 아이만이 최고라는 자녀 중심의 핵가족의 증가와 가정의 훈육 기능의 약화된 점을 들 수 있다. 일반적으로 교사들은 문제 학생 뒤에는 반드시 문제 가정이 있다는 생각을 하고 있다. 학생들의 기본예절 및 생활습관의 결여는 먼저 가정이 책임져야 한다는 관점이다.

"사람 됨됨이를 경시하고 오직 공부만을 강요하며, 제방청소, 자고 난 이부자리 정리조차 부모가 대신하고, 가족 간의 대화를 통한 합리적 문제해결을 위한 의사결정과정을 생략하고, 자녀가 요구하는 것이면 다 들어주어 남의 입장을 고려할 줄 모르는 버릇없는 아이로 키우는 가정교육"도 교실붕괴의 원인 제공으로 볼 수 있다.

핵가족화와 출산율의 감소로 자녀중심의 가정이 되다 보니 공동체주의보다는 개인주의, 이기주의가 팽배하게 된 것이 학생들의 규범의 상실을 초래하였다. 가정교육의 기능이 쇠퇴됨으로써 지식교육의 학교교육만 남아 있고, 가치의 교육은 상실되었거나 포기하고 있다.

이러한 관점은 "핵가족화가 진전되고 맞벌이 부부의 근로시간이 높은 상황에서 가족의 사회화 기능이 현저히 떨어진데다가 급진적인 근대화 과정에서 가정 내의 아노미현상이 커져 가면서 학교에서 학생들의 규범문화가 상실되었다"에서도 확인할 수 있다.

사회와 문화의 원인인 사회의 문제로는 대중매체가 사실상 청소년의 가치의식과 욕망구조, 소비양식, 생활양식을 지배하고 있다는 점이다. 대중매체는 자본주의적 상업주의와 소비주의 연계 고리로서 학생들을 자본주의적 존재로 형성시키고 있으며, 아울러 감각주의적, 표현주의적 행동양식을 형성시키고 있다.

언론매체가 미친 영향으로는 교육 및 학교, 교사에 대한 매스컴의 부정적 보도가 지적된다. 학교바로세우기 실천연대(2010)의 조사에 따르면, 교사들은 '교육부의 부적절한 교육정책(58.3%)', '가정교육부재 및 사회가치관 붕괴(56.4%)' 다음으로 '교사에 대한 매스컴의 부정적 보도(25.2%)'를 들었다.

문화적인 입장에서 공교육 위기는 기성세대와 신세대 문화의 어법이 맞지 않아 발생하는 것으로 보는 관점이다. 교사를 비롯한 기성세대의 산업사회에서의 경험이 소비자본주의 시대를 살고 있는 청소년의 세계와 의식을 이해하지 못하는 데에서 교실붕괴가 비롯된 것으로 파악한다. 인터넷과 게임, 가상공간을 타고 어른들이 겪는 세계와는 전혀 다른 공간 속에서 자라온 청소년의 문화가 주류문화의 일부를 형성하여 기성세대와 '다름'을 표방함으로서 그 문화적 불일치가 공교육을 어렵게 하는 것이다.

우리 공교육이 나갈 방향으로서는 먼저 교사의 권위가 회복되어야 한다.

교원들의 정년단축을 환원시키되 교직 부적격자로 평가될 경우에는 교직에서 퇴출시킬 수 있는 제도적 장치를 강구해야 한다. 동시에 교원에 대한 예우가 실질적으로 향상되고 교원 존중 풍토가 조성될 수 있도록 해야 한다.

대학입시정책과 제도는 일관성을 유지하면서 점진적으로 개선책을 강구해야 한다. 학교교육 중 수행평가를 도입하기 위해서는 연수를 통해 교사들의 이해를 넓히고, 수행평가가 가능한 과목과 영역에 한하여 실시토록 하되, 교사 1인이 평가해야 하는 평가대상 학생 수를 대폭적으로 감축해야 한다.

사회적으로는 언론매체가 학교교육 붕괴를 막고 학교공동체의 결속을 다지고, 육성·발전시키는 운동에 앞장서야 한다. 정치권 역시 교육을 당리당략에 이용하려는 생각을 버려야 한다. 정부에서는 더 이상 교원을 개혁의 대상이나 감시, 감독의 대상으로 보지 말고, 교육개혁의 주체임과 동시에 존경과 우대의 대상으로 인식하여 교원의 자존심과 권위를 존중하고 교권을 신장시킬 수 있는 정책을 수립, 실시해야 한다.

공교육이 바로서기 위해서는 학교의 민주적 의사결정구조가 확보되어야 한다. 학교의 의사결정구조에 있어서 민주적인 절차를 확보하는 것이 무엇보다 시급하다. 학교 자율화를 통해 자율권을 가졌다고는 하지만 아직까지는 학교사회는 경직되어 있다. 의사결정시스템을 민주적으로 구축하는 것이 중요한 과제이다.

교사, 학생, 학부모의 학교자치권이 보장되어야 한다. 단위학교에서의 교육주체들의 자치권이 보장되어 학교 구성원들의 자율성이 살아날 때만이 학교교육의 정상화가 이루어진다.

학교는 학교운영위원회, 학부모회, 교무회의 활성화를 위한 제도적 법제화의 보완이 필요하다. 교장의 관료적 경직성을 대폭 줄이기 위한 제도를 마련해야 한다.

학부모가 적극적으로 학교운영에 참여하는 방안을 마련하고, 명예교사나 학교자원봉사와 같은 기회를 더욱 확대하고, 학부모의 교육프로그램개발의 참여도 활성화되어야 한다.

학생회가 자주적으로 활동하기 위해서 학생회 예산편성과 집행권 확보, 학생회 대표의 학교운영위원회 참가, 학생 학습활동과 학생복지 문제에 대한 학생 참여 보장, 학생회 활동 공간 확보가 필요하다.

학교운영구조를 전면적으로 개편하여 실질적으로 교사들이

학교 의사결정에 참여할 수 있는 각종 위원회, 협의회 활동이 활성화되어야 한다. 교사들의 수업과 생활지도에서의 교육권이 강화되어야 한다. 교사들의 수업과 관련된 교수권과 평가권은 교사의 판단과 책임으로 존중되어야 할 것이다. 또한 담임교사의 생활지도상의 평가에 대해 권위를 인정해 주는 제도적 장치가 필요하다.

그 밖에 학교교육환경 조성을 위한 투자가 확대되어야 한다. 또한 한국의 초·중등학교의 국민공통 기본교육 과정에서는 다양성과 차이를 인정해주어야 한다. 더 나아가서는 다양성과 차이를 보다 적극적으로 신장시키는 교육과 동질성을 강조하는 가치, 태도교육에 중점을 두어야 한다.

공교육을 위해서는 교육수요자를 위한 학교체제의 혁신과 제도의 보완이 이루어져야 한다. 학생이 자기 삶의 방향을 스스로 찾아가도록 도와주며, 자신의 성장을 위해 자율성을 신장시킬 수 있는 조건을 마련해야 한다. 학생의 자긍심을 길러주는 생활지도와 상담기능이 필요하다.

인간적이고 친밀한 교실분위기가 조성되어야 한다. 내용과 교과주제의 질이나 교수법을 개선하여 학생 모두가 수업에 동참할 수 있도록 해야 한다. 이를 위해 학급당 학생 수를 30명으로 줄이고, 학교 규모를 학년 당 5학급 이내로 줄이는 작은 학교로 전환해야 한다.

학교가 자치 공동체로 발전하고 학교 안에 토론 문화가 활성화되어야 한다. 학생들이 만든 규칙을 학생 스스로 지키는 자기규율의 능력을 배양하기 위해 학교 및 학급 규율의 민주적 제정과 실천하기가 필요하다. 학생들이 만든 규칙을 학생 스스로 지키는 자기규율의 능력을 배양하기 위해 학교 및 학급 규율의 민주적 제정과 실천하기가 필요하다.

참여적 학교 운영을 위해 교사의 권한 강화와 학부모회의 활성화가 필요하다. 학생들의 인권 의식과 민주적 시민의식의 함양은 학교의 '참여 민주적 시민 사회화'에 매우 중요한 기여를 할 것이다. 인권교육은 자율과 연대, 정의와 배려가 고루 발달된 인간을 형성하는데 초점을 맞춰야 할 것이다.

학생관의 변화를 수용하는 새로운 교사상이 요청된다. 대화로써 문제를 해결하는 민주적이고 인간적인 교사상이 필요하다.

고교평준화 정책의 시행은 어느 정도의 성과를 거두었다고 볼 수는 있다. 그러나 대도시와 소도시간의 문제, 학군 간 교육여건의 격차 문제, 국공립학교와 사립학교의 문제, 이질집단의 학습지도의 문제, 사학의 자율성과 독자성 훼손 문제 등 평준화 시책에 따라 제기된 문제들의 대부분은 공교육의 국가 교육권의 시행 과정에서 나타난 결과들이므로 제도 보완의 측면에서 평준화 정책에 대한 향후 전망과 예측, 그에 따른 개선안 수립을 마련해야 한다.

결론적으로, 현재 한국 공교육의 위기가 전면적으로 제기된 것은 한국 공교육의 기저에 흐르는 문제점이 시대상황과 결부

되어 부각된 결과이다. 한국 공교육은 입시위주의 교육만 강조하다 보니 초·중등 교육은 상급학교 진학을 위한 도구로 전락해 버렸고, 그 속에서 교육주체들의 삶이 왜곡되어 버림으로써 공교육의 무용론이 제기된 지경에 이른 것이다.

더욱 중요한 것은 이러한 입시위주의 교육을 심화시킨 것이 다름 아닌 공교육을 유지·관리해온 국가라는 점이다. 구체적으로 말하면 입시의 국가관리가 공교육을 왜곡시키고 위기에 직면하게 하였다는 것이다.

국가의 개입만이 교육문제를 해결할 수 있다는 잘못된 신념으로 인해 교육체제의 전반이 국가의 통제 하에 놓이게 된 것이다. 따라서 공교육을 재구성하는 데 있어 중요한 것은 공교육 개념의 핵심 요소인 국가 관리의 성격을 변화시키는 것이다. 그 동안 공교육하면, 국가주의 교육, 또는 국가 주도의 교육과 동일시 되어온 경향이 있었지만, 국가 주도의 교육은 공교육이 제공되는 하나의 방식에 불과하다.

교육의 공공성은 국가 주도의 통제에 의해서만 확보할 수 있는 것은 아니다. 교육의 공공성은 교육에 대한 국가의 책무성을 바탕으로 하면서도 교육의 결정과 운영주체를 시민사회로 이양시켜 교육의 공공성이 시민사회의 역량을 통해서 확보할 수 있는 방안을 지금 연구하고 모색할 때이다.

청렴해야 학교가 투명하다

청렴의 덕목은 자본주의 사회에서 부정과 부패 비리를 막아내는 최고의 가치이다. 특히 교육이 이루어지는 학교현장의 교사와 학부모, 교육을 감독하는 감독관청인 교육부, 지방의 도·시·군 교육청의 관련자들이 최우선적으로 지켜야 할 덕목이 청렴임은 말할 필요가 없다.

청렴하다는 말은 교육과 직결되는 의미이다. 청렴함은 곧 선(善)을 지향하는 가치이다. 교육관련 종사자들은 청렴함을 으뜸으로 해야 한다. 그래야만 학교가 투명하다. 학교가 투명한 것은 학교가 교육의 본분을 다하는 것으로 학교다운 학교로 밝아진다는 의미이다. 학생이 아무리 열심히 공부한들 자녀를 위한 학부모의 마음이 청렴하지 못하면 자녀들은 비뚤어질 것이며, 교사가 아무리 청렴하려 한들 감독관청이 청렴하지 못하면 교육이 바로 서지 못하며, 선생님이 청렴하지 못하면 교육의 백년대계가 허물어진다.

교육은 본질적으로 그 실천에서 청렴함을 지향해야 한다. 선(善)을 추구해하는 것이다. 선(善)은 공(空)이며 공이 색(色)이다라는 불타의 말처럼 텅 비어 있으되, 가득 차있는 인격의 완성의 경지이며, 무상정등각(無上正等覺)으로 최고의 깨달음의 경지에 이르는 것과 같은 것이다.

교육이 청렴함을 지향하여 인성의 깨달음과 인격의 완성을 해야 한다는 것은 공자(孔子)의 말에서도 찾을 수 있다. 공자는 '유교무류(有敎無類)'라고 하였다. 이 말은 교육이 이루어지고 나면 사람은 모두 본성으로 타고난 선을 회복함으로 선과 악의 구분이 없어진다는 뜻이다. 즉, 사람의 본성은 원래 선하게 타고났지만, 기질의 습성에 따라 오염되어 악하게 되었던 바, 군자(君子)인 교사가 가르치고 나면 선한 본성을 회복하기 때문에 교육이 이루어진 뒤에 인간의 선악을 논하는 것은 온당치가 못하다고 한 것이다.

이와 같은 교육의 과정을 「중용(中庸)」에서는 박학(博學), 심문(審問), 신사(愼思), 명변(明辨), 독행(篤行)이라고 하였다. 박학은 널리 배워야하는 것으로 배우고 익히는 즐거움이 있는 것이고, 심문은 배워서 의문 나는 것을 심도 있게 질문하여, 그것의 이치에 맞는가하는 반성적사고(reflective think-ing)를 한 다음, 현명하고 지혜롭게 판단하여 돈독한 실천을 행함으로서 교육은 완성되는 것이다. 이러한 교육이 이루어져야 만이 인간은 지적성장과정을 통하여 인격이 완성되어 최고선의 경지에 다다른다는 것이다. 그렇기 때문에 박학, 심문, 신사, 명변, 독행 중 어느 하나라도 폐지가 되면 교육이 될 수 없으며 학문을 이룰 수 없다고 하였다. 선의 경지에 이르는 교육은 그 교육하는 과정이 청렴해야 하며, 그래야 학교가 맑고 밝고 훈훈하게 투명하다.

그러나 거의 반세기동안을 압축적 성장의 입시위주 교육에 매몰되어온 우리의 학교 교육이 과연 청렴하고 투명하느냐 하는 것이다. 교육은 제도적인 공교육의 측면에서는 학교교육을 중심으로 하여 교육행정부서의 교육정책과 학부모의 교육친권이 조화되어 이루어진다. 법치사회에서의 교육은 국가차원의 교육은 교육부장관, 지방자치 측면에서는 각 시·도교육감들의 교육에 대한 인식과 그에 대한 정책적 의제에 의하여 직접적인 영향을 받는다.

교육부의 청렴성은 모든 교육의 행정을 독과점식으로 통제하는 것을 지양하는 데 있다. 말로는 3.0시대의 교육행정을 말하면서도 교육행정의 행위는 1.0시대의 교육을 벗어나지 못하고 있다. 박근혜정부가 들어서면서 경제정책지표로 창조경제를 화두로 내세우면서 그 교육적인 기반 역시 창조교육을 전제하는 꿈과 끼를 길러 주는 교육을 표방하고 있다. 그러나 아직 교육부의 교육정책은 한국교육의 패러다임의 혁신과 변화를 줄 만한 내용을 제시하지 못하고 있다. 꿈과 끼를 살리는 창조적인 교육이 정부의 교육정책의 기조라고 한다면, 우선 숙명처럼 지속되어온 온당치 못한 입시위주의 교육을 과감히 혁신하여 정당한 입시위주의 교육으로의 패러다임을 구성해야 한다. 이를테면, 꿈과 끼를 발휘하는 적성에 맞고 개성을 발휘하는 사람이 대학에 진학할 수 있도록 입시 제도를 전면 수정하여 그에 맞는 입시위주의 교육이 되도록 교육체제의 혁명적인 변화를 추구해야 한다. 교육다운 교육의 정책으로 청렴성을 견지할 때 대한민국의 교육이 투명해 질 것이다.

시·도 교육청의 청렴성의 여부는 지역 단위교육에 직접적으로 영향을 미친다. 교육감 선거가 직선제로 바뀐 뒤 교육에도 정치적 성향이 투영되면서, 이른바 진보교육감과 보수교육감으로 구분되어 교육의 정책에 때 아닌 이념 논쟁으로 교육의 청렴성이 분탕질로 오염되고 있다. 학생의 학력신장과 개성과 적성을 잘 길러 주어야 한다는 교육의 본질적인 측면은 안중에도 없다. 교육에 있어서 보수니 진보니 구분을 하는 것은 교육의 성과기대를 편향되게 몰고 갈 뿐더러, 그것은 교육을 비교육적으로 만들뿐이다. 교육에서 꼭 이념을 말해야 한다면 보수와 진보가 모두 통합되어야 한다. 진보냐, 보수냐 하는 이념의 스펙트럼은 교육이 이루어진 후 그 지적 성장을 바탕으로 개인이 선택한 가치관이기 때문이다.

그러나 교육감 당선자들은 교육감의 직무를 수행하면서 교육이라는 본질적이고 보편적인 행위에 자기의 주관적 가치를 투영하여 교육을 자기 입맛대로 난도질하고, 교육의 본질을 뒤흔들어 갈팡질팡하게 하는 교육에 대한 패악을 저지르고 있다. 신성해야 할 교육감선거에서 억대의 돈이 오고가며, 자리를 약속하고 특권을 보장하고, 자기 이익에 대한 이해관계의 기준으로 인사정책을 농단하여, 차마 교육적인 교훈의 선례로 남기기도 민망한 일이 지역 교육을 관할해야 할 교육청에서 일어난

서글픈 우리 교육계의 자화상이다.

미래의 꿈을 향해 공부를 시작하는 교육수요자인 학생에 대한 배려 없이 승진을 위한 자리의 아귀다툼으로 점철된 각 지방의 교육행정부서이다 보니, 교육에 의한 교육을 위한 행정이 이루어질 리가 만무하다. 오직, 다음 선거의 재선을 의식하면서 선심성 정책이 난무하고 있다. 불필요한 정책을 인기의 여론몰이를 의식하며 교육을 담보로 독선적이고 아집적인 정책을 펴면서 지역의 교육의 정책을 자기홍행과 방어의 수단으로 삼고 있을 뿐이다. 그러니 교육행정에서 청렴함이 지켜질리 없고 공정함이 상실되어 이것은 고스란히 일선학교 현장에 그대로 투영되어 학교를 불투명하게 만들고 있는 것이다.

학부모는 교육에 대한 자녀의 친권으로서 교육에 직접적인 영향을 미친다. 학부모의 학교교육에 대한 관심은 학교의 조직문화를 좌우한다. 학교운영위원회를 비롯한 각종 학부모 위원회, 각 학년별 연대표, 반별 반대표등으로 구성된 학부모의 조직은 학교의 운영과 학생의 교육에 촉진제가 되기도 하지만, 그 개입에 과정에서 청렴이 실종되어진다면, 오히려 학교의 운영에 파행을 초래하게 하며 학교를 투명하게 하지 못한다.

경쟁으로 상징되는 우리나라의 경제적 압축적 성장의 교육에의 투영은 학부모들에게 우선 내 자식이 먼저이고 보자는 심리가 강하게 작용한다. 학교운영위원회를 비롯한 각종 학부모 위원회와 자녀가 속하는 학년의 학부모 조직의 임원을 자원하는 것도 실제적으로는 자기자녀에 대한 교육관련 편익을 위한 것이다. 그러다 보니 학교의 운영을 보조해주는 각종 학부모 모임의 의사결정은 자기 자녀에게 유리한 방향을 모색한다. 이러한 과정에서 학부모간 갈등이 유발되어 그러한 갈등의 감정은 자녀에게 영향을 미치고, 학생 간 갈등으로 연결되어 급기야 따돌림과 같은 학교폭력을 유발하는 원인이 되기도 한다. 진정으로 자기의 자녀의 교육을 원하는 학부모라면 선생님과 학교에 믿고 의탁해야 한다. 이것이 학부모의 자녀의 교육적 친권으로서의 청렴이다. 내 자녀의 교육적 욕심에 학부모들이 학교교육의 모든 것에 다 개입하고 간섭하면 선생님의 학생에 대한 교육적인 자율성은 비집고 들어갈 자리가 없다. 학부모의 청렴의 딘초(端初)는 자녀의 선생님을 공경하는데서 시작된다. 학부모가 자녀의 선생님을 무시하고 믿지 못하고 폄하하는 태도를 보인다면, 자녀인 학생도 선생님을 공경하지 않기 때문에 그 어떤 경우에도 교사와 학생간의 교육적 상호작용이 이루어질 수가 없다.

육군대장을 지낸 한 장성의 일화가 있다. 군단장 시절 늦둥이 초등학생 아들이 있었는데, 아버지의 위세를 믿고 학교에서의 생활이 천방지축으로 방만하여 담임선생님도 어찌할 수 없음을 알게 된 그 장성은 담임선생님을 집으로 초대하였다. 장군의 예복을 차려 입고 아들과 함께 선생님을 맞이하였다. 담임선생님이 공관에 들어서자 그 장성은 버선발로 마당까지 뛰어나가 아들의 담임선생님께 엎드려 큰절을 하며 맞이하였다. 식사를 하면서도 아들의 선생님께 상급자를 대하듯 공손하게 예를 다하였다. 아들은 아빠가 누구도 무서울 것이 없는 최고라고 생각했는데, 선생님께 공손하고 극진한 예를 다하는 것을 보고 선생님이 아빠보다 더 위대하고 훌륭하다는 것을 깨달아 선생님을 공경하며 학교생활을 모범적으로 하였다는 것이다. 학부모가 자녀교육을 위한 최고의 청렴한 덕목은 자녀의 선생님을 공경하고 학교교육을 믿어주는 것이다.

교육에서 제일 중요한 것은 교사의 청렴이다. 교사는 자신에게 엄격해야 바른 교육을 할 수가 있다. 퇴계선생은 사엄생경(師嚴生敬)이라고 하였다. 스승이 엄격해야 학생들이 공경한다는 뜻이다. 교사가 자기 자신을 바로세우고 소신과 신념을 가지고 교육을 해야만 교육이 제대로 이루어져 학생이 공경하고 따르는 것이다. 교사는 지나치게 교육행정기관의 지시적인 업무에 몰입하지 말고 교육적 판단으로 응대하여야 하며, 학부모의 편협적인 요구에 흔들리지 말아야 한다. 오직 학생의 개성과 적성을 살펴서 학생이 올바르게 성장할 수 있도록 학생의 꿈과 희망을 길러주는 가르침에 역점을 두어야 한다.

입시를 위한 주입식과 암기식의 방법과 요령을 잘 가르친다고 해서 교사의 역할을 수행했다고 생각하지 말아야 한다. 우리의 교육이 온당치 못한 입시위주의 교육이라는 비판을 받고 있는 상황에서 그 가장 일차적인 책임은 교사에게 있음을 알아야 한다. 입시위주의 교육의 흐름이 거대한 사회의 압력이라고 하더라도 그 안에서 정당한 입시위주의 교육이 될 수 있도록 학생의 학력과 인성과 창조성을 개발하는 교육을 우리 교사들이 조용히 차근차근 개혁을 이루어 갈 때 교육의 혁신은 소리 없이 이루어질 것이다.

청렴은 인성의 본성인 선이 실천되어 외적으로 나타나는 가치 덕목이다. 가르침에 있어서 청렴은 학교를 맑고 밝고 온화하게 하여 투명하게 하는 것이다. 교육에 종사하는 교사가 청렴하고, 교육의 행정을 이끌어가는 교육행정기관이 청렴하며, 학부모의 자녀에 대한 교육적관심이 교사를 공경하고 학교를 믿어주는 청렴함으로 나타난다면, 우리가 걱정하고 있는 교육에서 모든 문제들은 저절로 사라지게 된다. 맑고 밝은 온화함이 깨끗하게 어우러져 우리의 교육이 투명하게 된다면 교육의 백년대계의 앞날은 천만년을 기약할 것이다.

청렴해야 학교가 투명하다.

학생인권조례에 멍드는 교육

2010년 9월 경기도 학생인권조례, 2011년 10월 광주광역시 학생인권조례, 2011년 12월 서울시 학생인권조례가 가결되면서 한국의 교육계는 '학생인권조례'의 파동으로 교육의 백년대계의 근간이 흔들리고 교육이 멍들어가고 있다.

학교폭력이 난무하고 교권침해의 사례가 어느 때보다 심각한 상황에서 교육의 본질을 외면한 교육의 포퓰리즘적 정책으로 이루어지는 학생인권조례 제정의 단기적 결과는 2011학년도 1학기의 교권침해사례의 40%가 학생인권조례에 담긴 내용으로 체벌 금지를 지시한 서울시에서 발생하였고, 26%가 학생인권조례를 시행한 경기도에서 발생했다는 통계적 사실은 학생인권조례의 제정과 실시가 옳고 그름을 떠나 교육적으로 타당하지 못하다는 사실을 반증해주고 있다.

공포된 서울학생 인권조례의 경우 한국의 미래를 책임질 청소년 학생들의 교육현장에서 직접적으로 적용될 사안이기 때문에 우리 사회의 교육적 화두가 되고 있다. 이미 시행되고 있는 경기도나 광주광역시 학생인권조례안이 대동소이하기 때문에 타 시도에 비해 가장 세부적이고 구체적이라는 서울학생인권조례의 내용을 살펴 그 교육적 타당성을 확인해 보고자 한다.

■ 학생인권조례, 진정으로 학생들의 자유와 책임을 표방하고 있는가

서울시는 학생인권조례가 '학교의 새 헌법'이며 '공교육의 표준'이고 '유엔아동협약정신'이며 '서울시민의 민의'가 담겨있다고 하였다.

'학교의 새 헌법'이라는 말은 물론 관념적 의미로 학생인권조례의 정당성을 강조하는 것으로 표현한 것이겠지만, 그야말로 어불성설이다. '조례'는 성문법에서 최하위 법적구조를 가지는 것이다. 성문법은 헌법, 법률, 명령, 자치법규가 있다. 헌법은 국가의 기본법으로서 최고의 법이며, 법률은 국회에서 제정한 법이고, 명령은 법률을 집행하기 위한 행정기관의 법이다. 조례는 지방자치단체가 제정하는 법으로서 지방의회가 제정하는 자치입법권에 의하여 인정되는 법이다.

지자체의 자치입법권을 인정하는 이유는 자치단체로 하여금 스스로의 일을 스스로 정한 규범 내지 계획표에 따라 처리하게 한다는 행정의 자율성과 자주성을 보장하기 위한 것이고, 자치단체의 지역적 특수성을 살리기 위한 것이다. 따라서 조례의 경우는 상위법 우선의 원칙에 따라 헌법, 법률, 명령에 위반되어서는 안 되며, 구체적인 범위와 내용을 정하기 않은 채 명령 이상의 규정사항을 위임하는 포괄적인 위임이 허용되지 않는다. 그럼에도 불구하고 서울학생인권조례는 헌법적 조항을 비롯하여 상위법에 있는 내용을 그대로 베껴왔을 뿐만 아니라, 스스로 학교의 새 헌법이라고 함으로서 조례제정으로서의 의미와 성격을 담아내지 못할 뿐만 아니라, 조례로서의 법적안정성과 합목적성을 지니지 못하고 있다.

서울학생인권조례가 공교육의 표준이라고 하고 있지만, 서울학생인권조례는 학생의 학습권의 권한만을 강조하고 있을 뿐이다. 공교육은 교육의 공정성, 즉, 교육의 기회균등으로서 교육과정의 평등, 교육결과의 평등으로서 궁극적으로는 교육에서 학생의 인격을 담아내는 것과 동시에 수월성을 추구하는 내용이어야 한다. 거기에는 교육의 현장에서 교사와 학생의 관계를 기본 근간으로 하여 교육의 조건정비가 전제되어야 한다. 따라서 공교육은 학생과 교사들의 인적구성, 지역적조건, 학교풍토에 따라 그 기준이 다를 수밖에 없다. 공교육의 표준이라는 말은 이와 같은 여건을 감안할 때 교육적 상황에서는 성립될 수 없는 말이다. 다만 관념적 표백에 지나지 않은 표현이다.

서울학생인권조례가 '유엔아동협약'정신이 담겨있다고는 하지만 이는 지극히 보편적이다. 우리나라 모든 교육관련 법적조항과 그것이 추구하는 정신은 유엔아동협약정신의 내용을 담고 있다. 유엔아동권리협약은 1989년 11월 20일 UN총회에서 채택된 것으로, 우리나라는 1991년 11월 21일에 비준함으로써 국내법과 동일한 효력을 지니게 되었을 뿐만 아니라, 이후 제정되거나 개정된 아동복지법, 교육기본법, 청소년기본법, 청소년보호법, 청소년활동진흥법, 청소년헌장, 청소년복지지원법, 청소년성보호에 관한 법률, 초 · 중등교육법등은 유엔의 아동권리협약정신을 모두 담고 있다.

서울학생인권조례는 서울시민의 민의가 담겨있다고 하지만, 그 사실관계를 보면 서울시민 대다수의 민의가 자발적으로 담겨있는지 의심스럽다. 서울시 교육청의 곽노현교육감 체제가 출범하면서 학생인권조례제정 서울본부를 조직하여 조례안 상정을 위한 주민서명절차를 밟았지만, 5개월이 지나도록 유권자의 1%인 82,000명에도 못 미치는 20,000여명 서명밖에 받지 못하여 발의자체가 무산되는 상황에 이르렀다. 이에 대한불교청년회, 민주노총전교조의 자의반타의반 서명을 받아 겨우 발의 안을 시의회에 제출했다는 것은 천하가 다 알고 있다. 이와 같은 인위적, 조작적인 서명 작업으로 인한 떳떳치 못한 발의안 제출의 사실관계를 감안할 때 서울학생인권조례안이 서울시민의 민의가 자발적으로 담겨있을 수 있느냐 하는 점이다. 서울학생인권조례는 교육적이고 민주적 용어를 허울로 도용하여 학생을 담보로한 정치적 포퓰리즘의 그 이상 그 이하도 아니다.

학생의 자유와 책임을 빙자하여 정작 교육의 실상과 교육의 본질을 호도하고 정책적 의제를 정치적으로 표방하려는 것의 다름이 아니다. 서울학생인권조례는 학생의 자유와 책임을 내세워 교권과 교육의 본질에 대한 심사숙고함이 결여된 상태에서 교육을 정치화의 도구와 수단으로 전락시키는 퍼포먼스에 불과하다. 학생의 자유와 책임이라는 미명하에 학생의 방종과 학생으로서의 책임을 가르치는 주체로서의 교사에게 몽땅 전가하는 그럴듯한 법조문의 편집과 나열일 뿐이다.

■ 서울학생인권조례 주요내용의 비판적 검토

서울특별시조례 제5247호로 가결된 서울학생인권조례는 내용의 대강을 보면 조례의 목적, 학생인권보장의 원칙, 책무(1조~4조), 차별받지 않을 권리(제5조), 폭력으로부터 자유로울 권리(제6조), 두발, 복장, 자유화 등 개성을 실현할 권리(제2조), 사생활보장(제10조), 양심·종교자유보장(제16조), 집회의 자유 및 학생표현의 자유보장(제17조), 소수자학생의 권리보장(제28조)등으로 구성되어 있다. 이들 내용이 조례로서의 구성요건을 갖추었는지 그 내용의 교육적 타성에 대하여 비판적으로 검토해본다.

1) 서울학생인권조례의 행정의 자율성과 자주성, 지역자치단체의 특수성결여와 포괄적 위임금지 원칙의 타당성 결여

서울학생인권조례는 헌법과 교육기본법, 초·중등교육법, 유엔아동권리협약에 근거하여 모든 학생이 인간으로서의 존엄과 가치를 실현하며 자유롭고 행복한 삶을 이루어나가는 것을 목적으로 한다는 조례제정의 취지를 밝히고 있다. 이하 제3조에서 학생인권의 보장원칙으로 학생인권은 인간존엄성과 행복을 추구하기 위하여 보장되는 기본 권리로 모든 학교생활에서 보장되어야 하기 때문에 학칙의 학교규정으로 학생인권의 본질적인 내용을 제한할 수 없다고 하여, 제4조에서는 교육감 및 학교설립자, 경영자, 학교의 장, 교직원, 보호자 등을 학생의 인권을 존중, 보호, 실현하고 학생의 인권침해를 방지하기 위한 노력의 책무를 밝히고 있다.

그러나 이러한 서울학생인권조례의 입법취지는 자치단체·행정의 자율성과 자주성, 지역자치단체의 특수성을 담아내지 못하고 있다. 서울학생인권조례의 입법목적과 보장원칙 책무 등은 이미 상위법인 헌법상의 포괄적 기본권의 내용만을 재탕하여 반복하는 수준에 그치고 있다.

즉, 헌법 제10조에는 모든 국민은 인간으로서의 존엄과 가치를 가지며, 행복을 추구할 권리를 가진다. 국가는 개인이 가지는 불가침의 기본적 인권을 확인하고 이를 보장할 의무를 가진다고 규정하고 있다. 이에 따라 헌법재판소에서는 학생(아동·청소년)은 인격의 발전을 위하여 어느 정도 부모와 학교의 교사 등 타인에 의한 결정을 필요로 하는 아직 성숙하지 못한 인격체이지만, 부모와 국가에 의한 교육의 단순한 대상이 아닌 독자적인 인격체이며, 그의 인격권은 성인과 마찬가지로 인간의 존엄성 및 행복추구권을 보장하는 헌법 제10조에 의해 보장된다(헌법재판소 98헌가 16, 98헌마 429병합, 2000. 4. 27.판례집12-1,456)고 함으로서 학생이 인권의 인격체로서 헌법상의 권리의 주체임을 분명히 하고 있다.

다시 말해, 청소년 학생의 인간으로서의 존엄과 가치는 모든 기본권의 원칙적·총체적 규범을 의미하며 모든 개개 기본권의 원리로서 적용되는 것이다. 여기에는 특히 일반적 인격권 및 개인의 권리와 관련하여 사생활의 비밀까지 보호됨을 요한다. 이러한 프라이버시는 사생활비밀보호(제17조), 양심의 자유(제19조), 통신의 비밀(제18조), 주거불가침(제15조)등에서도 보호되고 있다. 이처럼 상위법인 헌법만 보더라도 서울학생인권조례보다도 더 구체적으로 학생의 인권보장과 책무를 명시하고 있기 때문에 서울학생인권조례는 자치단체행정의 자율성·자주성·지역적 교육의 특성을 표현하지 못하고, 상위법에서 규정화하는 내용보다 포괄적 성격의 조례조항으로서 조례의 내용이 교육주체 당사자들에게 학생인권보장을 포괄적으로 위임함으로서 조례로서 상위법 위임금지 원칙을 스스로 어기고 있다.

따라서 서울학생인권조례는 서울시 교육의 지역적 특성을 담아내지 못했을 뿐만 아니라, 그로 인한 교육행정의 자율성과 자주성으로서 교육의 정치적 중립을 훼손하는 견강부회의 자가당착의 우를 범하여 조례로서의 타당성이 결여되어 있다.

2) 차별받지 않을 권리로서의 차별

서울학생인권조례 제5조 ①항은 차별받지 않을 권리를 명시하고 있다. 이 내용은 헌법 제31조의 교육받을 권리의 내용을 원용(援用)한 것이다. 서울학생인권조례의 차별받지 않을 권리는 권리 법력설에 따른 교육권의 내용을 차용하여 각색한 것에 지나지 않는다. 상위법인 헌법에 명시된 교육에 관한 일정한 이익을 보장하기 위하여 법이 아동·학생에게 주는 그 의사를 우선적으로 주장하고 남의 힘을 지배할 수 있는 힘의 교육의 권리를 나열한 것 뿐이다. 즉, 능력에 따라 균등한 교육을 받을 권리는 헌법 제10조의 인간의 존엄과 가치 및 행복추구권, 제11조의 법 앞의 평등원칙을 교육적 측면에서 규정한 것으로, 교육받은 자가 인종, 신체적 조건, 신앙, 성별, 사회적 신분 등에 의해서 교육상 차별을 받지 않고 오직 능력에 따라 교육받을 권리인 것을 말한다.

또한, 장애아가 차별 없이 교육받을 권리에 대해서는 교육기본법 제18조에 의해 국가 및 지방자치단체는 신체적·정신적·지적장애 등으로 인해 특별한 교육적 배려가 필요한 자를 위한 학교를 설립·경영해야 하며 이들의 교육을 지원하기 위하여 필요한 시책을 수립·실시하여야 한다고 규정하여, 이미 학생의 차별받지 않을 권리를 각종 상위법에서 구체적으로 규정하고 있다. 서울학생인권조례는 이들의 법조문을 요약, 나열한 것에 지나지 않는다는 느낌을 준다. 가장 논란이 되는 것은 임신 또는 출산에 대하여 차별받지 않는다는 내용인데, 여기에 대한 입법취지는 아동 청소년학생의 순간적인 실수로 인하여 원치 않는 임신과 출산에 대한 부당한 차별을 하지 말라는 소극적인 의미이나, 적극적으로는 초·중·고생이 임신과 출산을 해도 된다는 결과를 가져오게 된다.

아무리 학생들의 인권에 차별 없는 권리를 부여한다고 하더라도 학생들에게 임신과 출산에 차별을 두지 않는다는 조항은 원하던 원하지 않던 간에 학생들에게 이런 행위로부터 자유스러워지는 결과를 조장하는 꼴이 된다. 이런 권리가 과연 어린 학생들에게 필요한 것인지 묻고 싶다. 이것은 오히려 차별받지 않는 권리에 의해 사회적 지탄과 비난을 받는 차별만을 초래할 것이다.

3) 폭력으로부터 자유로울 권리가 아니라 보호받을 권리

서울학생인권조례 제6조는 학생이 폭력으로부터 자유로울 권리를 규정하고 있다. 그러나 이러한 내용은 이미 1992년 5월 12일 제정되고, 1998년 10월 25일 개정된 청소년헌장에 규정된 청소년의 권리에 구체적으로 명시되어 있으며, 2004년 1월 29일 제정된 20개 조문의 학교폭력 예방 및 대책에 관한 법률에 구체적이고 세부적으로 명시되어 있다. 이에 따라 학교폭력에 따른 국가, 지방자치단체, 교육부장관, 학교폭력대책기획위원회, 교육감의 책무를 명시하고 있고, 학교의 책무로서 학교폭력대책자치위원회, 상담실과 상담교사, 학교폭력예방교육, 피해학생보호, 가해학생 선도교육, 분쟁조정들을 명시하고 있다.

또한 학교폭력에 대한 사회구성원의 책무로서 신고의 의무와 비밀누설금지와 회의의 비공개 등의 내용을 규정하고 있으며, 관련 법률로서의 형법의 폭행죄, 폭행예비의 경범죄 처벌법 폭행 등의 사고방지의 소년원법, 상습폭행죄의 폭력행위 등 처벌에 관한 법률, 가해학생에 대한 조치로서 초·중등 교육법의 학생에 대한 징계조항 등이 운영되고 있다. 서울학생인권조례에서 규정한 내용은 위의 내용들 보다 적극적이지 못하다. 서울학생인권조례의 학생이 폭력으로부터 자유로울 권리를 가진다를 포괄적으로 확대 해석 하면 피해학생의 의사와 상관없이 폭력을 당해도 된나는 뜻으로 오해할 수도 있다. 따라서 폭력은 정해진 바의 인정된 내용이 아니기 때문에 폭력으로부터 자유롭다는 표현보다 폭력으로부터 보호되어야 한다는 권리로 명시되어야 한다.

4) 개성을 실현할 권리의 문제

서울학생인권조례 제12조는 학생의 복장, 두발 용모에 있어서 자신의 개성을 실현할 권리를 갖는다고 명시하고 있으나, 복장에 대해서는 학교의 규칙으로 제한 한다는 상충된 안을 내놓고 있다.

헌법 제10조 1항의 인간의 존엄성과 행복추구권은 생활양식에 대한 자기 결정권과 인격적 자율권을 포함하고 있다. 생활 양식의 중요한 요소로서 용의와 복장은 이러한 헌법적 가치를 가지며 그 자유가 보장되는 것이다. 따라서 교육기본법 제12조 1항은 학습자의 기본적인 인권이 학교의 교육과정에서 존중되고 보호된다고 하고 있다. 또한, 교육기본법 제12조 2항은 교육내용·교육방법·교재 및 교육시설은 학습자의 인격을 존중하고 개성을 중시하여 학습자의 능력이 최대한 발휘될 수 있도록 강구되어야 한다는 규정은 학생 개인의 인격과 개성의 표현으로서의 용의와 복장의 자유가 교육의 장에서 인정되어야 함을 말하고 있다. 이는 헌법 제21조 1항의 표현의 자유를 행사하는 방법으로서 용의와 복장을 통한 표현의 자유를 인정하는 것을 뒷받침하고 있다.

그러함에도 불구하고, 서울학생인권조례는 두발의 자기표현은 허용하면서 복장에 대해서는 교칙으로 제한할 것을 명시하고 있는 바, 왜 복장의 자유만을 제한하는지에 대한 학생의 헌법상의 권리와 교육기관으로서 학교의 교육목표와 방법 간의 균형점의 정도에서 복장의 제한 범위의 교육적 타당성을 담아내지 못하고 있다. 만약 항간의 소문대로 교복관련업체의 압력을 의식한 것이라면 이것이야 말로 학생인권조례의 교육적 타당성의 본질적인 의미의 상궤를 벗어난 것이다.

5) 사생활 자유보장과 학생지도의 문제

서울학생인권조례 제13조는 학생 사생활의 자유를 명시하여 교사 및 교직원으로 하여금 학생 소지품 및 사적 기록물 검사 금지와 사적 공간, 사적 관계의 사생활 침해 금지를 규정하고 있다. 이러한 서울학생인권조례의 규정은 교실사태에 있어서 교사의 생활지도를 소극적으로 하게 하는 결과를 초래하게 되고, 예방적 차원의 적극적 생활지도를 불가능하게 하고 있다. 따라서 교사가 학생 생활 지도를 포기하는 방관자로 전락하는 결과를 초래하게 될 것이다. 헌법 제17조 사생활 보호 권리에 의해 뒷받침되는 내용이라고 할지라도 헌법상의 권리와 학교의 교육목표의 보편적 인식간의 조화와 균형을 이루는 정도에서 허용과 제한의 범위를 결정했어야 했다.

특히 제12조 6항의 '학생은 자기가 원하는 인간관계를 형성하고 그 관계를 존중 받을 권리를 가진다.'를 적극적으로 해석하면, 좋아하는 선생님과 관계에서, 남녀학생과의 관계에서 원한다면 부적절한 관계를 형성해도 된다는 것인지, 그래서 임신과 출산으로부터 차별받지 않고(제5조), 성소수자권리(제28조)로서 동성연애를 해도 된다는 논리가 성립된다. 따라서 서울학생인권조례 제5조, 제13조, 제28조의 내용들은 학생의 권리를 제한할 수 없이 인정하고 있어 학생지도에 임해야 하는 교사들의 지도 방침과 교육목적의 달성을 위한 학생지도를 할 수 없는 학생지도의 방관자로 전락하게 하는 결과를 초래한다.

6) 양심 · 종교의 자유보장 ; 교육이념의 지향점 부재

서울학생인권조례 제16조는 양심 · 종교의 자유를 명시하여 '학생은 세계관, 인생관, 또는 가치적, 윤리적 판단 등 양심의 자유와 종교의 자유를 가진다.'고 하고 있다.

양심과 종교의 자유의 보장은 이미 헌법의 자유권적 기본권의 범위로서 헌법 제19조 내면적 정신의 활동의 자유와 헌법 제20조에 종교의 자유를 규정하고 있다.

양심의 자유는 기본권 사상의 근원내지 핵심인 '인간의 존엄성과 가치'에서 직접 파생한 가장 기본적인 권리이다. 이것은 정신적 자유권 중에서 표현의 자유와 같이 외면으로 나타나는 자유의 기초이다. 어떠한 제한도 받지 않는 정신활동의 자유, 즉, 내심의 자유에는 양심의 자유와 종교의 자유, 학문의 자유 및 예술의 자유가 있다. 이와 같은 내면적 정신활동의 자유는 언론, 표현, 종교적 행위, 연구발표와 같은 외면적 정신활동의 자유로 구체화되어 완전한 보장을 할 수 있도록 해야 한다. 그런데 서울학생인권조례는 반성 · 서약의 진술 강요 여부만을 양심의 자유 권리의 기준으로 삼았을 뿐, 종교자유에 많은 양(제16조 3항, 1,2,3,4,5,6,7호, 4항, 5항)을 할애하여 종교교육을 무력화시키려는 의도를 내포하고 있다는 비난을 받고 있다.

헌법 제37조 2항은 종교의 자유를 제한할 수 있지만, 종교의 자유를 제한하더라도 그 제한은 종교의 자유의 본질적인 내용을 침해할 수 없는 것이라고 하고 있다. 따라서 교육기본법

제6조 2항에서는 국가 및 지방자치단체가 설립한 학교에서는 특정한 종교를 위한 종교교육을 하여서는 아니 된다고 규정하여 국공립학교의 특정 종교교육 금지를 이미 규정하고 있다. 그러나 사립 종교단체가 설립한 학교는 설립이념에 따라 종교교육을 할 수 있다는 측면에서 학생의 종교의 자유와 상충되고 있다. 이 문제는 학생의 학교선택권을 보장하고, 학교의 학생선발권을 보장함으로서 해결될 수 있다. 그럼에도 서울학생인권조례는 종교의 자유의 문제를 사립종교단체 설립학교의 종교의 의무교육문제로 몰아가 책임을 전가하려는 속내를 드러내 보이고 있다.

교육에 있어서 양심의 자유는 단순히 반성·서약의 진술 강요에 대한 응, 불응의 소극적 입상만을 가지고 규정해서는 안 된다. 세계관, 인생관, 가치적, 윤리적 판단을 위해서는 양심에 근거한 생각, 즉, 소신과 신념을 체계화 할 수 있는 사상을 선택해야 한다. 이것이 양심의 자유인 것이다. 따라서 교육기본법 제2조에서는 교육은 홍익인간의 이념아래 모든 국민으로 하여금 인격의 완성과 자주적 생활 능력, 공민으로서의 자질을 갖추고 인류공영의 이상을 실현하게 하는 교육이념을 채택하고 있다. 그러나 서울학생인권조례는 양심의 자유를 명시하는데 있어 교육의 이념적 선언을 규정하지 않았음으로 인해서 자칫 양심의 자유가 인격의 존엄성과 자유민주주의의 근간을 부정한 채, 북한의 유일 독재 주체사상이나 파시즘 같은 세계관, 인생관, 가치관, 유리적 판단을 해도 된나는 가능성을 열어 놓았다.

7) 집회자유 및 학생표현의 자유 보장 ; 학생을 담보한 교육집단의 정치세력화 가능성

서울학생인권조례 제17조는 학생의 의사표현의 자유를 명시하여 학생이 학교 구성원의 의견수집과 집회의 자유를 규정하고 있다.

이와 같은 권리는 헌법 제21조에 적극적으로 보장되고 있다. 그러나 헌법재판소는 학생집회의 제한기준으로 첫째, 교육목적에 어긋나는 집회, 둘째, 학교의 질서를 해치거나 교원의 교육・연구 활동을 방해하는 행위, 셋째, 학생의 수업권을 침해하는 집회, 넷째, 두 가지 이상의 집회가 동시에 동일 장소에서 실시되어 어느 집회도 정상적으로 이루어지기 어려운 경우를 들고 있다. 그러나 서울학생인권조례는 학생의 집회를 학교의 규정으로 시간과 장소, 방법만을 제한할 뿐 집회자체를 제한해서는 안 되며, 지도・감독을 해야 한다고 하고 있다. 적극적으로 해석하면 학생의 정치활동을 보장하는 것이다. 헌법은 교육의 정치적 중립성을 명시하고 있기 때문에 이 내용의 서울학생인권조례는 상위법을 위배하고 있다. 참정권이 주어지지 않은 상태인 초・중・고등학생에게 까지 정치활동을 보장해주려는 서울학생인권조례의 의도가 어린 학생들을 시위 전위대로 내세워 그것을 담보로 신성해야 할 교육집단이 정치 세력화 될 가능성을 배제하기는 어렵다.

■ 검토를 마치며

이상에서 살펴본 서울학생인권조례의 면면은 보호되고 육성되어야 할 학생의 인권을 마치 성인에게 주어지는 권한처럼 호도하고 있다. '인권'이라는 허울을 내세워 교육적 이라기보다는 정치적 포퓰리즘을 내장한 채, 정치적 정책의 영달에 주안점을 두고 소기의 목적을 달성하려는 것이다. 그렇기 때문에 서울학생인권조례는 자치단체행정의 특수성이 갖는 자율성과 자주성이 상실되어 교육의 조례가 갖는 타당성이 결여되어 있다.

서울학생인권조례는 차별받지 않을 권리를 내세워 차별을 조장하고 있으며, 폭력으로부터 자유로울 권리를 명시함으로서 폭력으로부터 보호받을 권리를 적시하지 못하고 있다. 개성의 실현의 권리로 개성의 자유를 제한하고 있을 뿐만 아니라, 학생의 사생활 보호를 내세워 교사의 학생 생활지도 책임에 대해 교사를 방관자로 만들고 있다. 또한 양심의 자유를 소극적으로 명시함으로서 교육이념의 지향점을 찾을 수 없게 하였고, 집회의 자유의 권리를 명분으로 교육의 정치화를 도모하고 있다.

이처럼 견강부회로 인권을 내세우다 보니 서울학생인권조례는 인권과 관련 없는 문제가 마치 인권인 것처럼 탈을 뒤집어쓰고 있는 것이다. 학생의 문제는 인권보다 교육이 우선해야 하며, 교육적으로 타당해야 한다. 학생들은 배움이 먼저이며, 그 배움을 행복하게 충족하는 것이 그들의 인권인 것이다. 아직 어리고 사물에 대한 판단력이 미약한 학생들에게 사회 성인과 똑같은 대우를 할 수는 없다. 가르치고 길러야 하기 때문에 성인과 같은 대우를 해서는 안 되는 문제이다. 각 학생인권조례들은 배우며 자라나는 학생들을 성인으로 취급하고 있다. 그래서 임신 출산을 해도 되며, 동성연애를 해도 된다고 한다. 혼전임신과 출산을 하는 일부 사람들과 동성연애를 하는 연예인을 별난 사람으로 생각했을 어린 학생들에게 혼전임신과 출산을 조장하고, 동성애를 일깨워줘야 하는지 생각해 볼 일이다. 이것은 인권이 아닌 지나친 특권(?)이다. 학생의 인권은 주어지는 특권적 시혜의 권한이 아니라 보호되고 육성되어야 하는 권리이다.

서울학생인권조례 등을 면밀히 살펴보면 인권이라는 미명으로 권한만 주어졌기 때문에 학생의 인권이 유린되더라도 가해자에 대한 처벌 방법이 없어 '학생인권유린조례'라고 해도 과언이 아니다. 지금의 학생인권조례들은 교육적 고려가 전혀 없다. 학교와 그 구성원인 교사와 학생의 입장이 아니라, 교사는 가해자이며 학생은 피해자로서 제자가 스승을 적으로 규정하게 하는 학생인권조례 제정자들의 정치적 포퓰리즘의 시각만 있다. 학생의 인권은 허울뿐이고 학생의 입장에 맞는 교육적 타당성이 상실되어 학생인권조례 제정에 학생들은 수단적 도구가 되었을 뿐이다.

교육의 정치적인 미명아래 백년대계의 꿈이 멍들어가고 있다.

교육본질이 최우선이다

교육을 위한 교육정책과 행정은 경쟁과 서열화를 벗어나는 방향으로 이루어져야 한다. 교육정책을 위한 각종 행정에 대해 기본적으로 법률적인 문제를 검토하고 행정적인 역량을 견주어 봐야 한다. 이에 앞서 먼저 교육의 본질이 무엇인가, 또 교육의 본질에 합당하느냐 하는 것을 생각해야 한다. 여기에 시의성과 적절성을 고려해야 한다.

같은 교육정책과 행정이라도 어느 시점에서 어떤 방식으로 판단하고 집행하느냐에 따라 차이가 있는데, 그것을 잘 조율하고 조정하면서 판단하는 것이 필요하다. 행정은 단순한 행정이 아니라 행정예술이라고 할 수 있다. 교육행정의 행위는 많은 사람들에게 교육적인 행복을 줄 수 있다. 예술은 정서적인 행복을 주는 것이지만, 행정은 정서적인 것뿐만 아니라 생활에 직접적인 도움을 줄 수 있다. 행정을 예술이라고 한 것은 행정 행위에 관여하는 사람들이 그것을 수행하면서 뿌듯함을 느낄 수 있다. 교육행정의 행위는 감성적인 만족도를 스스로 높일 수 있는 것까지도 포함해서 염두에 두어야 한다.

교육행정가가 표현하는 말 한마디 한마디는 교육에 크게든 작게든 영향을 미친다. 교육행정과 정책은 교육에 부합할 수도 있고, 때로는 벗어날 수도 있기 때문이다. 상당히 신중하게 판단하고 표현해야 한다. 또한 시의성이 있기 때문에, 즉, 시기의 제약성이 있기 때문에 그것을 지켜내는 것도 동시에 고려해야 한다. 국가 간의 외교에서는 용어의 사용이 굉장히 조심스러워야 한다. 외교관이나 책임 있는 정부 관료가 말 한마디 잘못하면 국가에 큰 손해가 끼치는 것처럼, 교육행정의 수행에 있어서도 교육에 영향을 미치기 때문에 용어선택에 신중을 기해야 한다. 언제나 교육의 본질이나 교육에 합당하느냐를 염두에 두어야 한다.

교육행정가는 정책결정의 행정행위에 있어서 개인적인 감정이 투영되는 것을 억제해야 한다. 그리고 이야기를 듣는 사람들이 이해할 수 있는 적합한 용어를 찾아내어 사용해야 한다. 경직된 용어가 아니라 가능한 쉬운 말로 표현하는 것이 중요하다. 교육행정가는 일반 정치인이나 행정가와는 다르다. 교육행정가는 교육적으로 적합한 언어를 쓰는 노력이 필요하다.

언어에는 인격이 들어 있다. 언어는 그 사람의 사고(思考)를 반영한다. 사고는 지적과정에 의해서 이루어진다. 우리는 모든 생각을 다 사고한다고 표현하지는 않는다. 사고한다는 저변에는 믿음과 신뢰가 수반되어야 한다. 믿음과 신뢰는 지적과정이 전제되어야 한다. 따라서 사고하는 것을 표현하는 것은 교육적인 말이어야 한다. 그래서 말은 인격을 표현하는 것이다. 교육행정의 행정행위에 있어서 교육행정가의 말은 항상 교육의 본질을 최우선으로 삼아야 한다.

발언(發言), 즉, 대화하는 말의 방식과 기준은 사고를 가늠할 수 있는 것으로 이것은 지성적이냐 아니냐의 판별의 기준이 된다. 우리가 일상생활 속에서 대화를 나눌 때 무엇을 말할 것인지, 그리고 그것을 어떻게 말할 것인지 생각하지 않고 우리의 입에 가장 먼저 도달하는 것부터 말로 표현하게 된다.

일상적인 대화는 정교하지도 않고 즉각적이며, 큰 비중이 실려 있지도 않다. 즉, 힘든 노고가 들어간 것이 아니며, 사람을 교화한다든지, 기억시킨다든지, 기록시킬 의도를 갖고 있지 않다. 그럼에도 불구하고 일상대화에는 그 나름의 초점들이 있으며, 듣는 사람은 그것들을 이해하고 적절하게 반응한다. 그러나 이런 일상적인 대화는 사람이 뭔가를 판단하고, 숙고하고, 사고할 때에 염두에 두는 그런 대화와는 다르다.

우리는 사람의 지적능력을 판단할 때, 그가 일상 대화의 방식을 기준으로 삼지는 않는다. 우리가 지적 능력의 판단을 내릴 경우에는 상대방의 생각과 의도가 담기고 신중하게 말하는 방식을 기준으로 삼는다. 그러나 경우에 따라서는 그가 하는 농담을 고려하거나 다른 사람의 농담을 알아듣는 수준을 기준으로 상대방의 지적능력을 판단하기도 한다.

지적능력을 판단하는 것은 지적 과정을 반영하고 가정하는 경향이 있다. 사람의 명민함이나 통찰력, 이해력을 판단할 때 진지한 발언을 척도로 삼는다. 그래서 음미되지 않는 잡담은 이론화나 계획수립으로 간주하지 않는다. 어떤 사람의 이론이나 계획을 진전시키는 것은 일상적 잡담의 목적은 아니기 때문이다.

그러므로 교육행정가는 정책적 의제나 관련된 이론을 무심코 아무렇게나 잡담처럼 이야기하는 것이 아니라 거기에는 언제나 교육의 본질과 그에 합당한 것인지를 염두에 두어야 한다. 그것이 교육행정가의 교육적이고 지적인 능력인 것이다.

우리는 지적능력이나 다른 능력을 비교할 때 염두에 두는 생각이 하나있다. 그것은 바로 교육이라는 생각이다. 즉, 지적능력은 교육을 통하여 개발되고 평가를 통해 검증된 능력이다. 그리고 지적작업은 학교 교육을 받은 사람들만이 수행할 수 있는 일이다. 지적인 사람은 교육혜택을 받은 사람이며, 지적인 대화는 교화(敎化)된 대화이며, 동시에 교화를 주는 대화이다. 태어날 때부터 타고난 요령이나 교육을 받지 않아도 알고 있는 요령은 지적 수단으로 분류되지 않는다. 단순한 모방에 의해 익힌 기술도 지적인 성취들로 분류되지 않는다. 따라서 '지적이다' 는 말을 적용하는 것은 적어도 그 일부가 교육을 통하여 배운 교훈들을 사용하는 경우에만 국한된다.

일상적인 대담을 이해하고 사용하는 법을 사전에 배운 바가 없는 사람은 교육적인 말을 이해하고 사용할 수 없다. 그러므로 교육적인 말 그 자체가 음미된 담화라는 것이다. 학교교육도 교육적인 말을 통해서 이루어진다. 교육적인 말 그 자체는 학교교육의 산물이다. 따라서 교육행정가의 행정행위에 있어서 왜 교육의 본질을 생각해야하며, 그에 합당해야 하는지가 분명해진다. 즉, 교육행정가의 말은 교육적이어야 한다는 것이다.

교육적인 말은 그 자체의 훈련이 필요하다. 그것은 전문적인 방식으로 표현되고 기록되는 것이며, 나름대로 전문적인 권위를 갖고 있는 것들이다. 우리는 어떤 사람이 뭔가 생각해 내는 일에 관여하고 있다고 할 때의 사고의 의미를 정확하게 구별해야 한다. 즉, 자기 자신과 다른 사람의 사고의 의미를 구별해야 한다. 자기 자신의 느낌을 표현하는 의미에서 사고는 어떤 사람이 일정기간동안 관여한 일에 대해 이야기하는 것이고, 반면 다른 사람의 사고를 말할 때의 의미는 그런 일의 결과를 이야기한다.

사람은 사고의 과정을 통하여 이론을 구성하여 전문가가 된다. 교육행정가는 행정의 이론뿐만 아니라 교육에 대한 이론을 구성하고 있어야 하기 때문에 일반 행정가와 구분이 된다. 이론을 갖고 있다는 것은 그 이론을 사용하여 교육을 한다든지 그 이론에 맞추어 사고하고 활동을 함으로서 그 행위를 할 수 있음을 뜻한다.

그러므로 이론을 구성하는 것은 일차적으로는 이론에 대해 말할 수 있는 것이기도 하지만, 자신이나 다른 사람에 대하여 이론의 내용을 이용할 수 있도록 만들기 위한 것이다. 즉, 어떤 이론을 갖고 있다는 것은 다양한 대처를 할 준비가 돼 있다는 것이다. 그리고 자신을 포함하여 누군가를 가르친다는 것은 과제들에 대한 준비 자세를 갖도록 하는 일이며, 그 과제를 가르치는 것이다.

따라서 이론을 구성한다는 것은 무엇보다도 교육적으로 말을 하거나 글을 쓸 준비를 갖추는 것이라고 할 수 있으며, 이론을 배워서 우리가 얻는 혜택이란 다양하고 새로운 방식으로 행동하고 대응할 수 있는 준비태세를 갖추게 되는 일인 것이다.

교육행정가가 교육에 관한 행정행위에 있어서 우선적으로 교육의 본질을 염두에 두어 그것이 교육의 본질에 합당해야 하는 것을 최우선적으로 생각해야 하는 것은 그 사항들을 어떻게 교육적으로 할 것인가, 혹은 어떤 사항들이 교육적으로 동일한 효과를 나게 할 것인가 하는데 있기 때문이다.

교육의 본질을 우선시하며 교육정책의 행정행위가 이루어질 때 교육은 교육에 합당하게 적용되어 이루어진다. 그렇게 되면 교육정책의 의제들은 그 본연의 목적을 달성할 것이다. 교육에 관한 행정은 무엇보다도 교육의 본질을 최우선으로 생각해야 한다.

이념에 휘둘리는 학교

교육개혁이나 혁신이라는 표현에 어느 때 부턴가 이념을 끌어들이고 있다. 교육개혁과 혁신에 이념을 먼저 내세울 수는 없는 일이다. 교육혁신이라는 말속에는 정치 이념적 느낌이 들어가 있지 않다. 혁신은 교육개혁을 중립적으로 표현하는 것이지만 강력한 변화를 함의하고 있다. 물론 혁신을 정치적 관점에서 보면 이념의 스펙트럼을 가질 수는 있다.

교육이라는 말속에는 이미 혁신이나 개혁이라는 의미가 들어있다. 교육은 기본적으로 인간의 삶을 변화시키는 것이고, 삶의 변화는 의식의 변화이며, 그것이 곧 개혁이고 혁신이기 때문이다. 따라서 교육에서의 개혁이나 혁신이라는 말은 교육의 절차나 과정을 개혁하고 혁신하자는 의미이지, 진보니 보수니 하는 이념을 덧칠하여 이념의 잣대로 교육목표를 재단하여 구분하자는 것은 아니다. 그런데도 같은 내용을 가지고 교육의 절차나 과정을 혁신적으로 바꾸어 가르치면 진보적이며 좌파적인 선생님이고, 전통적인 고전적 방법으로 가르치면 보수적인 수구 꼴통 선생님으로 단순하게 구분하여, 학교가 본의 아닌 이념 논쟁에 휘둘리고 있어 그 폐해는 고스란히 학생들에게 돌아가고 있다. 진보적 방법의 가르침이건 보수적 방법의 가르침이던 간에 그 성과기대는 학생의 학습결과로 나타나고 있음에도 말이다.

결국, 이러한 이념 논쟁은 어떻게 잘 가르쳐야 하는 교육의 본질적이고 기능적인 문제를 고민하는 것이 아니라, 교사의 집단을 편을 갈라 세력의 힘으로 각종 교육이외의 사리적인 욕심을 채우기 위한 것이 아닌가 싶다. 우리나라의 대표적인 교원단체인 한국교총이나 전교조는 원래 보수와 진보의 성향으로 대립각을 세우는 것이 아닌, 어떻게 하면 학생에 대한 참교육을 실현하며 교원의 복지를 향상시킬 것인가 하는 방법적인 노선의 차이를 두고 결성된 것이었다. 두 단체의 교육적인 노력은 우리의 교육현실에서 많은 것을 개선하고 그 교육적 성과를 이끌어 낸 것도 사실이다. 그런데 원래의 취지와는 무색하게 시간이 흐르면서 학생들을 위한 교육의 참모습으로의 추구와 개선은 온데간데 없고, 정치 이념적 성향이 배태되어 이에 따른 그들의 주장과 이에 대응하는 주장들이 교육적 포퓰리즘으로 변색되면서 애꿎은 학생들만 도마에 올라 희생되고 있는 결과를 초래하고 있다.

전교조 교원단체는 애초에 참교육을 실현하고자 교육의 방법을 추구하는데서 신선하리만치 우리의 교육에 혁신적이고 개혁적인 안을 내놓으면서 교육현장에 개혁과 혁신의 바람을 불러 일으켰다. 그러나 교육적인 문제와 관련시키지 않아도 될 정치적이고 시사적인 문제까지 교육이라는 프레임에 가두어 연가투쟁이나 촛불시위 등과 같은 것에 앞장섬으로 인해서 원래의 취지에서 벗어나 버린 의도로 정치이념적인 색깔이 덧칠해짐으로서 교육현장을 바라보는 학부모들의 눈살을 찌푸리게 만들었다. 한국교총도 마찬가지다. 전교조의 역량이 강화되면서 우리사회의 교육을 대변하는 목소리가 커지자 교육정체성 역할에 위기감을 느낀 탓도 있겠지만, 전교조의 주장과 요구에 대립각을 세우면서 전교조와 마찬가지로 정치적 성향을 띠면서 이념의 색채를 가지고 목소리를 높이며 정치적 압력단체로 변질되어 갔다. 이 두 집단에 소속된 교사들이 학교현장에 공존하다보니 학교의 교육은 당연히 이념적인 논쟁에 휘둘리며 교육의 파행을 초래하고 있는 것이다.

교육에서 진보적입장의 교육이다, 보수적입장의 교육이다 고 구분하는 것은 어불 성설이다. 물론 교육의 방법과 추구하는 방법에 따라 진보성향의 선생님이니, 보수성향의 선생님이니 하는 구분은 있을 수 있다. 교육의 정책을 어떻게 추구하느냐에 따라 시·도 교육의 교육정책을 수행하는 수장인 교육감도 진보적 교육감, 보수적 교육감이라고 칭할 수는 있으나, 시·도의 교육감 성향에 따라 보수교육이고 진보교육이라고 이념적 잣대로 구분해서는 안 될 일이다. 교육감의 정책을 이념적인 틀 속에서 넣어가지고 교육문제를 봐서는 안 된다. 교육은 그 자체로 봐야 한다. 물론 교육이라고 해서 정치사회적인 영향을 받지 않을 수는 없고, 심지어는 교육이 정치권력의 수단이 될 가능성도 상존하지만, 여하튼 교육은 교육 그 자체로 보면서 판단해야 한다.

어떻게 보면 그 사회가 갖고 있는 정체성이 교육을 결정할 수도 있다. 우리나라의 교육은 큰 틀에서 보면 국가나 산업에서 필요로 하는 인적자원을 양성하는 것이 목표이다. 그렇기 때문에 '학생들을 사람답게 교육하자'는 명제는 관념적이고 이론적으로는 동의할지 모르지만, 국가산업의 인적자원을 양성하자는 우리의 국가사회의 암묵적인 동의는 사람답게 교육하자는 명제에서 실제적인 부분이 부딪히고 있는 것이다.

교육이 실제적인 면에서 보면 정치적 이념을 생산하고 확산하는 수단으로도 작동한다. 기본적으로 이념을 생산하고 확산한다고 하더라도 그것을 얼마나 중립화 해낼 수 있느냐가 중요한 문제이다. 그렇게 함으로서 미래지향적인 정치발전을 위해 교육이 얼마나 뒷받침하거나 이끌어 줄 수 있느냐 하는 것이 교육의 중요한 역할이다. 지금 우리의 사회는 절차적 민주화가 진척되기는 했지만, 본질적인 민주주의는 아직 많이 개발해나가고 발전시켜 나가야 하기 때문에 이러한 면에서는 교육의 뒷받침이 필요하다.

우리 헌법은 국민의 기본권, 자유권, 사유권 같은 것은 상당히 포괄적으로 보장하고 있다. 그러나 예외조항으로 "필요한 경우에는 유보할 수 있다"는 조항도 있어서 하위 법률들이 이를 근거로 헌법에서 보장하는 권리에 제약을 가하는 경우가 있다. 우리 경제가 많은 발전을 이룬 만큼 시민 사회가 발전해

나가려면, 헌법에서 보장하고 있는 자유권적이고 사유권적인 기본권을 폭넓게 확대해나가는 것이 필수적인 조건이 된다. 이러한 측면에서 교육의 전망과 비전, 그리고 교육정책은 현재의 제약된 틀에서 진일보하게 나가야 된다. 그렇게 함으로써 현상유지적인 교육의 틀을 하나하나 확대하고 깨뜨려 진전시켜 나가야 한다. 그러기 위해서는 헌법직인 가치를 교육 내에서 존중하고 그것을 확보해 나가는 노력이 교육의 진보냐 보수냐 하는 이념논쟁보다 더 중요한 것이다.

이념 논쟁보다 중요한 교육의 문제는 이론적으로 생각하는 것보다도 훨씬 더 교육현장의 실제와 차이가 있다는 점이다. 교육에 관한 큰 틀에서의 문제는 밖에서 볼 때나 안에 들어와서 볼 때나 거의 같지만, 그 문제가 처한 상황을 보면 밖에서 본 것보다도 훨씬 심각하다는 점이다. 이러한 실제의 교육문제를 해결하는 데는 훨씬 더 면밀한 검토와 치밀한 계획, 그리고 지속적인 노력이 결합되어야 한다. 이는 교육이 지닌 매커니즘의 복잡성과 그 구성원들의 각자의 차이들, 이러한 것들을 종합해서 변화시키려면 엄청난 힘의 집중이 필요하다. 하지만 학교현장이 너무도 무너져 내려있고, 그 구성원들 모두가 좌절하고, 무기력해 지고, 일면 포기하고 있는 상황이 학교교육의 가장 큰 문제이다.

학생들은 학생들대로 힘들고, 교사들은 일도 많고 학생들이 말을 듣지 않아 괴롭다. 교육청이나 학교도 대화가 잘 이루어지지 않는다. 학생과 교사, 학교와 교육청간의 소통의 대화가 필요하다. 이를 위해서는 먼저 기본적으로 교육계에 뿌리 박혀 있는 권위주의를 탈피하고 관료주의를 제거해 나가야 한다. 관료들이 교육행정을 지시와 감독, 그리고 자기권한 행사의 수단으로 생각하지 않도록 인식의 전환이 필요하다. 학교현장을 지원하고, 협력하고, 조언하고, 자원하는 행정 서비스를 생산하여 제공하는 시스템을 마련하는 것이 필요하다. 그래서 지역교육청을 통해서 행정 서비스를 하는 지원센터를 만들어 활용해야 한다. 그러기 위해서는 지원 서비스를 하기 위한 구심점을 만들어야 하고, 그 결속된 구심점을 통하여 학교현장과 교육행정간의 소통을 원활하게 하는 작업이 필요하다.

교육에 침투해 있는 이념적인 스펙트럼은 교육현장에 내재해 있는 문제를 가리고 있어 결국은 학교현장의 개선하고 혁신해야할 것들을 할 수 없게 만든다. 학교가 진보니 보수니 하는 이념논쟁에 몰입하는 동안 우리 학생들의 교육은 그 방향성을 상실하고, 이념의 선동에 휘둘려 편향된 가치관과 역사관을 갖는다면, 우리 다음 세대의 교육은 이념의 선동에 홀려 자신의 배움을 통한 실용적 삶의 유용성을 얻지 못하고 이데올로기적 자아비판에 그 꿈이 깨어버릴지 모를 일이다.

마음이 떠난 학교를 가야하는 마음

지금 우리학교 교육의 실상은 선생님도 학생도 모두 마음이 떠나있다. 학생을 가르칠 열정이 부족하고, 학생들은 감옥 같은 학교라 이미 마음이 떠나있다. 그래도 학교의 학력을 인정받아야 상급학교에 진학할 수 있고, 가르치는 보람을 느낄 수는 없어도 생계수단을 유지하는 직업군이기 때문에 마음이 떠난 학교이지만 가야하는 마음인 것이다. 우리들의 학교는 이미 교육이 실종되었다. 교육이라는 궁극의 가치를 생각하는 것보다는 자기의 이해 처지에 따라 웃으면서 가르치는 선생님과 배우는 학생들, 울면서 가르치는 선생님과 배우는 학생들로 나뉘어져 그 허탈한 교육의 실상에 학교는 소리 없이 울고 있다.

학교현장에서 선생님들이 가장 힘든 것은 학생들을 가르칠 시간과 열정이 없다는 것이다. 교육이외의 행정업무가 많고, 아직도 학교현장에는 상명하복적인 분위가가 남아 있어서 굳이 시간과 열정을 투입하지 않아도 될 부분인데도 울며 겨자 먹기로 업무를 해야 하는 상황이기 때문이다. 교사의 행정업무의 경감에 대한 필요성은 수십 년 전부터 제기된 사안이지만 구호에만 그칠 뿐, 아직도 그 시행의 실효성을 제대로 보지 못하고 있는 실정이다.

학생들의 경우에도 학교가 좀 더 자유롭고 즐거웠으면 하는 마음이다. 무엇보다도 치열한 입시경쟁의 구도 속에서 공부하는 것이 너무 힘들다고 한다. 학교생활이 즐거워야 하는 것은 학교의 문화풍토와 관련된 것이고, 공부하는 일이 힘들지 않았으면 하는 것은, 대학입시와 관련되어 있는 교육의 제도와 관련된 것이지만, 직접적으로는 교사들의 수업방식이나 평가 방식에 결부된 문제이다. 거시적으로 보면 교육제도와 입시제도의 변화가 필요하다는 것이고, 동시에 학교문화의 변화와 교사들의 교수-학습방식의 변화를 요구하고 있는 것이다. 학생들의 마음을 학교에 머물게 하는 것은 선생님이 어떻게 가르치느냐 하는 것과 직결되어 있다. 선생님의 학생의 개성과 적성을 고려한 가르침은 학생의 마음을 학교에 머물게 하고, 선생님 노릇을 하는 식의 가르침은 학생의 마음을 학교에서 떠나게 한다.

그 동안의 교육을 들여다보면 많은 변화가 있었기는 하지만, 국가적인 교육제도와 정부의 교육정책이 요구하는 획일성 때문에 그 변화의 성과가 미흡하였다. 또한 학교현장에서 구태의 방식으로 눈앞의 단기적 성과만을 중시하는 비교육적인 태도 때문에도 혁신적인 교육의 변화를 해야 한다는 것을 알고 있으면서도 그 변화를 이끌어내지 못한 측면이 있다. 단기적인 성과를 목표로 하고 서열위주의 방식을 적용하려다 보니까 그런 강압적인 방식이 더 효과적이라는 착각에 빠져 있어 새로운 방식을 도입하지 못하고 변화를 이끌 수 없는 구태에 의한 안일함으로 현실의 만족만을 추구하고 있기 때문이다. 안타깝게도 우리의 학교현장은 아직도 구태의 상황에 놓여 있다는 것을 정확히 이해하지 못하고 있다. 구태의 방식으로 단기적인 효과를 얻으니까 우리의 방식이 좋다는 생각을 버리지 못하고 있는 것이다.

사실 우리 교육에 있어서 일상화되어 있는 강압적이면서도 반인권적인 방식, 즉, 스파르타식 훈련으로 주입식과 암기식 교육의 방식은 단기적인 효과를 내는 데는 유용할 수도 있다. 그러나 그 학생 하나하나가 성장하면서 자기역량을 키워나가는 데는 한계로 작용되고 있음을 모르고 있다. 설령 그것을 알고 있다고 하더라도 단기적인 교육의 성과를 내는 것이 할 일이고, 저마다의 소질과 능력을 개발하는 역량을 갖는 일은 할 일이 아니라고 생각하는데 심각성이 있다.

학생들이 모든 분야의 공부를 다 잘할 필요는 없다. 전체적으로 볼 때 수리영역을 잘하는 학생, 언어영역을 잘하는 학생, 수리와 언어에 약한 대신 예체능에 강점을 보이는 학생도 있다. 따라서 어느 단적인 능력만 볼 것이 아니라 종합적으로 보면 우월의 문제가 아니라 다양성의 문제인 것이다. 지금 우리 교육이 다양성을 인정하지 않은 상황에서 각 분야의 창조적인 전문가가 나오기는 어렵다. 전교과목으로 학생의 수월성을 평가하고 등급을 매기는 마당에서 대부분의 학생들은 학교의 교육에 흥미를 잃고 있으며, 교사 또한 학생들을 가르칠 열정이 잦은 잡무부담에 시달려 무력해진다. 그러므로 상급학교 진학을 위한 학력을 획득하는 것 말고는 배움에 정붙이는 마음이 이미 떠나버린 상태이고, 학생을 가르칠 열정을 상실한 교사는 생계유지의 직업군으로서 가르치는 일에 종사할 뿐, 가르침의 자부심으로서의 교사의 정체성의 마음이 떠나가고 없는 것이다.

이와 같은 현실적응과 현상유지의 마음만을 가진 교육의 결과는 외국 유학의 사례에서 우리나라의 유학생이 중도 탈락률이 제일 높다는 것은 널리 알려진 사실이며, 과학적인 학문적 성취에서 그만큼 역량이 있어 보임에도 과학 분야 관련 노벨상을 수상하지 못했다. 교육이 우리 국민들의 저마다의 적성과 소질과 소양을 충분히 키워내지 못한 결과이다.

사회전체가 살만해졌고 국력이나 인권이 신장된 것에 비해서 교육은 여전히 구태의 방법을 벗어나지 못하고 제자리걸음을 하고 있다. 학생들에게 주입식과 암기위주의 교육만 있는 것이다. 졸업식장에서 밀가루를 뒤집어쓰고 괴성을 지르며 옷을 갈기갈기 찢어버리는 행동을 하는 볼썽사나운 장면이 있었다. 그걸 나무라는 선생님께 '학교 오기가 죽기보다 싫은 마음이었는데, 이제 훌훌 벗어던진다고 생각하니 속이 후련해져서 그랬다'고 하였다. 물론 일부 학생들의 행동이기는 했지만, 학생들은 마음이 떠나버린 학교를 다녀야 하는 마음이 오죽했으면 죽기보다 오기 싫은 학교라고 했을까 하는 점이다. 학생들은 학교를 창살 없는 감옥처럼 느끼고 있다는 것이다. 그렇지 않은 학생들도 사실은 학교가 감옥처럼 느껴졌는데 미래를 위해 참아야 한다고 생각하는 마음의 차이 뿐인 것이다.

우리 교육이 우선적으로 해야 할 일은 학생들이 행복한 마음으로 학교를 다닐 수 있는 학교를 만드는 것이 시급한 과제이다. 그럼으로써 학부모들이 안심하고 보낼 수 있는 학교가 되어야 한다. 그러나 그것이 지금의 교육적인 상황에서 단 시일 내에 이루어질 수는 없을 것 같다. 교육운영의 주체자인 선생님들과 학부모, 교육행정당국이 지혜를 모으고 계획을 세워 장기적인 계획을 가지고 차근차근 교육의 패러다임을 혁신적으로 바꾸어 교육현장에서 실제적으로 구현될 수 있도록 해야 한다.

마음이 떠난 상태에서의 마음의 작용은 어떤 교육적 성과도 얻을 수 없다. 마음을 갖고 참여해야 그 마음이 제대로 쓰인다. 사랑을 받고 자란 아이가 사랑을 베풀 확률이 높아지는 것처럼, 학생시절부터 자기의 마음을 조절하면서 모든 일에 적극적으로 참여하면 어른이 되어서도 정체성이 확립되어 무엇이든 할 수 있는 것이다. 학교에서 참여의 마음을 길러주지 않으니까 어른이 되어서도 꿈을 갖지 못하는 것이다. 꿈을 갖지 못하면 어른이 되어서도 아무런 희망도 없이 컴퓨터 게임방을 전전하며 밤새워 게임으로만 세월을 허송하고 있는 것이다.

더욱이 결혼해서까지도 어느 것 하나 자율적으로 판단해서 행하지 못하고 부모에게 의존하는 것은 학생들의 마음하나 잡아주지 못하는 지금의 우리의 교육방식에서 비롯된 것이다. 지금의 우리 교육은 학교만 변해서는 안 된다. 학부모의 마음도 변해야 한다. 어떻게 보면 한국교육을 이렇게 만든 것은 학부모들의 극성이기도 하지만, 그 만큼 우리 학부모가 그 피해를 고스란히 보고 있다. '내 아이만 잘살고, 내 아이만 잘되면 된다.' 는 사고방식이 한국의 교육풍토를 경쟁위주로 몰고 갔다. 죽기보다 오기 싫은 마음으로 이미 떠나버린 학교를 감옥에 드나드는 심정을 가지고 학교를 와야 하는 사고방식을 심어준 교육이 한국교육을 망친 주된 원인이라고 할 수 있다.

학교는 가고 싶은 행복한 곳이어야 한다. 학교환경이 다소 열악하다고 하더라도 내가 가야할 곳이고 필요한 곳이라는 배움에 대한 내적 동기가 형성된다면 학교는 가고 싶은 곳이 된다. 그런 마음이 형성되게 하는 것은 학교의 선생님이 유일하다. 학부모나 교육의 여건은 부차적인 문제이다. 우리 세대의 어른들은 한국전쟁 후의 열악한 교육조건 속에서도 무엇이라도 배우고 익혀 꿈을 실현하겠다는 원대한 포부가 있었기 때문에 노천의 천막교실에서 공부를 했어도 한자라도 더 배우려고 학교로 향했다. 학교에 가서 공부하고 싶은 마음에 학교 가는 동료들을 부러워했던 당시 유행했던 노래 가사가 있다.

"아버지 학교에 보내 주세요, 나도 어머니가 살아계시면 매일아침 머리 곱게 빗겨 주면서 학교가라, 학교가라, 하셨건마는 어쩌다 내 신세 이리 되었나."

이러한 마음이 우리 국민들의 공통된 생각이었기 때문에 오늘날 우리의 고등교육 진학의 교육열은 85%이상을 선회하는 세계 최고의 교육의 나라가 되었는지도 모른다.

학교는 이제 가고 싶은 행복한 곳이어야 한다. 지금은 배움에 한이 맺혀 한풀이로 다니는 학교가 아니다. 언제든지 가고 싶은 마음이 들 수 있도록 학교가 학생의 자유와 자발성을 존중해 주고 개성과 적성에 맞추어 즐겁게 가르친다면, 학교는 우리가 꼭 가야할 곳이라는 마음이 학생들에게서 우러날 때 학교를 떠나고자 하는 마음이 없어질 것이다. 그러기 위해서는 우리의 교육이 고질적인 병폐로 비판받는 입시위주의 교육에서 과감하게 탈피하여 학생의 관심과 흥미를 길러주는 창조교육의 체제로의 혁신을 이루어야 한다.

학교폭력의 교육적 당면 과제

학교폭력이 학교의 범주를 벗어나서 사회 악(惡)의 문제로 대두되었다. 학교폭력이 사회전체의 관심사가 되고 있다는 것은 학교폭력이 학교생활지도 차원의 해결이 아닌 학교교육에 중대한 문제가 생겼다는 것을 의미한다.

폭력은 상해를 입히려는 개인적·집단적 마음의 외적표출로 나타나는 것이다. 학교에서 발생하는 폭력은 물리적인 문제이기도 하지만, 보다 근본적으로는 마음의 문제이다. 그러나 마음의 문제라고 해서 학교폭력이 명백하게 의식되는 것은 아니다. 학교 청소년폭력의 경우 대부분 충동적이거나 무의식 상태에서 일어나게 되며, 드러나기도 하고 은밀하게 이루어지기도 한다. 따라서 학교폭력은 개인적인 문제로서 발생하는 것뿐만이 아닌, 제도적 혹은 구조적인 문제 때문에 발생하기도 한다. 이러한 이유에서 학교폭력이 학교교육의 근본적인 문제와 관련되어 진다.

학교폭력이 교육적인 문제로서 사회전체의 관심사가 되고 있는 것은 학교폭력의 양적인 증가뿐만 아니라 그 양상의 파괴성 때문이다. 2012년 2월 1차 학교폭력 실태 전수조사에서 약 17만 여명이 학교폭력의 피해를 경험하였고, 2012년 9월 2차 학교폭력 실태 전수조사에서는 32만여 명으로 나타나(1차

조사의 응답률 25.1%, 2차 조사의 응답률 73.7%) 그만큼 학교폭력이 만연되어 있음을 반증하고 있다.

이와 같은 상황에 더욱 심각한 것은 학교폭력이 단순한 욕설, 장난삼은 괴롭힘의 정도가 아니라 그 내용과 방법이 학교에서 용인되는 수준을 넘어서 다양해지고 잔인해지고 있다는 점이다. 심지어 집단따돌림이나 폭행 등으로 인하여 생명을 잃는 학생도 있다는 점에서 근본적인 교육의 문제를 야기하고 있다.

학교폭력에 대한 심각성으로 학교는 물론, 교육과학기술부를 비롯한 정부부처, 교육청, 사회단체, 대학과 연구소, 학술단체 등에서 다양한 방식으로 학교폭력에 대한 대책을 마련하기 위해 절치부심하고 있나. 그러나 학교폭력에 대한 대책들은 학교폭력의 현상이 나타난 심각성에 집중한 나머지 서둘러 대책을 쏟아 놓는 데만 관심을 기울이고 있는 경향이다. 정부의 「학교폭력근절 종합대책」에서 보듯이 대부분은 학교폭력을 법적 관점을 반영하고 있으며, 사법당국에 호소하고, 가해학생을 처벌을 강화하는 처벌위주이다. 그러나 처벌위주의 대책은 학교폭력의 현상을 일시적으로 감소시킬 수는 있어도 근본적인 해결책이라고는 보기 어렵다.

학교폭력의 심각성을 단순히 빈번하고 포악해지는 것의 현상적으로만 파악하는 것에 대한 대책만으로 충분한가? 이러한 학교폭력의 현상적 심각성을 해결하기 위하여 내놓은 처벌위주의 학교폭력의 대책은 바람직하고 교육적인가? 이러한 문제의식에 비추어 교육활동을 하는 교육공동체적 입장에서 근본적인 교육적 대책을 모색해야 한다.

학교폭력의 현황에 대한 여러 통계에 따르면 최근 학교폭력이 급격히 만연되어지고 있음을 알 수 있다.

2012년 2월 교육과학기술부 1차 학교폭력실태 전수조사의 결과는 전체 응답자 139만명(응답율의 25.0%) 중 17만여 명인 12.3%가 학교폭력 피해를 경험한 적이 있다고 하였다.

교육과학기술부의 1차 조사의 경우, 응답 회수율이 25%인 점을 감안하면, 학생들이 학교폭력에 노출되는 것은 실제로 이보다 훨씬 많다고 보아야 한다.

2012년 9월 교육과학기술부의 2차 학교폭력 전수조사의 결과는 전체응답자 396만명(응답율(73.7%) 중 32만 여명인 8,5%가 학교폭력을 경험한 적이 있다고 하였다. 2차 조사에서는 응답회수율이 증가하여 피해학생의 비율이 소폭 감소하였지만, 30만 명 이상의 학생이 학교폭력의 피해자이다. 특히 2차 조사에서 피해를 당한 학생들이 힘들었다고 하는 유형은 집단따돌림(75.2%)에 이어 사이버 괴롭힘(65.0%)을 당하는 결과를 나타냈다.

2011년 12월부터 2012년까지 진행된 청소년 폭력예방재단에서 진행된 전국 학교폭력 실태조사에 따르면, 학교폭력 피해율이 2010년 11.8%, 2011년 18.3%, 가해율은 2010년

11.4%, 2011년 15.7%로 나타났다. 우리나라의 모든 학교에서 학교폭력이 발생하고 있으며 중·고등학교뿐만이 아니라 초등학교에서도 빈번히 발생하고 있다. 이제 어느 단위 학교를 막론하고 학교폭력의 안전지대가 없는 상황이 된 것이다.

학교폭력의 또 하나의 심각한 문제는 가해와 피해율의 양적인 문제뿐만 아니라 폭력의 형태가 다양화되고 폭력의 정도가 심해져 간다는 점이다. 2012년 11월 16일 발표된 2차 학교폭력 실태 전수조사의 결과의 피해학생의 비율은 초등학생 11.1%, 중학생 10.0%, 고등학생 4.2% 순이었다. 성별로는 남학생이 10.5%로 여학생 6.4%보다 많았다. 유형별로 보면 욕설 33.9%와 금품 빼앗기 16.2%로 가장 흔하다. 피해자의 42.4%는 2가지 유형 이상의 피해를 당한 경향이 있다고 답했다.

특히 2차 학교폭력 실태조사의 두드러진 특징 중의 하나는 사이버 폭력에서 피해학생의 심각성이 두드러지게 나타났다고 하는 점이다. 온라인을 통한 관계적 존재가 확산되는 추세에서 학생들은 온라인에서 존재감을 확인하고 새로운 관계를 맺으려고 한다. 성적이나 외모, 집안 경제력을 따지는 현실 속에서 마음을 털어놓고 지낼 친구를 찾기 힘들게 되자 나타나는 현상이다. 따라서 온라인상에서의 모든 반응(온라인 친구의 수, 조회 수, 댓글 수, 좋아요 반응 수 등)이 공개되기 때문에 이러한 상황에서 온라인 집단 따돌림을 당하는데 대한 이른바 '사이버 왕따'에 대한 강박증이 높은 빈도(65.0%)로 나타나고 있다.

이러한 학교폭력의 상황을 종합하여 보면 대부분이 욕설이나 비방과 협박이 학교폭력의 주류를 이루고 있지만, 집단따돌림, 금품의 착취, 폭행감금의 행태도 병행되고 있다. 또한 대부분의 학교들이 일진과 같은 학교폭력 서클이 존재하고 있음이 보고되고 있다. 결국, 학교폭력의 문제는 피해학생의 자살 등과 같은 학생의 생명을 앗아가는 지경에까지 이르는 심각한 상황이다. 이러한 학교폭력의 상황은 그 내용과 방법의 포악성과 더불어 가해자나 피해자에게 큰 상처를 줄 뿐만 아니라 피해자가 가해자가 되는 등의 폭력이 확대 재생산되는 악순환이 반복될 수 있기 때문에 심각할 수밖에 없다.

현재 우리나라의 도처에서 발생하고 있는 학교폭력의 현황은 확실히 우려할 만하다. 매일 학교에 가야하고, 같은 공간에서 최소 3년 이상을 함께 지내야 하는 학교 공간의 특수성 때문에 학교폭력은 피해자에게 상처와 고통을 가중시킨다. 이러한 학교폭력이 가지는 현상에 주목하도록 만드는 데는 언론이 주된 역할을 한다. 언론의 보도는 학교폭력의 외현적인 현상만을 주목하여 심각한 것으로 생각하도록 부추기는 면이 있다. 따라서 외현적 현상의 이면의 실재를 잘 보지 못할 수가 있다. 즉, 매스컴은 학교폭력의 의미나 문제, 그 해결책을 깊이 성찰하게 하지는 않는다. 학교폭력의 현상의 심각성을 증폭시켜 관심을 기울이게는 하지만, 오히려 증폭된 심각성의 관심으로 인하여 학교폭력 현상의 이면에 있는 실재를 본질적으로 생각하게 하는 데는 방해가 된다.

그렇다면 학교폭력의 실재를 찾는다는 것은 무엇을 의미하는가? 그것은 학교폭력이 단순히 학교에서 일어나는 폭력현상을 넘어서서 근본적으로 교육의 위기로 보는 것이다.

교육의 위기는 교육을 받는 학생의 삶의 목적이 상실된 위기, 제도적 차원의 학교의 위기를 말한다. 즉, 학교폭력이 일어난다고 하는 것은 학교의 교육이 정상적으로 이루어지지 않는 다는 것을 의미하며, 그 결과 교육을 받은 학생들의 삶의 목적이 상실되었다는 것을 나타낸다. 학교폭력은 이러한 학교교육의 위기가 외적으로 표출된 것이다.

학교는 문명된 삶과 인간다운 삶의 전통을 유지해야 할 교사와 학생으로 이루어진 공동운명체이다. 이러한 의미에서 보면 학교폭력이 일어난다는 것은 학교 교육의 본래적 의미가 실현되지 못하고 있다는 것이다. 즉, 학교폭력은 학교교육의 의미를 거스르는 행위이며, 교육의 본래적 의미를 실현하는 교육공동체로서의 학교를 파괴하는 행위이다. 그것은 교육을 통해 형성되어 온 문명된 삶과 인간다운 삶에 대한 도전이며, 함께 성취해가야 할 교육공동 운명체로서의 삶을 포기하는 것이라고 할 수 있다. 따라서 학교폭력은 그것이 현상적으로 초래하는 개인의 상처와 죽음을 넘어서는 훨씬 심각한 교육의 문제인 것이다. 학교폭력이 교육을 위한 학교를 무력화시키고 더 나아가 사회의 문명생활과 인간다운 삶에 대한 도전이라면 교육의 기회가 사라진다는 것을 의미한다.

그러므로 학교폭력의 심각성의 근거를 언론 등의 매스컴이 제기하는 학교폭력의 현상보다는 교육활동에 종사하고 있는 사람들이 관심을 가지는 학교폭력의 실재에 보다 더 주목해야 할 필요가 있다. 학교폭력의 현상에 관심을 가지고 있는 사람들은 학교교육을 비판하기 위해 학교폭력의 현상적 심각성을 부각시킬 뿐이다. 하지만 학교폭력의 실재에 관심을 가지고 있는 교육에 종사하고 있는 당사자들은 문명된 삶과 인간다운 삶의 영위를 가르치는 교육공간으로서의 학교가 학교폭력에 의해 그 교육적 본질과 기능이 상실되어 가는데 관심을 가져야 한다. 그리하여 교육에 종사하는 사람들이 그 근본적인 해결책을 모색할 때 학교교육이 본연의 모습을 찾을 수 있을 것이다.

정부가 학교폭력에 대한 본격적인 관심을 갖기 시작한 것은 1997년부터이다. 교육부는 1997년 학교폭력예방 근절대책본부를 설치하고, 시·도교육청의 학교폭력예방 근절대책반, 각 학교에 학교폭력 추방위원회를 설치·운영하였으며, 2004년에는 학교폭력 예방 및 대책에 관한 법률을 제정하였다. 그러나 이후 학교 폭력의 심각성이 사회문제로 비화되자 2005년 교육인적자원부는「학교폭력예방 및 대책 5개년 기본계획(2005~2009)」을 수립하여 학교폭력예방 및 근절을 위한 교육 및 지원강화, 교원들의 학생생활지도 전문능력 제고, 피해자 및 가해자 선도 강화, 학교폭력 예방 근절을 위한 사회적 분위기 조성을 위한 조치를 하였다. 그러나 이 계획은 몇 가지 문제점을 드러냈다. 그것은 각급 단위 학교가 학교의 이미지 손상을 우려한 나머지 학교폭력문제를 소극적으로 대응한 점, 학교폭력 예방교육이 방송을 통해 비효율적으로 이루어진 점, 학교폭력에 대한 교사들이 관심과 대응능력이 떨어진 점, 학교폭력을 대처하는데 있어서 지역사회 전문기관과의 연계가 미흡하다는 점 등이다. 이에 교육과학기술부는 2010년 1월 2차「학교폭력예방 및 대책 5개년 기본계획(2010~2014)」수립하였다. 그 주요 내용은 학교폭력 안전 인프라 구축, 맞춤형 예방교육 강화, 단위학교 대응능력 및 책무성 제고, 가해자 선도 및 피해자 치유 시스템의 질 제고, 존중과 배려의 학교문화 조성, 지역사회와 함께하는 학교안전망 구축 등이었다.

이러한 조치에도 불구하고 학교폭력이 더욱 악화되어 심각한 사회적인 문제가 되자 정부는 2012년 2월 「학교폭력근절종합대책」을 발표하였다.

그 주요내용을 정리하면 다음과 같다.

1. 학교장과 교사의 역할강화
   1) 학교장의 역할 및 책무성 강화
   2) 담임교사의 역할 강화 및 생활지도 여건 강화
   3) 교원 양성-임용-연수단계에서 학생지도 역량 강화

2. 신고-조사체계 개선 및 피해학생에 대한 조치 강화

1) 117학교폭력신고센터 설치 및 조사기능 강화
2) 학교폭력 은폐 방지를 위한 제도 개선
3) 피해학생에 대한 우선적 보호와 치유지원
4) 가해학생에 대한 엄격한 조치 및 재활치료 지원
5) 일진 등 학교폭력 서클 엄정 대응

3. 또래활동 등 예방교육 확대
1) 건전한 학교문화 형성을 위한 또래활동 지원
2) 사소한 괴롭힘도 폭력임을 단계적으로 교육
3) 학교폭력예방 사이버상담 지원

4. 학부모교육 확대 및 학부모의 책무성 강화
1) 자녀 이해 지원을 위한 학부모 교육 및 교육정보제공 대폭 확대
2) 교사-학부모간 소통강화 및 학부모의 책무성 제고
3) 교육 기부형 학부모 교육 참여 활성화

5. 교육전반에 걸친 인성교육 실천
1) 바른 인성과 기초를 형성하는 3~5세 누리과정 완성
2) 배움이 실천으로 연결되는 프로젝트형 인성교육 실시
3) 중학교 체육활동 대폭 확대
4) 학생-학부모-교사가 함께 학생생활규칙을 통해 인성 교육 실천
5) 인성관련 학생부 기재 강화 및 입학전형에 반영

6) 생활지도 등 인성교육을 잘하는 교원과 학교 우대
7) 시·도교육청 평가를 통해 책무성 확보

6. 가정과 사회의 역할
1) 가정과 사회의 교육적 기능 강화
2) 가정과 사회의 참여확대를 위한 홍보 및 캠페인 추진

7. 게임·인터넷 중독 등 유해 요인 대책
1) 게임·인터넷 중독 예방을 위한 제도 개선 추진
2) 게임·인터넷 중독 예방교육 강화 및 치유활동 확대

정부의 「학교폭력근절 종합대책」은 학교장과 교사, 학생과 학부모 등 학교교육의 주체별 대책 등을 포함하여 학교폭력에서 다루어야 할 다양한 내용을 망라하고 있다는 점에서 표면상 종합대책처럼 보인다. 그러나 이러한 대책이 과연 근본적인 대책이라고 할 수 있을지 의문이다. 대책에 포함되어 있는 인성교육과 가정 및 학부모 인식 변화, 사회역할 강화, 게임과 인터넷 중독 예방 등이 과연 근본적인 대책이라고 할 수 있느냐 하는 점이다. 만약 이것이 근본적인 대책이라고 한다면, 지금까지 학교는 인성교육을 등한시 했고, 가정과 사회가 그에 대한 방관적인 입장을 취하여, 사회적인 폭력관련 사실과 매체들이 학교폭력을 발생하게 한 근본적인 원인이 되었다는 의미다. 또한 이러한 문제를 해소하기만 하면 학교 폭력도 사라지거나

적어도 급속하게 줄어들어야 할 것이다. 특히 게임과 인터넷 중독 예방에 관련한 대책은 학교폭력을 근절하는 대책이라기보다는 부차적인 대책에 불과하며, 가정 및 학부모 인식변화나 사회역할 강화 영역은 캠페인적 성격으로서 근본적으로 한계가 있는 대책이라고 밖에 볼 수 없다.

그렇다면 정부의「학교폭력근절 종합대책」에서의 근본적인 핵심은 교육전반에 걸쳐 교과별 수업혁신을 통한 인성교육의 실천이라고 할 수 있다. 학교생활의 전 과정을 통하여 제대로 된 인성교육을 실시하여 올바른 인성을 함양하게 되면 당연히 학교폭력의 문제가 개선 될 것이다. 그러나 과연 이 대책들에서 말하고 있는 인성교육이 제대로 된 인성교육을 실시하기 위한 것이냐 하는 점이다.

「학교폭력근절 종합대책」에서 함양하고자 하는 인성교육은 학교폭력 사전예방 영역에서 교과별 수업혁신 및 인성교육의 실천 내용을 보면 협력과 토의수업을 통하여 참여의식을 확대하고, 교과의 인성핵심역량 요소를 강화한 인성교육실천으로서 지식중심의 교육을 사례실천중심 교육으로 하여 '체득하는 교육'을 통해 인성의 핵심역량을 실천하는 교육이다. 따라서 인성교육은 이론적 교과나 지식중심 교육에서 벗어나는 것으로 정서나 의지, 도덕성이나 사회성을 함양하는 창조교육을 의미하는 것이 된다.

그러나 지식교육과 인성교육이 과연 별개의 것일 수 있으며,

또한 구분되는 별개의 것이라고 하더라도 그러한 방법에 의해 올바른 인성이 함양될 수 있다고 보기 어렵다. 즉, 교과별 수업혁신을 통하여 지식 중심에서 사례실천 중심 교육으로 바꾸어 체득하는 교육을 한다고 해서 제대로 된 인성이 함양될지 의문이며, 그러한 방식으로 학교폭력을 근본적으로 근절하고 예방할 수 없기 때문이다.

정부의「학교폭력근절 종합대책」에서 외현상으로 드러나는 대책은 사소한 괴롭힘도 범죄라는 인식으로 신속하고 철저히 대응하고 피해자를 우선적으로 보호하는 것이다. 여기에는 학교폭력을 법적인 관점으로 보려는 전제가 내재되어 있다. 법적인 관점에서 보면 학교폭력은 비난 받거나 처벌받아야 할 범죄 행위이다. 학교폭력에 대한 이러한 관점이 내재되어 있는 한 학교폭력의 대책은 교육적인 조치보다는 사후적 법적 처벌에 초점을 둘 수밖에 없다. 이와 같은 법적인 관점은 학교폭력을 일시적으로 감소시키고 학교의 질서를 유지하게 할지는 모르나 학생지도의 책임을 외부에 의존하는 셈이 되어 교육의 장으로서 학교의 역할을 상실하게 만든다. 즉, 학교폭력이 일어날 때마다 법적인 관점으로 해결하다 보면 학교가 당연히 해야 할 교육적 노력을 소홀히 할 수 있다. 이에 비해 인간주의적 회복의 관점은 가시적이고 즉각적인 효과는 없을지 모르지만, 가해자와 피해자의 관계를 회복하기 위한 교육적인 노력이 요구된다는 점에서 근원적으로 바람직하다고 할 수 있다.

폭력은 법적인 관점에서 보면 비난받거나 처벌받아야 할 범죄로서 가해자를 법적으로 처벌함으로서 폭력행위를 고치는 것은 교육이라기보다는 '교도'이며, 의학적 관점에서 보면 가해자의 폭력적 성향을 제거하거나 피해자의 정신적, 신체적 상처를 치유하는 것으로서 교육이라기보다는 '치료'이다.

교도나 치료도 교육의 일부에 포함될 수는 있지만, 교육 그 자체라고 말할 수는 없다. 따라서 학교폭력에 대한 법적, 의학적 관점은 교육적 관점으로 대체될 수는 없다.

교육적 관점에서 보면, 폭력은 일종의 무지이거나 심성의 결여로 볼 수 있다. 폭력이 일어난다는 것은 폭력 당사자가 그것이 교육적으로 혹은 도덕적으로 심각한 사태라는 사실을 보지 못하고 있거나, 그 사태를 볼 수 있다고 하더라도 도덕적 심성이 함양되지 못해서 발생하는 문제로 볼 수 있다. 교육적 차원에서 폭력은 비난이나 처벌을 받거나 치유해야 할 대상이라기보다는 '상해를 입히려는 마음'의 상태로부터 벗어나게 하거나 '상해를 입히려는 의도가 없는 마음'의 상태를 길러주어야 할 성질의 것이다.

학교폭력의 문제를 해결하기 위해서는 교육적 관점에서 두 가지 방식이 있다. 하나는 학생들로 하여금 미움, 증오, 해치려는 마음 등과 같은 감정이나 행동보다 언제나 합리성에 따라 행동할 수 있도록 이성을 자유로운 상태로 끌어올리는 것이다. 다른 하나는 인간으로 존중하고 타인을 배려하는 도덕적 심성을 함양하는 것이다. 합리성이 자신의 삶을 지배하게 되면 폭력과 같은 비합리적인 행위가 사라지게 된다. 타인을 존중하고 배려하는 심성이 함양된 사람은 자신이 폭력을 사용하지 않는 것은 물론이고, 타인의 폭력까지지도 감소시킬 수 있다. 이렇듯 교육적 관점에서의 학교폭력의 대책은 처벌이나 교도의 강요 때문에 마지못해 억지로 마음을 움직이는 것과는 다르게 자발적일 수밖에 없으며, 피해자나 가해자의 관계를 긍정적으로 변화시킬 수 있다. 이러한 교육적 관점에 토대를 둔 대책이야말로 근본적인 대책이며, 우리가 마땅히 추구해야 할 학교폭력에 대한 교육적 당면 과제이다.

우리교육, 정말로 반성해야

시험 잘 보아 성적 잘 나오면 그만이다.
학생들 퀭한 눈 졸음 잠기고
학원으로 과외로 내몰리면서
잠 한숨 제대로 못자는 현실
인권이 무엇이다 어쩐다고 하지를 말고
제발 좀 잠 좀 자게 해 주세요
일제고사 성적 잘나오면 울 엄마
동네방네 자랑하며 더욱 열심히 하라고
몰아붙이기만 한다.
왜 선생님은 그것이 정답인지 알려주지 않는다.
아빠와 학교는 한 통속인 걸
우리 선생님은 무엇을 생각하실까?

학교풍토, 르네상스가 절실하다

르네상스(Renaissance)란 말은 인간의 삶의 부활이라는 뜻을 가지고 있기 때문에 인문주의라고 한다. 백가쟁명의 외침으로 아무리 교육의 개혁이나 학교풍토의 혁신을 말해 봐야 수십년의 앙금처럼 쌓여진 주입식·암기위주 중심의 입시위주의 교육 하에서는 학생들의 개성과 적성과 꿈과 끼의 인성을 길러주는 교육은 요원하다. 교육이 제자리를 찾기 위해서는 학교풍토의 인문화가 절실히 요구된다.

교육의 혁신을 위한 학교풍토를 바꾸기 위해서는 교사와 학생의 위상과 역할과 기능, 상호관계들이 조정되어야 한다. 교사들은 인간으로서의 권리도 존중받아야 할 뿐 더러 교수권도 존중받아야 한다. 이러한 여건 속에서 학교의 제반 여건이나 풍토를 개선해 나가고 그러기 위해서는 학교장의 지도성도 개선되어야 한다. 이렇게 학교문화가 바뀐다면 전반적인 교육혁신을 위한 여건이 개선될 수 있다.

특히, 교사들의 권리인 교권과 학생들의 권리인 인격권이 존중받아야 하는 이유는 헌법적인 가치에서 비롯된다. 헌법상의 기본권으로는 자유권과 사유권, 참정권, 청구권이라는 네 가지 권리가 규정되어 있고, 이 네 가지 권리를 전체적으로 포괄하는 권리로는 행복추구권이 있고, 행복추구권의 전제는 인간의 존엄과 가치가 존중되어야 한다는 규정과 가치가 있기 때문이다. 이러함에도 불구하고 아직도 학교현장에서는 구태의연하게 체벌금지여부의 논란이 교육적 문제와 관련하여 사회적으로 논의되고 있다.

체벌금지는 이미 1998년에 교육개혁위원회에서 정부에 공식적으로 요청한 바 있다. 서양 중세시대 때의 교육의 수단중의 하나는 채찍이었다. 하지만 르네상스 이후 인문주의의 입장에서는 아동에 대한 체벌을 전면금지해야 하며, 아동의 자유를 바탕으로 한 교육이 되어야 한다고 주장을 했다. 간단한 논리로 이것이 학교풍토의 르네상스인 것이다. 이미 여러 나라에서는 체벌금지를 법제화하고 있다. 그러나 우리는 아직도 서양의 중세적인 채찍교육의 사고에 갇혀 있다. 우리의 문화적인 인식이 경제발전의 성장만큼 따라가지 못하고 있는 것이다. 풍요롭고 잘 살수록 인격적인 교육방식이 이루어져야 하는데도 말이다.

상명하복적인 문화가 가장 강한 조직인 군부대에서도 체벌금지는 진작부터 이루어졌고, 체벌에 대해서 문책을 강화하는 제도가 마련되어 있다. 그런데 유일하게 교육이라는 이름으로 학교만이 체벌이 가능하도록 되어 있는 것은 아무리 교육적 입장을 고려한다고 하더라도 전근대적인 중세기적 사고이다. 이제 우리 학생들이 즐겁고 자유롭고 행복한 학교생활을 누리는 한편 상상력과 창조성을 기르는 교육을 받을 수 있도록 학교의 문화 풍토를 혁신해야 할 때이다.

학교풍토의 르네상스를 이루는 것은 구태적인 교육인 입시위주의 교육에서 탈피하여 인간의 적성과 개성의 무시된 획일적인 교육으로 무시되었던 학생의 적성과 개성을 존중하는 면에서, 구태의 교육인 구속과 권위를 박차고 자유로운 인간생활, 인간본연의 교육으로 복귀하는 교육을 의미하는 것이다. 다시 말하면, 입시중심의 권위적·수동적인 학교교육의 풍토를 학생의 개성과 적성을 존중하는 학생중심의 교육을 추구하는 인간화교육을 말하는 것이다. 따라서 학교의 풍토를 르네상스로 이끌어가기 위해서는 학생들에게 인간성을 발견하게 하고, 개인을 자각시키며, 인간의 자유로운 시민정신을 길러내는 교육이 이루이져야 한다.

지시와 통제와 암기식 교육과 주입식 교육에서 벗어나 자유와 자발성을 추구하게 하는 학교풍토의 교육적 인간화는 교사와 학생들의 기초적인 권리이며, 자각 있는 교육혁신의 일환으로서 구태의 교육을 타파하고 인간의 존엄성을 발견하는 교육혁신운동으로 이루어져야 한다.

학교풍토를 르네상스화 한다는 것은 갑작스럽게 이루어질 수는 없을 것이다. 수십 년 넘게 뿌리 깊게 자리 잡은 입시위주의 교육의 병폐가 교육현장의 핵심문제로 대두되고 있고, 교육행정분야가 권위적이고 지시적인 풍토가 절차적 민주주의 발달과 상충하면서, 교육행정의 자율성과 민주성이 요구되는 전환기적 시점에서 학교풍토의 인문적 변화는 교사, 학부모, 교육 행정가들의 인식에 자리 잡고서야 가능한 일이다.

학교풍토에 르네상스가 필요한 것은 이제 교육은 더 이상 학교만의 전유물이 아니기 때문이다. 우리나라의 교육에 대한 열정은 학부들로 하여금 자녀의 교육에 관하여 나름대로의 전문성을 지니고 있으며, 디지털 문화의 급성장으로 인하여 학생들이 각종 정보의 접촉이 학교에서 가르치는 지식의 양보다 훨씬 많기 때문이다. 이러한 상황에서 학생들을 권위적인 구태의 교육방식으로 규제하고 통제한다면, 학부모들의 교육에 대한 열린 전문적 의식은 학교의 교육을 무시하고 나아가 신뢰하지 않게 된다. 학부모들은 자녀교육에 관련된 사항에 대해서 그것이 교육적으로 타당하든 타당하지 않던 간에 학교보다 더 자세하고 세밀하게 계획을 수립하고 있으며, 이러한 자기자녀 중심적인 교육에 대한 관심은 학교에 대하여 많은 간섭과 개입을 하고 있다. 이러한 상황이 학교의 폐쇄적인 교육의 범주와 충돌하면서 학교는 학부모를 이해하지 못하고, 학부모는 학교의 교육적 역량과 기능을 폄하해 버린다.

그러다보니 학부모의 입장에서 학교는 자녀들의 학습권을 제한하고 있다고 생각하며, 자녀들의 교육을 사교육에 의존해 버린다. 학교만으로는 자녀의 장래를 보장할 수 없다고 생각하는 것이다. 이처럼 학부모들의 학교교육에 대한 신뢰성 상실의 결과는 보편적으로 평준화되어 있는 고등학교 교육의 평가지표를 대학에 얼마만큼 진학시켰느냐로 서열을 만들어 학교의 좋고 나쁨을 편 갈라 버린다. 이러한 인식은 사회적 여론으로 그대로 투영되어 대학의 진학결과가 상대적으로 좋은 학교인 특목고에 진학시키려는 열풍이 사교육을 더욱 조장시키면서, 원래의 설립취지와는 다르게 특목고를 입시경쟁의 우월적 지위에 있는 학교로 만들어 놓아버린 것이다. 자연히 특목고는 대학입시의 명문고가 되어버린 것이다. 학부모들의 입시교육에 대한 극성이 학교별 서열화를 조장하고 있을 뿐만 아니라 학교의 교육을 더욱 입시 중심적이고 폐쇄적인 구태의 교육으로 강화시키고 있는 것이다.

학생들은 디지털시대의 발달로 인하여 학교에서 배운 교과 내용보다도 더 많은 정보와 지식을 얻고 있다. 또한 학부모들의 자녀 사교육의존도는 학생들로 하여금 학교가 입시에 대한 요령과 수단을 제대로 알려주지 못하는 이른바 학생들의 입시 만족도를 충족하지 못하는 것으로 인식되면서, 학교교육의 불필요성을 학생들은 인지하고 있다. 그렇기 때문에 학생들은 학교 교육에 대한 자기효능감을 갖지 못하고 있다.

자기효능감은 특정 상황을 관리하는데 필요한 행동을 학습하거나 수행할 수 있다는 자신의 능력에 대한 지각된 신념이다. 즉, 학생자신이 행동을 수행할 수 있는 자신의 능력의 자각인 것이다. 학생들의 학교교육에 대한 자기효능감은 인지적, 동기적, 정의적 및 선택과정을 통해 간접적으로 인간의 기능화에 영향을 미친다. 높은 자기효능감을 가진 사람들은 성공적으로 성공의 시나리오를 만드는 반면에 낮은 자기효능감을 가진 사람은 그렇지 않다. 어떤 노력을 요하는 상황에서 높은 자기효능감은 계속해서 성공적인 사고를 하게 하는 반면, 낮은 자기효능감은 산만한 사고를 한다.

자기효능감의 신념은 개인이 설정하는 목표의 유형, 행하는 노력의 범위, 어려움에 직면에서 인내력에 영향을 미침으로서 동기를 높이거나 제한 한다. 낮은 자기효능감은 노력을 감소시키고 쉽게 포기하게 한다. 그러므로 높은 자기효능감은 어려운 상황에 대처할 수 있게 할 수 있는 긍정적인 심리적 환경을 만드는데 기여한다. 자기효능감의 신념은 개인이 선택하는 행동과 환경의 유형에 영향을 미친다. 높은 자기효능감을 가진 사람은 어려운 과제를 정복해야 할 도전으로 접근한다. 학생들이 학교교육에 대한 자기효능감을 갖지 못하는 것은 학교가 학생들의 개성과 적성을 무시한 채, 상급학교의 진학을 위한 입시라는 무기를 가지고 학생들을 속박하고 채찍질 하는 권위적인 서양 중세적 사고의 풍토이기 때문이다. 그래서 지금 우리의 학교풍토의 르네상스가 필요한 것이다.

학교문화풍토의 르네상스는 학생의 적성과 개성을 존중하는 교육을 하여 인간본연의 교육으로 복귀하는 교육이다. 입시중심의 권위적이고 수동적 교육의 학교풍토를 바꾸어 개성과 적성을 존중하여 학생들이 높은 자기효능감을 갖도록 하는 인간화 교육이어야 한다. 학교의 풍토의 르네상스는 인간성을 발견하게 하여 학생자신 스스로를 깨닫고 인간의 자유와 자발을 마음껏 발휘하여 가치창조를 이루게 하는 교육인 것이다.

학생인권은 주어지는 것보다 보호되는 것

학생인권조례를 제정하고 공포하며 우리 교육계가 또 한 번 소용돌이 쳤다. 학생의 인권은 교육적 차원뿐만 아니라 헌법적 가치로서도 성인과 같은 인권으로 존중되어야 한다. 교실 조회 시간에 학비내지 않았다고 망신을 주고, 전체성적을 학교게시판에 붙여 놓는다든가, 꼴찌를 한 학생에게 "너는 구제 불능이니 차라리 학교를 그만 두고 일찌감치 먹고사는 길을 찾는 것이 좋겠다" 등의 비인격적인 모독을 당했거나 그런 광경을 학생시절을 지낸 사람이라면 한번쯤은 경험했을 것이다. 학생의 입장을 고려하지 않은 채 어린 학생의 가슴에 창피함과 당황함, 면구스러움을 안겨주는 인격의 모독을 준 것이다.

물론 교사의 입장에서 자극을 주어 공부도 잘하고 모범적인 학교생활을 하게하는 것일 수도 있으나, 그것은 학생의 사람으로서의 권리인 인격권을 무시한 것으로, 이러한 일이 지금의 교육현장에서 당연시 일어나고 있다. 더 나아가 학생들은 학교에서 매를 맞거나 기타의 가혹행위를 통해서 인권이 침해되고 손상되고 있다. 그리고 언어폭력이나 지시하는 투의 말로 학생들은 상처를 받고 있다.

그 동안 우리 교육의 목표가 입시중심이다 보니까 학생들이 경쟁 지상주의에 따른 서열중심의 교육으로 내몰리고, 교사들은 그것을 충족시키기 위해서 처음엔 그러지 않다가도 결국 그런 폭력적인 언행이 습관이 되고 관행화되어 버린다. 선생님들의 이런 관행적인 습관이 비인격적이고 보면, 학생은 그냥 공부하는 기계일 뿐 거기엔 인간으로서 어떤 가치도 존재하지 않는다. 이처럼 학교에서 학생의 인권이 보호되지 않은 현실에서 무작정 학생인권조례를 만들어 학생에게 인권을 부여한다고 하니 교육계와 사회가 그 인식의 정체성에 혼란을 느껴 홍역 앓이를 하게 된 것이다.

학생의 인권을 존중한다는 취지는 하등의 문제가 될 일은 없다. 문제는 아직 성숙하지 못하고 도덕성의 발달이 급격히 변화하여 자아중심성이 강한 경향을 지닌 자라나는 학생들에게 자연적으로 보호되고 육성되어야 할 인권을 성인의 권리마냥 권한을 부여한다는 데 있다. 학생의 인권이 기본적으로 보호되지 못하고 무시되는 상황에서, 학생의 인권조례를 제정하여 학생들에게 인권의 권한을 인위적인 조례로 규정하여 주어진다면, 그야말로 학교는 교육적 지도와 학생에 대한 훈육과 사랑, 선생님에 대한 공경은 물 건너 가버린다. 뒤 늦게 따로 교권에 대한 조례를 만드는 등 각 지방 교육청별로 우왕좌왕 하고 있는 모습을 보이고 있지만, 이는 학생인권조례제정의 비교육적이고 정치적 성향에 대한 비판을 모면하려는 면피용일 뿐이다. 꼭 해야 한다면 학생을 담보로 학생인권조례를 제정하고 공포하는 정치성향적인 행태를 보이는 것 보다는, 학생을 인격을 보호 하고 선생님의 교권이 중시되는 학교인권조례 같은 것을 만드는 것이 훨씬 교육적이다.

학생인권조례를 내용을 보면 학교현장의 생활지도 상황을 심도 있게 고려함이 없이 몇몇 법률가의 전문성을 빌려 조례내용을 만들다보니 그 조례내용 자체의 타당성은 있는 듯 하지만, 학교의 풍토나 여건의 전체적인 프레임과 견주어 보면 결과적으로 학교를 무법천지로 만들어 버릴 소지가 있다. 전반적으로 학생인권 조례의 내용은 교사의 학생지도를 실제적으로 개입할 수 없도록 만들어 놓았다.

인간의 심리작용은 처음에는 이래서는 안 된다고 생각했다가도, 자기합리화를 해버리면 심각한 문제가 될 수 있는 폭력적인 언행도 당연시하게 된다. 학생들의 이러한 심리작용은 학교의 군집성의 상호역학관계에서 자기의 입장을 정당화하기 위해서 폭력적인 언행과 행동을 합리화하는 방식으로서 심리적 우월감으로 자기 자신의 격을 세우며 인격을 방어하게 된다. 즉, 자기의 경험과 조건적가치관의 불일치 때문에 학생들은 신경증적 반응을 보이면서 비합리적인 방법으로 자기합리화의 인격방어에 나서는 것이다.

학생은 교사와 동료학생들과 상호작용하면서 학생의 자기존중체계 내에 조건화된 가치가 발달하게 되지만, 선천적 또는 경험적으로 타고난 실현경향성은 개인 내부에 기본적인 동기로 남아있다. 따라서 자신의 욕구와 조건화된 가치를 내포한 자기

존중의 욕구간에 갈등이 발생할 수 있다. 그러므로 학생 개인은 자신의 욕구에 따라 행동할지, 아니면 경험한 조건적 가치에 따라 행동할지를 결정해야 한다. 이때 학생은 긍정적인 자기존중을 유지하여 자기가치감과 자기실현을 유지하기 위하여 조건화된 가치와 일치하는 행동을 선택하게 된다. 즉, 자신의 자기존중의 욕구가 선천적인 본능의 욕구를 압도하게 되는 것이다. 이때 학생은 자신의 선천적인 본능의 욕구가 나쁜 것이고, 자기실현과 반대되는 것이라고 믿는다.

학생의 자기존중 욕구는 경험을 선택적으로 지각하게 되는데, 조건화된 가치와 일치하는 경험을 정확하게 지각하고 상징화 하지만, 조건화된 가치와 반대되는 경험은 선택적으로 왜곡하여 지각하거나 부정하게 된다. 여기서 정확하게 상징화되지 않은 자기경험이 존재한다는 것은 자기와 경험사이의 불일치가 존재한다는 것을 의미한다. 학생들은 여기에서 부적응을 초래하여 그릇된 방향으로 자기 인격을 합리화하려고 한다.

학생들은 자기개념과 일치하지 않는 경험들은 자기개념 조작을 혼란시키므로 위협으로 여긴다. 이렇게 학생 개인에게 불안을 일으키는 경험은 왜곡이나 부정과 같은 방어기제를 작동시켜 개인의 일관된 자기 자각을 유지시키기 때문에, 학생들에게 학생인권조례 제정방식으로 인권이 주어진다면, 다분히 학생 자신의 방어수단으로 악용할 소지가 내재되어 있는 것이다. 따라서 학생의 인권은 주어지는 것이 아니라 보호되어야 하는 것이어야 한다.

학생은 자기개념과 모순되는 경험을 할 때 자기에게 위협으로 지각된다. 이렇게 학생 자신과 경험사이의 불일치를 자각하여 불안상태를 느끼게 되면, 학생 개인은 방어과정을 통해 불안을 감소시킨다. 이때의 방어과정은 자기구조와 조건화된 가치들과 일치하는 경험 전체에 관련되어 있기 때문에 불일치를 감소시키는데 효과적으로 작용한다. 이처럼 학생 개인은 자신의 조건화된 가치와 상반되는 경험들을 지각하는 것을 방어 하려 하므로 경직성이 발달하여 자신의 인격을 왜곡하게 된다.

예를 들면, 성적이 우수하여 선생님과 부모님께 인정을 받았던 학생은 시험성적이 나빠지면, 불안한 나머지 선생님이 실력이 없다고 하거나 시험문제가 잘못 출제된 탓이라고 원망을 하는 경우가 있다. 이 학생에게 '성적이 꼴찌다', 또는 '열심히 공부하지 않는 학생'이라는 경험을 주게 되면, 이제까지 우수하고 인정을 받는 학생으로서의 자기구조를 위협받는 것이기 때문에 불안한 나머지 성적이 떨어진 자신을 그대로 수용할 수 없는 것이다.

어떤 학생이 자기 자신과 또는 타인에게 진실해 질수록 조건화된 가치는 감소하고 무조건적 자기 존중은 증가한다. 학생이 그 자신의 존중을 자각할 때, 그 경험으로 개인을 둘러싼 조건화된 가치들이 약화되고 분산된다. 인격의 진솔성이 드러나는 것이다. 그러므로 인간이 경험하는 무조건적 긍정적 존중은 증가하고 위협은 감소되며 진실성은 발전한다.

따라서 학생은 그 자신의 위협을 지각하는 데 별로 민감하지 않게 되고, 개방적이 되며, 타인을 긍정적으로 존중하여 인격적으로 더욱 잘 적응하게 된다. 이처럼 학생의 인격이 통합되지 못했던 학생의 본질적인 경험과 가치조건이 일치되어 인격의 통합을 이루어내는 것이 인권을 보호하고 육성하는 것이다.

학생들은 세상에 태어나 학교생활을 통하여 성장해 나가는 과정에서 자신이 어떤 사람인지 대한 물음을 갖고 나름대로 그에 대한 답을 찾아 나간다. 그 물음에 대한 대답이 그 학생의 자아개념이 된다. 자아개념을 찾아가는 과정이 곧 인격의 성장과정인 것이다. 인격은 이와 같이 세상을 경험해 나가는 과정에서 점차적으로 확립된다. 사람은 '나는 괜찮은 사람'이라는 개념을 유지하고자 하는 경향성이 있다. 즉, 자기에 관해 긍정적으로 생각하려는 욕구가 있는 것이다. 자신을 긍정적 존재로 여기기 위해서는 다른 사람에게서 긍정적인 존중, 즉, 타인의 인정을 받는 것이 필요하다. 자아개념을 형성하는데 중요한 것은 자신을 대하는 다른 사람들의 태도이며, 다른 사람들이 긍정적으로 대하면 자아개념은 긍정적이 된다.

학생의 인권은 이와 같이 육성하고 길러주어야 할 교육목표이자 생활지도의 덕목이다. 교육을 통해서 육성되고 보호되어야 할 인권으로서, 인격의 성장과정에 있는 학생들에게 성인들에게 주어지는 권리처럼 학생인권조례라는 것을 만들어 주어진다면, 성장해가는 학생들에게는 오히려 자기정체성 확립을 하지 못하는 인권신장의 사각지대로 이끌어 갈 뿐이다.

일제고사와 기초학력 신장

국가수준 학업성취도 평가인 일제고사는 현행 법률상 의무적인 국가위임사무로 각 시도교육청은 일제고사를 수용하여 실시해야 한다. 그러나 서울, 강원, 전북 등의 교육청에서는 일제고사실시를 변형하거나 거부하였다. 거부의 명분은 일제고사가 학교 간, 학생 간 무한 경쟁의 줄 세우기라고 하는 점이다.

일제고사 평가거부의 구체적인 이유는 이렇다. 학업성취도 평가나 진단평가 등 국가 주도적 평가는 10여 년 전부터 표집평가로 해왔었는데, 이명박 정부가 들어시면서 일제고사평가로 바꾼 것이 비교육적이라는 것이다. 즉, 일제고사와 같은 평가는 수학능력이 부족한 학생들을 보완하고 학업성취도가 낮은 학생들을 실제로 지원해주는 것이 1차적인 목표인데, 일제고사의 전수평가는 그런 목표에 적합하지도 않을 뿐 더러 경쟁적인 줄 세우기만을 조장하는 결과를 초래하기 때문이라는 것이다.

또 일제고사의 실시는 낭비요소를 내포하고 있다고 일제고사 반대론자들은 주장한다. 특히 전국의 모든 학생이 한날한시에 같은 시험을 본다는 것은 낭비적이고 소모적이며, 일제고사가 전수평가를 한다는 것을 인정한다고 하더라도 거기에는 학생과 학부모의 선택권이 보장되어야 하는데, 실제로는 선택권이 규제되고 있어 일제고사 시행과정 자체가 압력이며 비교육적 방식이라고 하는 점이다.

교육부 주관으로 실시되는 일제고사는 지역의 교육청이 개입할 여지가 없다. 단, 학교에서 시험을 보지 않는 학생에 대해서는 학교장의 재량으로 사유를 파악하여 자율적으로 처리하는 판단의 여지는 있다. 국가수준의 학업성취도 평가는 외견상 그것이 획일적으로 실시되는 평가이기 때문에 입시위주교육 평가의 일환이라는 명분을 내세워 일제고사를 거부하고 있는 것이다. 교육에 있어서 자율성과 자유가 존중되어야 함은 당연한 교육적 논리이기는 하지만, 자본주의의 공교육체제 하에서는 국가가 일정부분 교육에 개입하여 국민을 교육해야 할 책임이 있다. 이것이 교육에 중앙집권적으로 해야 하는 개입의 최소한의 의무이다.

그런데 교육자치가 출범하면서 교육 자치를 구현하려는 데서 중앙집권 조직과 교육자치가 부딪히다 보니까 그 대립이 교육현장에 혼란으로 투영되는 것이다. 서로의 입지를 강화하려고 하다보니까 피해를 보는 것은 역시 학생들 뿐이다.

지방교육자치의 입장에서는 그 자치정신을 구현하려는 일종의 포퓰리즘적 성향을 내세우다 보니까 일제고사의 실시를 구태의연한 교육의 비판논리를 가지고 명분 없는 구호를 외치는 꼴이 되고 말았다. 전국의 학생들을 한날한시에 시험을 보는 것이 낭비적인 요소이며, 경쟁적인 줄 세우기라는 외견적인 논리를 내세워 일제고사를 비판하는 것이 타당한 것처럼 보인다.

그러나 수용해도 될 일제고사의 시행을 교육지방자치의 존재감을 내세우려는 명분의 허장성세로 반대하고 있을 뿐이다.

학교교육의 근본은 일차적으로 학생들의 지적성장을 도모해 주어야 한다. 지적성장의 정도에 따라 학생의 수월성이 길러지며 그것을 확인하는 것은 평가 뿐이다. 교육이 입시위주라고 비판받는 것은 입시를 위한 교육의 방법이 문제가 되어서 그런 것이지, 상급학교 진학을 위한 교육의 평가시험 자체가 문제가 되는 것은 아니다. 결국 시험이라고 하는 것은 학생의 지적성장 정도를 확인하여 수월성을 측정하려는 것이고, 여기에 평가 결과의 서열은 부수적으로 수반될 뿐이다. 이와 같은 평가의 결과에 따라서 교과의 영역별로 보완을 하고, 발전시켜야 할 교육과정과 교수설계를 하는 근거를 마련하는 데 국가가 개입하는 성취도 평가의 의의가 있는 것이다.

소크라테스는 덕(德)을 가르치기 위해서는 먼저 지식을 가르쳐야 한다는 지덕합일(知德合一)을 말하였다. 인간의 덕성을 길러 인격을 완성하는 일은 지식교육에서부터 시작해야 한다는 것이다. 앎이 없으면 인간은 경험의 실천적인 결과를 얻을 수 없으며, 인격의 중심정수로서 창조성을 발휘할 수 없다. 인간의 사람됨은 먼저 지적성장 정도의 여하에 따라 달려 있는 것이다.

우리가 삶의 실질도야와 관련이 없는 과목들을 중요하게 공부하는 이유도 인간의 고등정신 기능으로서의 창조성의 정신능력을 함양하기 위한 것이다. 그러므로 교육은 어떤 판단의 기준에 의해 가치를 지닌 지식으로부터 시작하여 사상, 신념, 감정 등을 선정하여 교육내용으로 조직한다. 이것이 지적성장을 조장하여 정신능력을 함양하려는 형식도야이다.

형식도야는 교육이 지적성장을 통하여 지각, 기억, 추리, 감정 등과 같은 기본적인 정신능력을 개발하는데 기여하는 것을 말한다. 지적 성장을 통하여 개발되는 지각이나 기억은 보편적인 정신능력을 개발하는 것으로서의 형식이다. 정신능력의 발달은 인간의 각종 능력으로 전이 되어 교육적 수월성으로서의 능력을 갖게 된다. 그러므로 국가수준의 학업성취평가인 일제고사는 지방교육자치의 일부 교육감들이 그들의 교육자치정신의 구현이라는 허장성세로 반대하는 명분이 너무 상투적이다. 평가장면은 비교적 공정해야 하기 때문에 일제고사가 한날한시에 치러지는 것은 평가의 신뢰도와 타당도와 객관도를 그나마 보장할 수 있기 때문에 오히려 경제적일 수 있다.

일제고사를 무한경쟁의 줄 세우기이기 때문에 거부하고 반대한다는 논리는 설득력이 없다. 일제고사는 국가가 교육의 결과로서 최소한의 기초학력신장 정도를 확인하는 평가로서 그 평가의 결과는 지역 간, 학교 간, 학생 간 비교의 차이가 나타나는 것은 당연한 것이다.

학력은 그 평가 결과가 절대적인 기준이든 상대적인 기준이든 우수한 결과가 나왔다면 그 학력을 유지하고 더욱 발전시키기 위한 교육을 지속해야 하며, 우수하지 못한 결과가 나왔다면 교육의 내용과 방법을 점검하여 학력이 신장될 수 있도록 교육에 대한 방법을 모색해야 한다. 그러므로 일제고사는 학년 등급에 맞는 기초학력을 기준으로 하는 학력의 신장 정도를 측정하여 교육의 개선책을 마련하기 위한 것이다. 일제고사를 무한경쟁의 줄 세우기로 치부하는 것은 일제고사가 함의하는 교육적의미를 사려 깊게 헤아리지 못한 처사이다.

우리는 교육에 있어서 평가를 중앙집권적인 교육행정기관이 실시하면 무한경쟁의 줄 세우기이고, 이러한 평가를 거부하고 반대하는 지방교육자치의 행태는 민주적이고 열린 교육이라고 단언하는 것을 경계해야 한다. 교육의 성과를 측정하는 평가의 방식에 이념적 프리즘을 적용하여 그 옳고 그름을 예단하고, 나아가 신성한 평가방식을 비판적 언사로 재단하여 교육의 평가방식마저도 교육의 본연을 외면한 채 정치적 성향을 모방한다. 그리하여 말없는 다수의 국민을 선동하면서 비판을 위한 비판의 우를 범하고 있다면, 인간의 모든 삶을 아우르고 가야 할 교육마저도 진보니 보수니 하는 편 가르기의 어느 한 쪽에 편입되어 가고 있는 것은 이제 더 이상 교육이 교육일 수 없다고 해야 할 것이다.

평가는 경쟁의 노력이 있은 후에야 이루어지는 것이며, 평가의 결과가 줄 세워지는 것은 당연한 것이다. 문제가 있다면 그 경쟁의 노력이 정당한 것이 아니고, 줄을 세우기 위한 목적으로만 교육을 하는 것에 지나치게 매몰되어 있는 것이다. 이처럼 주객이 전도된 바르지 못한 비판을 위한 비판의 논리를 내세워 국가수준의 학업성취도 평가인 일제고사의 의미와 본질을 고려함이 없이 비판적 논리로만 재단하려 든다면, 평가의 본질을 대안 없이 비판만하고 있는 것이 된다. 설령 일제고사 반대론자들의 비판적 주장을 그대로 수용한다 해도 그것을 대체 할 평가방법을 제시하지 못하고 있다. 자유와 개성을 존중하는 열린 교육의 이념을 허울적인 명분인 말로만 내세우다 보니 학생들의 기초학력의 신장은 어떻게 해야 하는 지에 대한 대안을 제시하지 못한다. 국가수준의 성취도 평가를 한날한시에 일제히 평가한다고 해서 무한경쟁의 줄 세우기라는 것은 비판을 위한 비판일 뿐, 교육과 평가의 전문적 의미를 알지 못한 교육을 포퓰리즘적 선언의 도구로만 활용하려는 처사에 불과하다. 그리고 일제고사의 실시를 거부한 소위 진보적 교육감이라 불리는 시·도의 교육감들의 최소한 학생기초학력 신장의 방안은 어떻게 할 것인가에 대한 방안은 무엇인지 궁금하다. 일제고사는 학생들의 기초학력을 진단하여 학력의 신장을 도모하려는 학생의 정신능력도야를 위한 국가의 평가임을 우리는 알아야 한다.

학부모의 간절함을 저버린 교육자치

교육자치제도의 궁극적인 목적은 보다 나은 지방교육의 발전을 위한 것이고, 그 발전의 요체는 학교교육의 향상을 의미하며, 학교교육의 향상은 학생들의 학력의 신장, 즉, 지적성장과 창조적 능력의 조화로운 성취를 위한 것이다. 따라서 교육의 정치적 중립성과 교육의 자율성을 보장하기 위하여 지방교육자치법을 만들었고, 그에 따라 교육감을 선거제로 뽑아 교육의 전문성, 자주성을 견지하게 하였다.

교육은 인간의 성장과 발달을 목표로 하고 있으며, 개인의 미래는 물론 국가발전의 성패를 좌우하기 때문에 고도의 전문적인 행위이다. 교육은 학습자의 내면적인 창조성을 기본으로 창조적인 능력을 개발하여 인격의 완성을 이끌어가는 것이다. 교육은 학생의 자유와 자발을 보장하여 전인적 발달을 도모하기 위하여 정치적인 당파성과 종교의 종파성을 초월하여 중립성이 보장되어야 한다. 이와 같은 교육의 중립성은 저절로 성취되는 것이 아니라 이것을 현실화 할 수 있도록 제도를 구현하는 것이 필요한데, 이러한 제도가 현재 우리가 시행하고 있는 교육자치인 것이다. 교육자치는 교육의 전문성과 유지를 위한 제도이며, 지방분권의 정신과 학부모들의 참여라는 자유민주주의 이념을 내포하고 있는 것이다. 즉, 교육행정의 지방분권을 통하여 지역 주민들의 교육에 대한 실제적 참여를 보장하고 지역의 특성에 적합한 교육정책을 시행하도록 함으로써 교육의 자유성, 전문성, 그리고 정치적 중립성을 확보하기 위한 제도인 것이다. 지방교육자치제는 교육행정을 일반 행정으로부터 분리 독립하여 교육자치와 교육운영을 중앙집권적 통제로부터 분리 독립시킴으로서 교육의 자주성과 교육운영의 지방분권 및 주민자치를 실현하려는 교육제도이다.

이와 같은 지방교육자치를 통하여 학부모들은 교육에 대한 다양한 요구와 교육행정의 서비스와 지역특성에 부합하는 교육적 혜택을 적절히 제공받을 수 있다. 그러나 이러한 취지와는 무색하게 지방교육자치실현의 중심인 교육청은 학부모들의 간절함을 저버리고 정치의 중립 정신과는 다르게 정치적인 행태를 보이고 있다.

교육자치에 대한 학부모들의 간절한 요구는 자녀들의 학력 신장이다. 오랫동안 누적된 입시위주의 병폐로 인하여 학생들은 입시를 위한 요령과 방법만을 터득해 왔고, 학교교육도 이러한 교육방식이 만연되어 있어 대학진학의 양적인 성과를 올리는 것이 교육의 성과로 여기고 있다. 실제적으로는 학교에서조차 학원과 과외의 사교육이 입시성과에 기여한다는 것을 당연시 하게 되고, 입시의 학력이 부진하다고 여기는 학생들에게 공공연히 사교육으로 보충하라는 것을 조장하는 분위기가 학교현장의 학습지도의 실상이다. 그러나 막대한 사교육비를 들여 대학입시를 위한 요령과 방법을 터득하여 우선 당장 대학은 진학하였지만, 대학에 진학한 자녀들이 대학의 수학능력의 기초학력이 부족하여 대학 교육에 적응하지 못하는 결과를 초래하였다. 대학의 교육에 적응하지 못하는 학생들은 그 강의에 적응하기 위한 학력을 회복하기 위하여 다시 사교육에 의존하는 악순환을 되풀이 하다 보니 대학다운 교육이 이루어지지 않는다. 대학을 졸업할 무렵에는 취업을 하기 위하여 다시 사교육에 의존하는 풍조는 지성인으로서 정체성을 확립하지 못하고 평생을 시험의 굴레에서 수험생의 인생으로 삶의 절반을 소비해 버린다.

지방교육자치의 시작과 함께 학부모들은 자녀의 수험생 굴레의 삶이 타개되기를 간절히 소망하였지만, 교육 자치는 그 의미와 명분이 무색하게 학부모들의 간절함을 저버리고 말았다. 교육감 선거 등 지방교육자치의 실행 과정은 학생들의 참된 교육을 어떻게 이룰 수 있을까 하는 본질적인 고민보다는, 교육정책과 행정을 입안하고 실행하는 총체적인 책임을 진 지역 교육감의 행태들이 정략적인 방향으로 몰입하여 교육을 정치화하여 시정잡배 놀음인양 난장판을 만들고 있다. 교육감 선거가 주민의 뜻을 반영하는 직선제로 이루지는 것은 주민전체의 뜻을 교육에 반영하겠다는 의미로 나무랄 데 없는 것이다. 하지만 교육감 선거의 실상을 보면 부정과 부패로 얼룩진 부정선거의 행태는 과연 이런 과정을 거치면서 교육감 선거가 이루어진다면 이들이 그 지역의 교육을 제대로 이끌 수 있을 것이며, 학부모들이 기대하는 본질적인 학력의 신장이 이루질 것인가 하는 우려이다. 이러한 우려는 교육감 선거 결과 대부분의 교육자치제에서 현실로 나타났다.

우리 교육자치제의 역사에서 최대의 치욕적인 것으로 기록될 서울시 교육감선거 행태는 차마 기록으로 남겨 교훈으로 삼기에도 민망한 내용이다. 정당한 교육정책의 의제로 교육을 발전시켜야 한다는 논리보다는 후보를 매수하여 수억 원의 검은 돈이 오고가면서 부조리한 선거를 획책했던 선거과정이었다. 그 결과로 당선되었던 교육감이 의법 조치를 받아 해임되기 직전까지 교육의 수장으로서 후안무치하고 뻔뻔스런 태도를 보인 것은 그 지역의 교육의 수장의 표현인 '교육감'이라고 호칭 하는 것 조차 부끄러운 일이었다.

또 교육감 선거가 정치적 성향으로 변질되면서 막대한 선거비용을 치르면서 당선되다 보니, 당선된 교육감은 선거비용의 본전 생각에 승진을 미끼로 금품을 수수하는 인사비리를 획책하다 들통이 나자 음독자살을 시도하는 등 교육을 담보로 교육을 환란으로 몰아가는 세태는 참으로 목불인견이다. 선거를 치르면서 선거를 도와준 공신(?)들에게 논공행상에서 이왕 다음 선거 출마를 위해서라도 선거 공신들과 끈끈한 동지관계를 유지해야 하니 편파적 인사와 특혜성 사업의 여건을 만들어 준다. 전문적이고 올바른 교육행정이 이루어질 리가 없다. 더욱이 그나마 있었던 교육감선거 출마자의 전문 교육경력조건도

제한을 두지 않아 누구든 교육감을 출마할 수 있게 되었다. 이제 교육감선거는 교육을 위한 선거이기보다는 자기 성취적 야심에 도전하는 입신양명을 위한 자리다툼으로 변질되어 가고 있다.

지방교육자치에서 교육을 위한 교육에 의한 교육정책과 행정은 찾아보기 어렵게 되었다. 교육자치의 행정은 기본적으로 교육의 가장 근본인 학생들의 학력신장을 목표로 하여 인적자원과 물적자원 조건정비를 충족해주어야 하는 것이다. 교육자치가 시작된 이래 지방교육청은 학생의 학력은 점점 하향 평균화 되어갔다. 이를 의식이라도 했듯이 대부분의 시·도 교육청에서는 정책의 목표를 '학력신장의 원년의 해' '참 학력신장' 등을 내세웠지만, 우리 자녀들의 학력은 매년 평균적으로 하락해갔다. 그러다보니 국가의 학업성취도의 평가를 무한 경쟁의 줄세우기라고 하여 명분 없는 허장성세로 거부하고 반대하며, 불요불급한 학생인권조례를 제정하여 학교의 학생생활지도에 혼선을 가져오는 일에 일조하고, 무상급식 등을 소리높이 외치며 교육복지를 강조했다. 국가의 학업성취도의 평가를 거부하고, 학생인권조례를 제정하며, 무상급식에 혈안이 되어 있는 교육청의 정책들은 학력평가와 하등 관계가 없다. 일제고사의 평가를 거부하고 학생에게 인권이 주어진들, 학생들이 공짜로 밥을 먹은들, 학생들이 교육 연한에 맞는 학력이 신장되지 못한다면 교육은 교육으로서의 의미가 없으며, 학교는 존재해야 할 아무런 이유가 없다.

교육은 어떤 형태로 이루어지든 지적성장을 통한 학력이 신장되는 것이 무엇보다도 우선이다. 학생들의 학력이 신장되고서야 학생의 인권도 무상급식도 의미가 있는 것이다. 그래서 학부모들의 간절함은 무엇보다도 자녀들의 학력이 신장되는 것이었다. 학생인권조례나 무상급식은 일정 교육의 조건정비의 만족요인이 될지는 모르지만, 그러한 만족요인이 있다고 해서 학력신장에 대한 불만족 요인이 없어지는 것은 아니다. 교육의 포퓰리즘의 성향으로 지방교육자치가 정치판이 되어 학생의 학력신장이 방치되고 있는 현실에서 학생과 학부모들은 더 이상 학교를 신뢰하지 않을 것이다. 다시 울며 겨자 먹기로 아닌 줄 알면서도 비싼 학원비에 허리가 휘도록 일하면서 자녀를 학원으로 과외로 내몰아야 한다. 이러한 부모의 마음은 지금의 교육현실을 원망도 탓하지도 못하면서 여전히 우리의 교육이 우리의 학교가 자녀들을 제대로 가르쳐 올바른 학력이 길러지기를 아직도 간절히 바라고 있다.

학부모의 간절함을 저버리지 말아야 한다.

꽉 막힌 가르침

교육은 가르치는 주체인 교사와 배우는 주체인 학생, 그리고 교육내용이 삼위일체가 되어 상호작용이 이루어질 때 교육적 가치가 구현되는 것이다. 교육에서 상호작용은 단순히 외현적인 교호작용이 아니다. 교사는 가르쳤으되 학생은 배우지 않았고, 학생은 학습되었지만 교사가 가르쳐진 내용이 아니라면 교육적 상호작용이라고 볼 수 없다.

교육적 상호작용의 결과는 교사가 가르친 내용을 학생이 내면화하고 그 가치가 구현될 때 의미가 있는 것이다. 우리의 교육현장에서 교육적 상호작용이 실종된 지는 오래 되었다. 가르침이 꽉 막혀 있는 것이다. 교육적 상호작용의 가치를 구현하기 위해서는 학생들로 하여금 학습한 내용에 대해 인지전략을 활성화시키도록 가르쳐야 한다.

학습이론에서 전문적으로 사용되고 있는 의미의 인지전략의 활성화는 쉽게 말하면 학생들로 하여금 두뇌의 사용을 원활하게 해주라는 것이다. 학생은 교사의 가르침을 동화와 조절을 통하여 인지구조에 평형화시킨 뒤(이것은 Piaget가 말하는 인지학습 절차의 기본방식이다.) 그 지식을 기능으로 전환하는 인지적 조작을 통하여 내면화함으로써 실용적 가치로 활용한다. 이것이 교육에서의 교사와 학생의 진정한 상호작용으로서 소통이 되는 교육이다.

학생의 인지전략의 활성화를 위한 교육은 학습이론적인 측면에서 보면 정교화 된 교수법을 말한다. 정교화는 교과내용의 특성에 따라 개념과 절차와 이론의 정교화로 나누어진다.

개념의 정교화는 가르쳐야 할 개념을 인지구조에 유의미하게 동화시키는 방법이나 과정을 말한다. 즉, 개념들을 분류하여 개념 조직도를 고안하여 중요도 순으로 그것을 선정하여 일반적인 것에서부터 상세한 개념의 순서로 계열화하는 것이다.

절차의 정교화는 학습목표와 학습내용을 습득시키고자 할 때 최적의 절차나 과정을 계열화하는 것이다. 즉, 학생의 학습과제의 가장 단순화된 학습절차나 과정을 명세화하고, 가장 중요하고 포괄적이고 근본적인 것을 처음에 시작하여 점차적으로 복잡한 것을 포함하는 것이다.

이론의 정교화는 가르치는 내용의 이유나 근거를 따져보면서 그에 대한 답을 얻고자 하는 이론적인 것일 경우에 적용되는 것을 말한다. 이론의 정교화 과정은 원인-결과와 같은 현상에 대한 이해를 증진시킬 수 있는 심리적 과정에 부응하여야 한다. 먼저 가르쳐야 할 원리를 확인하고, 그 다음 제시될 원리를 확인하며, 이 원리들을 순차적으로 연결하는 계열을 만들어야 한다. 이처럼 정교화에 의한 수업을 진행하고 난 다음 학생들이 학습한 것을 망각하지 않게 하기 위해서 체계적으로 복습하는 것을 도와주기 위한 요약이 필요하다. 정교화를 위한 요약은 두 가지 유형이 있다. 하나는 학습단원을 요약하는 것으로서 수업단원의 끝부분에 제시되며 그 단원에서 학습한 아이디어와 사실만을 요약하는 것이다. 또 하나는 교과전체를 요약하는 것으로서 그것은 학생이 현재 학습하고 있는 일련의 학습단원 전체에서 가르친 아이디어와 사실들을 모두 요약한다.

요약이 이루어지면 아이디어를 서로 연결시키고 통합시키기 위한 종합이 이루어져야 한다. 종합은 학생에게 필수적이며 가치 있는 지식을 제공한다. 또한 이미 학습한 개개의 아이디어를 비교함으로써 보다 깊이 있게 이해 할 수 있도록 도와주며, 수업의 전체 윤곽 속의 아이디어들이 어떻게 연결되어 있는가를 제시해 줌으로서 학습의 의미성과 동기를 높이는 역할을 한다. 뿐만 아니라 종합은 새로운 지식들 사이의 관계와 새로운 지식과 학습자의 기존의 지식 사이의 관계를 연결시켜 줌으로서 주요한 아이디어나 사실의 기억을 증진시켜 준다.

정교화 교수에서는 두 종류의 종합이 있다. 즉 하나의 수업단원종합과 교과전체의 종합을 사용해야 한다. 하나의 수업단원종합은 한 수업단원 내에서 새롭게 가르칠 아이디어들 간의 관계를 나타낸다. 교과전체종합은 한 수업단원 내에서 새롭게 가르친 아이디어를 일련의 수업단원들에서 지금까지 가르친 아이디어들과 관련을 맺게 되는 방법을 나타낸다.

다시 말하면 하나의 수업단원의 종합은 단일 수업단원 내에서 제시된 아이디어들 간의 관계를 나타내기 위하여 수평적으로 작용한다. 교과전체종합은 정교화의 단일수준에서 일련의 수업단원들에서 제시하고 있는 아이디어들 간의 관계를 나타내기 위하여 수평적으로 작용하기도 한다. 또한 그러한 수업단원들 내에서 제시되고 있는 아이디어들과 그러한 아이디어를 포함하고 있는 더욱 일반적이고 포괄적인 아이디어들 사이의 관계를 나타내기 위하여 수직적으로 작용한다.

이와 같은 방식으로, 종합은 수업이 진행되는 중간 중간에 제시되면서 이전의 수업들과 새로운 정보를 연결시켜 줌으로써 각각의 개별적 정보들이 서로 관련을 맺고 있는 구조를 계속적으로 인식시켜 준다. 또한 기존의 지식과의 관련성을 깨우쳐 주는 역할을 한다.

정교화의 교수법이 학생에게 더 효과적인 인지전략의 활성화를 위해서는 비유를 사용한다. 비유도 하나의 교수전략으로서 새로운 정보를 친숙한 아이디어들과 연결시켜 새로운 아이디어를 좀더 쉽게 이해할 수 있도록 도와주는 것이다. 비유는 학생에게 사전에 경험한 구체적인 지식을 회상시킴으로써 학생이 추상적이고 복합적인 사상을 받아들일 수 있도록 준비시킨다. 비유는 당장 학습하는 내용과 관련이 없는 내용과는 관련이 없는 친숙한 아이디어들과 새롭게 학습해야 할 아이디어들 간의 유사성을 기술한다.

비유가 수업의 효과를 증진시키는 경우로서는, 새로운 정보가 이해하기 어렵고 학습자에게 특별한 의미가 없는 것처럼 보이는 경우에 효과적이다. 비유에 의해 새로운 정보가 기존의 친숙한 아이디어와 연결됨으로써 의미 있고 친숙한 내용이 된다. 또 새로운 정보와 비유되는 아이디어 사이에 유사성이 많을 때 비유는 더 효과적이다. 또한 하나의 비유적 설명을 통해 의미가 분명해지는 아이디어의 수가 많을수록 그 비유는 더욱 유용한 비유가 된다. 그리고 비유가 학습자에게 친숙하고 의미 있는 것일수록 더욱 유용하다. 친숙하지 않은 비유일지라도 그 비유를 활용하지 않으면 새로운 정보습득이 어렵다면 그 비유는 가르쳐야만 한다. 그러나 비유하는 아이디어와 새로운 정보 사이에 다른 점이 많을 경우는 학습자를 혼동시킬 우려가 있으므로 피하는 것이 좋다. 아울러 새로운 정보의 이해를 도울 수 있는 비유가 여러 가지가 있을 때는 학습자가 스스로 선택하여 비유를 볼 수 있게끔 여러 가지를 모두 포함시키는 것이 좋다.

지금까지 살펴 본 것은 수업을 잘 가르쳐 학생과 상호작용을 할 수 있다는 교수-학습관련 전문적인 교수모형으로서 정교화 교수 이론의 대강이다. 교육하는 방법에 있어서 절대가 없고 왕도가 없다고 하지만, 이 정교화 교수이론이 실제의 교육적 상호작용에서 제대로 적용된다면 적어도 이론상으로는 꽉 막힌 교육이 소통될 수 있다고 본다. 이외에도 이와 같은 교수-학습의 전략에 관한 수많은 이론이 있음에도 불구하고 우리 학교 현장은 왜 꽉 막힌 교육이라고들 말할까? 가르치는 선생님들이 전문적인 교수관련 이론을 모를 리가 없다. 다만 교육의 수단을 목적 삼아 가르치기 때문에 그렇다. 선생님은 교육의 내용을 잘 정교화 하여 가르치려고 하지만 학교교육에 대한 사회적 압력은 그렇지 않다. 입시를 위한 요령과 방법을 가르치는 것이 더욱 성과적이기 때문이다. 가르치는 내용을 잘 정교화 하여 그 내면적 가치를 학생들의 인지전략을 활성화하도록 가르치려면 입시의 경쟁에서 뒤떨어진다. 우선 요령과 방법을 가르치는 것이 더 시급하다. 그래서 학생들은 '이 문제는 이것이 답이다.'의 요령과 방법의 수단만을 훈련하고 있다. "왜 그것이 답인가?" 라고 물으면 "몰라요, 암튼 선생님께서 그것이 답이라고 했어요"라고 대답한다. 정말 꽉 막힌 교육이다. 우리는 이처럼 꽉 막힌 교육이 입시경쟁의 전선에서 전가의 보도처럼 계승되어 왔다. 좋은 수업방식은 이론적으로 존재할 뿐이지 실제로는 그렇게 할 수 없다고 한다. 그래서 이론과 실제는 다르다는 것이 당연시 되고 있다. 그러나 우리는 이론과 실제가 다르다면 이론과 실제 중 어느 한쪽이 잘못되어 있어 소통이 되지 않고 꽉 막혀 있다는 것을 알아야 한다.

이론과 실제가 다른 교육 탓에 우리 사회는 이제 '원래는 그렇지만 사실은 그게 아니다'는 인식이 당연시되고 있다. 그래서 비리와 부패는 해서는 안 되는 것이지만, 실제는 그런 것이 있어도 된다는 도덕 불감증이 만연되어 있다. 이론과 실제를 같이 하려는 사람은 융통성이 없는 바보 천치로서 인간미가 없다고 치부한다. 학력이 높고 많이 배운 사람일수록 이런 경향이 더 한다. 꽉 막힌 교육을 오래 받아서 일까? 탁 트인 가르침으로 꽉 막혀버린 교육이 뚫 릴 날이 언제 올지 모르는 우리 교육의 슬픈 자화상이다.

학교와 학부모가 함께 변해야 한다

우리교육의 가장 큰 문제는 학생들이 즐겁게 배울 수 없다는 것이다. 학생들이 피곤해 학부모들이 고통스러워하는 교육의 현실이 가장 큰 문제이다. 공부의 도가니에 빠지다시피 공부를 하는 결과가 사회적인 에너지나 개인의 참다운 성취와 연결되지 않는 것에 큰 문제가 있는 것이다.

학부모는 지금의 우리 자녀들의 교육에 가장 큰 피해자이기도 하면서 가해자이기도 하다. 아이들이 어른이 되어 성공하지 못할까봐 두려워서 자기 아이들을 경쟁에서 내려놓지 못한다. 이런 학부모들의 태도가 먼저 바뀌어야 우리 교육이 바뀔 수 있다. 학부모들은 자녀교육에 관한 한 양가적인 감정을 가지고 있다. 자녀들이 공부를 잘해서 훌륭한 사람이 되면 좋겠다는 것은 어떤 학부모나 당연한 바람이다. 훌륭한 사람이 되려면 입시위주 경향의 공부만을 잘해서는 안 된다. 민주시민 의식도 기르고 창조성도 길러 주어야 한다. 하지만 현실은 학과공부 외에는 시민의식의 앙양이나 창조성을 기르는 데는 별로 관심을 두지 않고 있다. 학부모들의 자녀교육에 대한 열정은 오직 대학입시를 위한 학과 성적의 향상에만 관심이 있기 때문에 나머지 전인적이고 창조적인 교육을 어렵게 하고 있는 것이다.

이것이 학부모들의 왜곡된 교육열이라고만 치부할 수 없다.

보다 근본적인 원인은 왜곡된 사회구조의 교육정책에서 비롯된 것이다.

어쨌든, 우리나라 학부모들의 교육열은 못 말릴 정도로 높은 것이 사실이다. 이러한 교육열 때문에 지금껏 우리 사회의 발전을 뒷받침해 온 일면도 부정할 수는 없다. 즉, 학부모들을 중심으로 한 우리 사회의 교육열 때문에 산업화라든가 민주주의라든가 하는 것들이 집약적으로 발전해 온 면도 있다. 이러한 면은 우리 사회의 장점이면서도 자산이다. 높은 교육열 만큼이나 많은 교육전문가들을 중심으로 교육에 대한 전문성을 오랜 기간 축적해 온 역량이 이제 우리 교육의 장단점을 제대로 파악하고 발전방향을 모색할 수 있는 우리 교육의 최대 자산인 것이다.

이러한 자산을 제대로 끌어내어 활용하기 위해서는 학부모들과 바른 교육을 위해 참여적 소통을 해야 한다. 학부모는 학교 공동체의 주체이면서 학생의 보호자이고, 학부모가 가진 교육열을 우리 교육의 변화와 개혁의 방향으로 이끌어내는 것이 중요하기 때문이다.

그 동안 학부모와 학교가 소통하지 못했던 것은 촌지 때문이다. 정이 많은 사회적 관습 때문에도 학부모가 선생님을 만나러 가면 뭔가 인사를 표해야 한다는 것이 인정으로서의 도리라고 생각하는 것이 자연히 자녀에 대한 부탁으로 연결되어 학부모나 교사가 서로 부담스러워지는 것이다. 그러다 보면 학부모가 선생님 찾아가기가 망설여지고 학교와 학부모 사이는 멀어질 수밖에 없다. 이러한 상황은 스승의 날 학부모의 촌지를 우려하여 학교를 자체 휴무일로 제정하는 일도 벌어지고 있다.

학부모도 변하지 않고, 학교도 기존의 관성대로만 하려고 하니, 급격하게 감수성이 달라져 가는 학생들의 마음만 갈피를 잡지 못하고 학교생활을 겉돌고 있는 것이다. 학교개혁은 학부모들이 학교에 대한 새로운 인식으로 학부모들이 참여해야 이뤄질 수 있다. 학부모들의 변화를 이끌어내기 위해서는 학교가 먼저 변해야 한다.

지금의 고등학교는 아침도 방과 후도 밤도 없다. 학생들은 등교하면 정규수업 시작 이전에 보충 수업 또는 자율학습을 갖고 정규 수업이 끝나면 보충수업을 하고 야간자율학습이나 학원에 가서 공부를 한다. 학생들에게는 소설을 읽는다거나 농구를 한다거나 연극이나 영화를 보러 갈 틈이 없다. 주말이나 방학에도 공부에 매달려야만 하는 것이 학교학생의 슬픈 현실이다. 더운 날이건 추운 날이건 할 것은 공부 밖에 없다. 이처럼 입시를 위해 매진하는 공부는 그 여파가 중학교, 초등학교까지 이어져 교육망국론이 나올 정도이다. 이처럼 공부하게 하는 것이 학교의 본 모습이다. 학부모는 학교의 이런 방식의 공부 분위기가 조성되어야 안심한다. 학교가 입시준비에 학생들을 매몰시키는 것에 찬동의 박수를 보내면서 학교만큼 자녀들을 학원으로 과외로 내몰고 있다. 다른 학교의 학생 체벌은 비교육적이라고 비난하면서, 자기 자녀 학교에 대해서는 '때려서라도 가르쳐 좋은 대학에 보내주세요' 라고 서슴없이 말한다. 학부모는 학교와 동조하여 자녀를 입시의 감옥에 가두어 놓고 꺼내줄 생각을 하지 않는다. 학교가 변하지 않는 한 학부모는 변하지 않는다.

학교는 가르치지는 않고 시험만 본다. 학부모는 학교의 시험을 잘 보라고 학원 문제풀이 반에 보낸다. 학교는 중간 기말고사의 정규시험 말고도 한 시간 공부하면 아홉 시간 시험을 보면서 문제풀이만 한다. 학교는 하루 종일 시험이며 문제풀이로 학교의 하루가 지난다. 집에 돌아와서는 학원에 가서 또 문제풀이를 한다. 밤늦게 집에 돌아와서는 문제풀이의 오답정리를 한다. 시험문제풀이의 공개된 성적결과에 학부모는 일희일비하며 엄마 망신을 시켰느니, 아빠의 체면을 구겼다느니 하며 창피주고 핀잔을 준다. 자녀는 시험에 대한 스트레스와 실패 감으로 앞길을 막막하게 한다. 자녀의 정신건강이나 성격형성에 부정적 영향을 주는 것은 아랑곳하지 않는다. 자녀의 성적향상에만 관심을 갖는 학부모의 입시위주 교육에 대한 관심이 변하지 않는 한 학교의 입시위주 교육은 변하지 않는다. 2013년 11월 7일, 대입 수능시험을 마친 날, 잘못 본 수능의 성적을 부모님이 알게 될 것을 두려워하여 꽃다운 삶을 자살로 마감한 소식을 접한 한 외국 언론은 한국의 입시위주의 교육이 한 인간의 삶과 가정을 파탄시켰다고 하였다.

우리의 교육은 깨어진 항아리에서 물이 새어나가는 것처럼 누수현상이 심각하다. 학교는 학생들의 인성과 적성과 개성을 길러주어야 하는 것임에도 불구하고 그 항아리가 깨어져 학원으로 과외로 새어나가고 있다. 학생들에게는 교과서보다는 참고서가 더 많고 더 중요하다. 학교 선생님보다 과외 선생님, 학원 선생님과 더 긴밀하게 만나며 학교와 학부모가 이것을 더욱 조장하고 있다. 젊은 학생들의 얼굴은 생기가 사라지고 졸음과 피곤함에 찌들어 있다.

학교의 사회적 위상과 교사의 교권이 무력해지면서 학생들의 정서교육, 도덕교육, 시민교육, 인격교육은 더 이상 기대할 수 없다. 교육의 심각한 누수현상이 나타나고 있다. 학교는 그저 방관하고 있고, 학부모는 알지 못한다. 이제 학교교육은 멍들대로 멍들고, 황폐할 대로 황폐하여 신음소리 가득한 몸살을 앓고 있다.

신음소리 가득한 교육의 병동에서 우리 학생들은 병자처럼 공부라는 중병과 싸우고 있다. 치료의 처방을 해야 할 학교는 진통제의 단방 약 처방만을 할 뿐이다. 병은 나날이 깊어가고 있다. 간병을 하는 학부모는 아파도 조금만 참으라고 한다. 결국 교육의 병동에서 공부의 중병에 걸린 학생은 그 병을 치료하지 못하고 평생 시험 중독의 우울증으로 평가의 등수를 천형의 낙인처럼 마음에 새기고 살아가야 한다. 그 병은 그대로 그 자녀에게 유전되어 다시 교육의 병동에 입원하고 간병하는 부모는 나도 그렇게 아픈 시절이 있었고, 다 그렇게 아픈 것이니 그 부모 역시 아파도 조금만 참으라는 말을 그의 부모님이 했던 것처럼 되 뇌일 뿐이다.

학교도 학부모도 교육병동에서 공부의 중독에 걸린 학생과 자녀를 방치해 둔 채 병을 처방하여 치료할 생각이 없이 수십 년 동안 방치해두고 있다. 입시를 위한 공부의 돌림병은 이제 전국 방방곡곡에 전염병으로 만연되어 치료할 길이 없다.

전염병 같은 만성적인 불안과 공포, 무 방향감에 빠지면 자살로, 폭력으로, 마약으로, 윤락 등으로 비행의 나락에 빠진다. 학교가 싫었기 때문이다. 공부가 지겨워서이다. 대학가라는 소리가 죽기보다 듣기 싫었다. 공부 못한다고 사람취급도 해주지 않았다 등이 이유이다.

학교가 이들을 끌어안고 조금만 관심을 갖고 돌보는 변화를 주었더라도, 부모님들이 입시공부만이 아닌 하고 싶은 것을 응원해주고 지원해주는 변화를 주었었다면, 이들의 젊은 푸르름이 꽃을 피워 보지도 못하고 시들었을까?

학교와 학부모가 함께 혁신하면 교육이 달라진다.

우리 선생님들, 무엇을 생각하실까?

전통적으로 선생님의 직업은 신성시 되었다. 선생님에 의해 한 학생의 미래가 결정되고 가치관이 형성되어 인격이 완성되기 때문이다. 그래서 군사부일체(君師父一體)라고 하여 선생님은 임금과 같은 존재이며, 부모님과 같은 존재라고 여겼던 것이다. 선생님이 군사부일체의 존재가 된 것은 우리나라의 경우의 고려시대 중기 이후부터이다. 고려 시대에 임옹배로(臨翁拜老)라는 예가 있었는데, 이것은 임금이라고 할지라도 신하인 자기스승을 대할 때는 어전의 어탑(御榻)에서 일어나 공경의 예를 표해야 하는 데서 임금의 스승은 신하라고 할지라도 임금과 동격이어야 한다는 예(禮)가 성립된 것이다.

선생님이 이렇게 존귀하게 된 것은 단순히 지식을 가르치는 이유 때문만은 아니다. 선생님은 지식의 전달자를 넘어서서 세상의 본질적인 가치를 가르쳐 사람다운 인격을 형성해 줄 뿐만 아니라, 그러한 과정에서 학생을 생각하기를 인격적 존재로서 대함이 마치 부모가 자식을 대하는 것처럼 무한한 배려와 사랑으로 가르치는 천리본연(天理本然)의 존재자이기 때문이다.

이처럼 제자를 생각하는 지극한 마음으로 그의 성품을 온전하게 길러주기에 스승은 부모와 같다. 그러한 부모와 같기 때문에 부모에 대한 효성의 마음처럼 임금도 스승에게 공경의 예를 표해야 한다고 하여 군사부일체가 성립된 것이다.

이처럼 선생님의 존재는 예로부터 거룩한 존재로서 인격표상의 상징이었다. 따라서 선생님의 가르침은 항상 위대한 것으로서 교육은 위상은 높았으며, 그것은 무지한 인간을 한 인격체로 완성해주는 성자(聖者)와 같은 존재였다. 그러므로 선생님은 그 표기의 뜻과 같이 늘 삶을 앞서가는 존재로서 선생님은 항상 우주 진리의 표상자이면서 인격의 완성의 실천자로 공경의 표본이 되었다. 선생님은 늘 학생을 위한 마음으로 자신에게 엄격하면서도 인자함과 사랑을 공명정대하게 베풀어 학생의 본(本)이 되는 표준의 삶을 살아야 했다.

지금 시대의 스승인 교사는 그 의미가 전문직직인 직업으로서 정신노동자의 직업군으로 분류된다. 그래서 교사는 학생에게 지식을 전달해주며 입시와 진학을 잘 컨설팅해주면 그나마 능력 있는 일꾼으로서만 인정받을 뿐, 군사부일체의 지위를 갖기란 어려운 일이다.

하지만 교직은 여전히 학생의 인성을 길러주고 능력을 개발하여 가치를 실현하며 온통 학생을 자기자식처럼 생각해야 하는 존재임을 잊어서는 안 된다. 교사는 어디까지나 사람을 대상으로 하는 직업이다. 교사가 대상으로 하는 인간이란 사람의 어느 부분적인 기능을 말하는 것은 아니며, 전인(全人)으로서의 인간을 대상으로 하는 것이다. 이것이 선생님이라는 직업이 갖는 특성으로 인간형성자로서의 일을 해야 하는 직업이다.

그러므로 교직은 미성숙자를 대상으로 하는 직업이다. 교사는 미성숙자를 대상으로 하여 기성세대에 이르기까지 누적된 문화유산이나 가치, 관습, 생활의식 등을 계획적이고도 조직적으로 가르쳐서 전달하고 적응능력을 길러 주어야 한다. 또 미래에 대한 지향성을 가지도록 지도하여 문화를 창조하는 능력을 개발해 주는 일은 교사가 아니면 할 수 없는 일이다. 결국 교사는 학생으로 하여금 바람직스럽고 이상적인 인간으로서의 성장발달을 해가도록 교육하는 일이 주요 업무이며 훌륭한 인간상을 대상으로 하는 직업인 것이다.

선생님은 봉사하는 직업상의 특성을 가진다. 교사의 사명은 어디까지나 봉사에 있는 것으로 영리나 물질적인 보수를 얻는데 목적을 둔 직업은 아니다. 그러므로 교사가 받는 보수는 교사로서의 노동의 대가로 의미를 부여하는 것은 선생님의 존재를 단순 노동자로 전락시키는 것이다. 교사는 전문적인 정신노동자로서 그 전문성을 봉사하는 대가에 지나지 않는 것이다. 따라서 교직은 소명의식과 사회봉사 정신에 의하여 부름을 받은 직업으로서 결코 경제적인 조건의 해결이나 물욕을 충족하기 위한 노동일 수 없다는 것이다.

현대에 이르러서 교직을 노동직으로 인정하여 전국교원노동조합이 결성되어 교원의 복지향상 및 교육권의 조건에 대하여 다루고 있지만, 그 또한 단순한 노동직적의 권리라기보다는 근본적으로는 학생에게 좋은 교육을 제공하고 그 여건을 확보하려는 데서 다른 노동직군과는 확연하게 차이가 있다는 것을 알아야 한다.

선생님은 학생을 길러 미래의 동량을 양성하는 것으로서 국가와 민족에 지대한 영향을 주는 직업이다. 교직은 국가와 민족의 운명과 밀접한 관계를 가진 전문직이다. 교직은 민족이나 국민의 정신적 문화의 주역이 되므로 국가와 민족의 흥망성쇠를 좌우한다. 그러므로 교직은 사회진보에 중요한 역할을 맡고 있다. 가르침은 인류가 이룩해 놓은 문화유산을 다음 세대에 전달하는 동시에 보다 나은 문화 창조의 주역으로서 활동하는 직업이다. 또 살기 좋은 사회건설의 선구자적인 역할을 하는 사명을 가진다.

교직은 이러한 성격으로 보아 끊임없이 자기 갱신을 통해 자기향상을 도모해야 한다. 늘 학생을 중심으로 생각하여 어떻게 하면 인격을 완성함과 동시에 창조적 능력을 길러 주어야 하는지를 끊임없이 연구하고 노력하여 미래의 역군으로서 성장할 수 있도록 교직적인 소임을 다해야 한다. 이렇게 함으로서 선생님은 가르침으로서의 교육적 권위가 주어지며, 교사의 교권은 교육적인 권위로부터 시작된다. 교권은 곧 교직의 윤리를 수반한다. 교사의 교육적 권위는 교사의 윤리를 수반하기 때문이다. 즉, 선생님의 가르침은 학생 개인의 일생에 막대한 영향을 미치며, 국가·사회의 미래에 막중한 영향을 주는 것은 물론 국민의 도덕적 성품과 자질 형성에 가장 중대한 역할을 한다. 그러므로 선생님은 어떤 분야의 사람보다도 높은 도덕과 윤리관을 필요로 한다. 학생을 가르침에 있어서 그 윤리가 중요한 것은 교직이 학생의 인간형성을 돕는 직업이며, 국민의 질을 결정하기 때문이다. 또한 교직은 전문직이기 때문에 교원의 행동규범으로서 윤리규정이 필요하기 때문이다. 교원이 강력한 교육력을 갖기 위해서는 윤리가 필요하다. 교육의 성과는 교육력 의해 좌우되고, 교육력은 교권의 수준과 깊은 관계가 있으므로 교권이 확립되지 못할 때에는 교육력이 약화되어 높은 수준의 교육성과를 기대할 수 없기 때문이다. 교권의 확립은 교직윤리가 확립되어야만 가능하다.

교사는 인간으로서의 학생을 지도해야 하기 때문에 교직의 윤리가 강조된다. 교사의 윤리성은 학생의 도덕성 발달에 중요한 영향을 미친다.

선생님의 존재가 이러함에도 불구하고 요즈음 선생님은 학교에서 설자리가 없다. 학생인권조례 등의 파동으로 인하여 교권이 상실된듯한 혼돈 속에서, 선생님은 무엇이며, 어떻게 해야 하는지 고민들이 많다. 입시중심 교육의 사회적 압력은 학생들에게 입시를 위한 요령과 수단만을 반복적으로 앵무새처럼 가르쳐야 한다. 선생님이 소신껏 다양하게 인성 함양의 의미를 부여하여 가르치고 지도하려 한들 입시경쟁체제 속에 실력도 인기도 없는 선생님으로 낙인찍히기 십상이다.

학생들을 지도하고 격려해 주기 보다는 방관자로 바라봐야 한다. 수업시간에 잠들어 있는 여학생을 깨워도 일어나지 않자 손바닥을 간지럽게 하여 잠을 깨운 선생님을 성희롱을 했다고 고발하는 세태이다. 두드려 깨웠으면 폭력이라고 고발했을 것이다. 이처럼 천방지축 날뛰는 학생답지 못한 학생들 때문에 선생님은 어떻게 할 수가 없다. 변한 세태 때문에 수십 년 쌓아온 가르침에 대한 자부심과 경륜이 무색할 뿐이다. 신입 교사들은 아예 상관하지 않는다. 학생이 수업시간에 잠을 자든, 스마트폰 게임에 몰두하든, 떠들든 괘념치 않는다. 그저 내가 가르쳐야할 내용만 입시내용에 맞추어 허공의 메아리로 중얼거리면서 시간만 때우면 그만이다.

전북교총회장으로서 분기별로 지역별로 선생님들과 간담회를 가졌다. 선생님들은 허탈하게 말한다. '스승의 그림자도 밟지 않는다.'는 이제 아득한 옛날이야기가 되어 버렸다고… 선생님 알기를 사설학원 선생님만도 못하게 취급한다고 한다. 이렇게 알려 주면 학원선생님은 저렇게 알려 주었다며 선생님 방식은 복잡하고 어렵다고 한다. 선생님은 실력이 없다고 한다. 입시를 위한 요령과 수단만을 사설학원에서 배워 왔기 때문이다.

선생님들의 요즘 생각은 이렇다. 가르쳐야 보람도 없기 때문에 연금 년 수나 채우고 명예퇴직 할 생각이다. 먹고 살 다른 방법이 있으면 지금이라도 퇴직하고 싶다고 한다. 얼마나 학생과 학부모로부터 교권이 무시되었기에 이런 반응이었을까? 선생님들이 독백처럼 말씀하시는 그 말 속에는 진짜 무슨 생각을 하고 있을까? 우리 교육 진짜로 반성해야 한다.

교육이 살아야 나라가 산다

선생님은 괘도를 펼치고
지시봉 휘두르며 열변을 토하신다.
아이들은 스마트 폰으로
검색을 하고 있다.
20세기 선생님과 21세기 학생이 만나는
교실 풍경이다.
그래도 그런 열정을 가진 선생님들이 있기에
선생님의 자격이 있는 것이다.
모두가 엘리트가 되는 길은
하고 싶은 것 하게하면 되는데
무조건 대학만 가라고 한다.
우린 어떻게 해야 하나.
안 좋은 것 바꾼다고 소리만 요란할 뿐
바꾼 건 하나도 없다.
대학들도 이제는 힘들단다.
교육이 살아야 나라가 산다는데……

21세기 학생, 20세기 교육

21세기 한 학생을 20세기 방식으로 체벌하였다. 21세기 디지털 세상에서 이 사건은 덮어지지 않고 인터넷을 통하여 널리 퍼졌다. 열성적으로 가르치다 보니 그렇게 되었다고 변명이 궁색하다. 설령 그것이 교육적 열의(?)에 의해서 그렇게 되었다고 한 것을 백번 용인한다고 해도, 체벌 흔적의 상처는 교육적 열정을 나타내 주지 못한다. 20세기 제국적인 식민지의 사고방식이라면 학생이 오죽해야 선생이 매질을 했겠느냐, 사랑의 매 운운하며 선생님의 체벌은 정당화되었을 것이다. 그러나 선생님의 교육적 체벌은 그런 것이 아니다. 학생에게 교육적 열의의 명분을 빌려 매질을 하고 그것을 사랑의 매라고 합리화 시키는 것은 20세기초 일제식민지 시대의 일본적인 잔재이다.

우리의 전통에서 체벌은 교육적이었다. 아이를 서당에 보내면서 그 아버지는 회초리를 한 다발 서당 선생님께 드리면서 우리 아들을 잘 가르쳐 달라고 하였다. 그 서당 학동의 글 읽기가 부진하거나 성적이 나아지지 않을 때 마다 그 훈장 선생님은 학동의 아버지가 가져다준 회초리로 그 학동으로 하여금 훈장선생님의 종아리를 때리게 하였다. 학동의 성적이 부진한 것은 선생님이 잘못 가르쳤기 때문이라는 의미였다. 대리적 처벌에 강화(reinforcement)를 받은 학동은 열심히 공부하여 과거에 급제하고 정승의 반열에 올랐다고 한다. 이것이 진정한 교육적 성과를 위한 회초리 교육의 일화이다.

요즈음의 체벌은 교육적으로 어쩔 수 없다는 명분을 씌워 작정하고 두들겨 패버린다. 체벌의 금지논란이 사회적으로 확산되면서 체벌교육이 줄기는 하였지만 여전히 일본 잔재 식 체벌은 심심치 않게 발생하곤 한다. 그리고 우리의 교육법에는 체벌의 가능성을 여전히 남겨놓았다. 즉, 교육상 불가피한 경우를 제외하고는 체벌을 할 수 없다는 조항으로 결국 교육적으로는 체벌을 하라는 조항이 21세기를 사는 지금에 20세기의 교육방식이 남아 있다.

이처럼 체벌에 교육적인 수식어가 붙으면서 과장된 체벌이 정당화 된다. 어느 면에서는 교육적이 회초리가 필요할 수도 있다. 교육적인 회초리가 실시될 수 있는 여건이라면 이미 그 학생은 반성의 단계에 들어섰고, 체벌하는 선생님도 감정적 폭력적인 체벌은 하지 않는다. 문제는 교사들이 교육이라는 이름으로 폭력적인 체벌을 하면서, 그런 체벌이 용인 될 수 있다거나 합리화 할 수 있다는 점이다. 21세기의 교육적 방식의 체벌의 이름을 빌려 20세기 폭력적 체벌을 하는 것이 문제이다.

아무리 교육적이라고 하더라도 체벌은 차선의 선택일 수밖에 없다. 체벌이 갖는 폭압성 때문이다. 교편(敎鞭)을 잡고 있다고 말한다. 여기서 편(鞭)은 학생을 지도하는 회초리로 지시봉을 의미한다. 그만큼 체벌은 교육적이고 상징적이어야 한다.

선생님이 지시봉을 들고 가르치는 모습은 일종의 상징적 권위를 나타낸다고 할 수 있다. 이러한 상징적인 권위를 보여 줌으로서 학생의 일탈 행동을 사전에 예방하는 효과를 가진다.

체벌이 아니면 어떻게 학생들을 교육시키고 지도 하느냐는 생각에서 벗어나지 못한 채, 교육적이라는 이름을 빌려 학생을 폭압적인 체벌을 교육의 수단으로 삼고자 하는 흐름이 있다고 하는 것이 문제이다. 이것이 21세기 학생에게 20세기 방식으로 가르치는 교육이다. 시대에 뒤떨어진 교육이나 학생지도는 그 실효성을 볼 수가 없다. 20세기 교육 방식으로 폭력적인 체벌을 하지 않아도 얼마든지 21세기형 체벌을 할 수 있다. 즉, 체벌을 받아야 된다고 하는 학생이 있다면 약간의 힘이 소요 되는 팔굽혀 펴기나 철봉, 또는 천천히 뛰기로 오래달리기를 체벌로 대체한다면 체벌을 받는 학생은 그 대상으로 선정되었다는 것만 으로도 벌의 효과는 얼마든지 거둘 수 있으며, 체력적인 운동을 하면서 자신을 천천히 생각해볼 기회를 주어 스스로 반성하게 할 수도 있을 것이다.

경기도 교육청의 경우 20세기형 폭력적 체벌을 21세기형 체벌로 만들어 학생지도에 활용할 수 있도록 하였는데, 그 체벌의 방식을 보면 지름 1센티미터 이하의 회초리로 2대 이상 때리면 안 된다는 규정을 두고 있다. 즉, 교육적인 지도의 필요에 따라 교장 선생님의 허락을 받아 그에 맞는 수준의 체벌을 할 수 있게 한 것이다. 이런 경우 체벌을 행하는 의식적인 과정을 통하여 학생이 스스로 반성할 수 있게 하도록 하는 요식행위로서의 21세기형 교육적인 처벌 방식이라고 볼 수 있다.

벌은 뭔가 잘못을 저질렀을 때 잘못을 깨닫게 하고 다시는 그런 행동을 하지 않도록 하기 위한 의미로 가하는 조치이다. 하지만 체벌은 정당한 이유가 없다면 명분도 없고 효과도 기대할 수 없다. 체벌이 문제가 되는 것은 그것이 제1유형의 벌로써 주로 폭압적인 방법인 매를 사용하여 신체부위를 타격한다거나 폭력을 사용하기 때문이다. 폭압적이거나 폭력적인 방법은 체벌 당하는 고통과 두려움 때문에 일시적인 효과는 있을지 모른다. 설령 자신의 잘못을 알고 있다고 하더라도 체벌의 폭력성은 그 마음에 상처가 남아 심리적이고 정신적인 면에서 외상 후 스트레스 같은 정신적인 트라우마로 남아 오히려 성격형성에 부정적인 영향을 줄 수 있기 때문에 비교육적이다.

물론, 학교현장의 학생들이 실상을 보면 이론과는 실제를 다르다며 직접 가르쳐 보지 않고는 그렇게 말할 수가 없다고 대부분의 교사들은 말한다. 그렇게 반론할 수도 있는 문제이지만, 우리가 잘 생각해보면 제1유형의 벌은 구태의연한 20세기의 학생지도방법이다. 선생님들의 반론도 이해할 수 있지만, 생각을 조금만 바꾸면 교육이 달라질 수 있다.

나는 개인적으로 교육적 체벌일 경우 그 벌을 반대하는 입장은 아니지만, 폭력적이고 폭압적인 20세기 방식의 제1유형의 벌은 교육적인 효과 보다 비교육적이기 때문에 교육적인 체벌을 사용해야 한다고 본다. 경기도 교육청이 마련한 방식으로 사용할 수도 있다. 하지만 그 방법과 타당성에도 불구하고 경기도 교육청의 체벌 방식은 그 절차와 처리 방법에 많은 시간이 소요되기 때문에 그러한 측면에서는 오히려 벌이 효과적이지 못 할 수도 있다. 벌은 어떤 경우이건 그 실행의 시간적 간격이 짧을수록 그 효과가 있기 때문이다.

학교에서 벌은 제 2유형의 벌을 사용하는 것이 훨씬 교육적이다. 제 2유형의 벌은 폭력적이고 폭압적인 방법으로 신체적인 타격을 하는 것이 아닌, 유쾌한 자극을 박탈하여 욕구를 제한시킴으로서 반성을 하게 하는 것이다. 여러 가지 다양한 사례가 있을 수 있지만, 처벌을 받을 만한 행동을 한 학생에게 즐겨하는 스마트폰 게임을 일정기간 할 수 없도록 제한을 준다거나 학생들의 단체영화 관람에서 제외하고, 다른 교내 봉사활동 등을 할 수 있도록 하여 유쾌 자극을 박탈함과 동시에 새로운 책임을 부여한다. 그리하여 박탈된 유쾌 자극을 보상 받도록 하는 것이다. 그렇게 한다면 학생은 그 처벌을 유쾌하게 수행하면서 진정으로 자신을 반성할 것이다.

우리 학생들은 21세기를 살고 있다. 20세기의 청소년 시대를 살아온 선생님들은 자기 시대의 구태적인 방법과 사고를 가지고 학생들을 교육한다면 학생들과 교육적 소통이 이루어질 수가 없다. 학생들은 그 청춘의 젊은 에너지처럼 21세기의 꿈과 희망을 따라 하루가 다르게 급격히 변화하고 있다. 그러므로 우리 선생님들도 학생들의 변화에 발맞추어 21세기의 방식으로 변화해야 한다.

21세기의 지금, 우리 선생님들의 교육방식과 생활지도가 20세기에 머물러 있다면 학생은 있지만 가르침은 없고, 선생님은 있지만 배울 것이 없다. 교사는 학생을 사랑해야 하고 학생은 교사를 공경해야 한다지만, 사랑과 공경이라는 상하관계의 논리는 21세기 학생들에게는 먹히지 않는다. 학생이 사랑하면 교사도 사랑하고 학생이 공경하면 교사도 존중해주어야 한다. 합리적인 이성보다는 감성의 즐거움을 자극해주어야 한다. 20세기의 교육은 학교가 공부의 열정에 불타는 곳이었다면, 21세기 교육의 학교는 모두가 즐겁고 행복한 학교이어야 한다. 그래야만 대한민국의 미래가 더욱 발전할 것이다.

그래도 교권은 살아있다

교권이 무너졌다고 한다. 교육개혁이라는 의제가 등장하면서부터 교육주체의 대상인 교사를 교육개혁의 대상으로 여긴 탓이다. 교사들을 촌지나 받고 학생을 때리는 비도덕적이고 무능하고 게으르고 타성에 젖은 집단으로 몰아붙여 이들을 개혁시켜야 할 대상으로 설정하여 추진된 일련의 조치들, 즉, 촌지 및 체벌 고발센터 운영 등이 교권을 추락시켰다는 것이다. 이러한 일련의 조치들은 소수의 부패 교사나 무능교사를 겨냥하여 빈대 잡으려다 초가삼간 불태우는 격으로, 나머지 성실하고 존경받아야 할 대부분의 교사의 권위를 추락시키는 결과를 초래한 것은 사실이다.

교사가 중심이 되지 않은 신관료주의 교육개혁의 방식도 교권을 추락하게 한 요인이다. 교육행정가와 교사는 교육이라는 공동의 목표를 놓고 조화롭게 협조하는 것이 필요한데도 불구하고 교육행정적 권위의 우월성의 풍토에 젖어 교사는 주어지는 대로, 요구하는 대로 움직이면 된다는 분위기로 몰고 가는 행정권위 위주의 풍토가 교사의 권위를 실추시킨 것이다.

교권이 실추된 요인중의 하나는 수요자 중심의 교육정책이다. 수요자 중심의 교육정책을 너무 강조하다 보니 학생위주의 풍토가 조성되어 교수-학습이 제대로 이루어지지 않아 교권이 위축된 것이다. 교육개혁의 용어에 학습자 중심이라는 용어가 있음에도 불구하고 굳이 수요자 중심이라는 용어를 사용함으로서 경제논리로 교육문제를 풀어 가려는 것이 교육개혁의 정책이다. 따라서 수요자의 요구를 지나치게 강조하다 보니 학부모와 학생의 요구를 최대한 받아들이는 것이 최선인 양 여겨지는 풍조가 교권을 추락시킨 것이다.

지난 이야기지만, 교사를 대상으로 진행된 교원 정년 단축 방안이 전문직으로서의 자부심에 상처를 주어 교직에 대한 자기효능감을 떨어뜨려 교사 스스로가 정체성을 상실하는 교권의 추락도 있다.

교사를 질타한 언론의 선동적이고 사실관계를 분명하게 고려하지 않고 보도하는 자세가 사회적 여론을 편파적으로 형성하여 교권의 추락에 일조하였다. 특히, 체벌, 촌지 등과 같은 문제에서 일부 교사들의 소수의 행태들을 언론에서 집중 보도하면서 마치 교원전체 집단이 무능하고 비교육적인 것인 양 매도하는 것이 교권추락에 큰 영향을 미쳤다.

학생인권조례의 파동은 이제 교권이 어디에 있는가 하는 절망감마저 들게 한다. 교사의 권위는 아예 땅에 떨어져 버렸다. 이러한 교권 추락의 사회적 분위기는 교원의 법적 권리가 상실되는 것이 아닌 사회적 인식으로서의 교사의 권위, 즉, 사회적 인격이 추락된다는 면에서 더 큰 문제이다.

권위라 함은 자신의 의지를 다른 사람이 따르게 할 수 있는 힘을 의미한다. 권위는 집단 또는 사회 구성원 다수의 합의에 기초한 힘이다. 예를 들면, 교사는 질서를 지키고 효과적으로 가르치기 위해서 어떤 힘을 갖게 된다. 권위는 규칙을 따르는 삶의 형식을 누리는데 필요한 것으로써, 어떤 행위를 하는 데는 올바른 방식과 그릇된 방식이 있다는 인식에 바탕을 두는 것이다. 교사의 권위는 개인의 주관적, 독단적으로 결정하고 행사하는 지배력으로서의 권위가 아니라 일정한 자격의 인정과 함께 사회적, 제도적으로 부여되거나 인정되는 권위를 말하며, 거기에는 반드시 사회적 책임과 의무과 수반되는 것이 특징이다. 권리와 권위는 개념상으로 구분이 가능하나 실제상에서는 권위가 추락하면 권리의 행사가 어려워져 권위와 권리의 구분이 어려워진다. 지금 우리 사회의 교사의 권리는 법적이고 사회 인식적으로도 보장되어 있지만, 교사의 권위의 추락은 부여된 권리의 행사를 어렵게 한다는데 교권 추락의 문제가 있는 것이다.

교사의 권위는 직위상의 권위와 전문직상의 권위로 구분될 수 있다. 직위상의 권위는 교사로서 직무를 수행하는 동안 학교에서 통제를 하기 위하여 직위 상에 주어지는 것이다. 전문직상의 권위는 교사가 가르쳐야 할 내용에 대한 전문가일 뿐만 아니라, 그것을 가르치는 방법에 관한 전문가로서의 권위를 의미한다. 여기에 교사의 경우 인격적 권위가 추가 된다. 교사가 인격적 모범을 보여야 하는 것을 말한다. 또 교직에 있어서 지식을 가지고 있는 사람, 즉, 전문지식의 권위자가 그 지식을 전달하는 지위인 직위 상으로 권위를 가지는 것이 필요하다.

교사의 권리 중 가장 중요한 것은 교사의 교육권이다. 교사의 교육권은 교육내용 및 교재의 결정권, 교육방법의 결정권, 교육결과의 평가권, 학생지도를 통한 징계권으로 나눌 수 있다.

교육내용 및 교재결정권에는 교육과정 편성권, 교과서 작성권, 그리고 교재의 채택·선정권이 포함된다. 교육방법 결정권을 수업권이라고도 한다. 그러나 수업권의 개념을 넓게 보면 교육방법의 결정권뿐만 아니라 교육내용 및 교재 결정권도 포함 시켜야 할 것이다. 그러나 우리나라의 경우 법적으로 부여된 교육과정 편성권, 교과서 작성권은 매우 제한되어 있다.

교사의 교육권과 관련하여 인식해야 할 것은 교사의 교육권과 더불어 학부모의 교육권과 학생의 교육권이 수반된다고 하는 점이다. 이 세 교육권은 밀접하게 관련되어 있다. 학생의 교육권은 교육받을 권리로서의 학습권이다. 학부모의 교육권은 가르칠 권리이지만, 교육내용과 기술면에서 전문가가 아니기 때문에 교사에게 교육권을 위탁하게 된다. 즉, 교사의 교육권은 학부모로부터 위탁 받고 교원의 자격을 통해 국가로부터 위임 받은 것이다. 이러한 관계가 바로 교권에 대하여 학생의 교육을 둘러싸고 학생과 학부모와 교사가 부딪힐 수 있는 상황이 있음을 의미한다.

교권이 추락되었다는 의미는 교사의 법적인 권리보다는 교사의 권리를 실질적으로 행사하는데 필요한 권위의 추락에 해당하는 것이다. 교사가 법에 명시되어 있는 권리를 제대로 행사하거나 사회적인 관습으로 용인되고 있는 권한을 행사하기 위해서는 교사의 권위가 받아들여져야 하지만, 현재의 상황은 그렇지 못하다. 이것은 교사의 법적인 권리는 있으나 실체로 이를 행사하는 권위가 위축되어 실질적인 교사의 권리 및 권위가 상실되어 있기 때문이다.

교사의 권위가 상실된 것 중의 또 하나의 요인은 지난 수십 년 동안 누적된 입시위주의 교육의 풍조 때문이기도 하다. 입시위주의 교육 풍조는 본의 아니게 대학입시 위주의 문제풀이에 익숙한 학원에 수업권이 넘어가고 있다. 입시제도의 변화가 학교교육과징과 별개로 진행되면서 입시변화에 발 빠르게 대응하는 학원으로 수업권이 넘어가는 현상이 실제적으로 나타나고 있다. 교사의 수업권으로서 질 높은 교수-학습 방법을 통해 학원교육과 차별화를 시도한다 해도, 학생의 다양성과 개인차를 제대로 고려할 수 없는 평준화 및 다인수 학급의 여건은 입시의 요령과 방법을 족집게처럼 알려주는 학원의 수단적인 방법을 학생들이 선호하므로, 수업권이 학원과 과외 등으로 넘어가고 있다. 이러한 현상은 교사에 의해 행해지는 수업이 학생들에게 호응을 얻지 못함으로서 학교교실내의 교사의 수업에서 교육적 상호작용이 이루어 질 수 가 없으므로 자연히 수업권을 상실하는 결과를 초래한다.

교사들은 또한 평가권을 상실하고 있다. 수행평가 정책의 도입이후, 수행평가와 관련 과제들을 학생들이 자기 주도적으로 해결하기 보다는 학원을 통하여 대행하는 사례가 발생하므로 공정한 평가가 어려워지고, 학교내신 성적의 입시의 반영은 쉬운 문제를 출제하여 고득점자를 양산하게 하는 학부모 집단의 압력으로 인하여 평가다운 평가를 하지 못하고 있다.

교사의 학생지도·징계권의 상실은 학생인권조례 등의 논의로 인하여 위험 수위에 이르고 있다. 체벌 금지조치 등과 아울러 학생에게 인격권을 부여해야한다는 성인 사회의 인격권의 논리로 학생인권조례를 제정하고 공포하는 등의 여파로 인하여 사실상 교사의 생활지도권은 유명무실하며, 어떤 형태로의 징계권은 그것이 교육적이라고 할지라도 사용할 수 없는 현실이 되었다. 교사 고유의 생활지도권 및 징계권의 상실은 어이없게도 학생이 교사를 두들겨 패고, 신고하는 등의 교육적 패륜아의 상황이 발생한 지경에까지 이르렀다. 심각한 교사 권위의 상실이다.

그러나 지금 우리 사회의 학교에 만연되어 있는 교권의 상실은 교사 자신 스스로 가 그 권리를 남용했거나 권위를 스스로 실추시켜 나타난 것이 아니다. 교사의 권위에 대하여 학생 및 학부모, 또는 사회현상이 그들의 배타적 이기심의 욕심에서 도리에 맞지 않게 교사의 권위를 폄하하는데서 대부분 비롯된 것이다. 이러한 외부적인 요인에 의하여 교사의 권위가 추락된다고 해서 교권이 상실되는 것은 아니다. 말없이 묵묵히 학생들이 교육의 본연으로 돌아올 수 있도록 모든 폄하와 압력 속에서도 가르친다는 자부심으로 어려운 교육여건을 극복해가는 교사들이 대부분이다. 교권은 살아 있는 것이다.

문제 학생이 엘리트가 되는 길

교육은 수월성이 뛰어난 학생만을 기르는 것이 아니라 문제 학생을 엘리트로 만드는 것이 교육의 성과일 것이다. 우리 사회에서는 1명이 10만 명을 먹여 살린다는 엘리트 교육론이 만연되어 있다. 대기업은 수많은 직원들이 같이 일해서 먹고 산다는 것보다는 그 직원들을 자기 혼자서 먹여 살린다는 생각을 하고 있다.

그래서 우리 교육의 풍조는 남보다 내가 열심히 공부해서 높은 지위에 있으니까 군림해도 되고, 사람들을 지배할 수 있고, 잘못을 저질러도 용서 받아야 한다는 생각, 내가 다른 사람에게 대단한 뭔가를 베풀고 있다는 이른바 우월적 지위의 교육론이 팽배해 있다.

우리 교육의 기본적인 지향성이 극도의 시장주의에 치우친 무한 경쟁에 뿌리를 두다 보니까 정글의 법칙인 양육강식의 논리가 일반화되어 있다. 나 아닌 다른 사람은 함께 가는 동반자가 아니라 내가 살기 위해서 견제하고 억누르고 밀쳐내야 할 대상이 될 수밖에 없다. 학교교육이 이렇다 보니 사회가 삭막할 수밖에 없다.

그러므로 기본적으로 교육과 관련된 가치 덕목을 바꿔야 한다. 우리 교육은 엘리트만을 길러내는 것이 아니라 문제 학생을 엘리트로 만드는 교육을 해야 한다. 전체적인 교육과정의 목표나 취지를 바꾸어 내면서 학생들이 경쟁보다는 협력과 협동, 즉, 상생을 중시하는 사고를 갖도록 해주고 아울러 그런 가운데서 분야별로 뛰어난 학생들을 거기에 맞게 엘리트로 키워내야 한다.

엘리트 교육을 무시하는 것이 아니라 각자의 소질과 소양에 따른 엘리트를 각 분야별로 키워내야 한다. 소양과 소질에 맞는 교육을 하면 엘리트가 따로 없다. 문제학생도 엘리트가 되는 것이다. 엘리트 교육을 위해서 학생들을 서열로 한 줄로 서게 하면 한쪽 방향 엘리트만 선별이 된다. 더구나 서열에 따라 사회적이 혜택이 주어진다면 경쟁은 한 방향으로만 일어난다. 너 큰 것을 차지하기 위해 다른 경쟁자를 따라 잡아야 하고 밀쳐 내야하고 어떤 방법으로든 앞서야 한다.

그러나 모두를 엘리트로 만드는 교육은 학생들을 둥그런 원 안에서 출발하여 어느 방향 어디든 자기가 원하는 방향으로 가게 한다면, 저마다 자기의 소질과 소양에 따라서 자기가 잘 할 수 있는 것을 찾아 간다. 모두가 엘리트가 되는 것이다. 모두가 엘리트가 되는 만큼의 선택의 폭이 넓어지니까 굳이 다른 사람과 경쟁을 할 필요가 없다. 자기의 소질과 적성에 맞는 길을 가는 것이다.

학교가 문제학생도 엘리트를 만드는 여건을 만들어 주는 역할을 해야 한다. 학교는 지적성적에 따른 수월성만을 가진 엘리트를 만들지 말고, 각자의 모든 영역에서 창조적 능력을 최대한 발휘하는 모두의 엘리트를 만들어 주어야 한다.

우리 교육제도는 이와 같은 소질과 소양에 따른 엘리트 양성을 위한 교육체제가 마련되어 있다. 즉, 학생 개개인의 소질과 소양, 가고자 하는 방향에 따라 일반계 학교와 전문계학교로 나눈 것이 그것이다. 그런데 워낙에 우리 교육이 대학진학만을 위한 방향으로만 획일화되어 있다 보니까, 일반계 학교와 전문계 학교는 특성의 차이가 아니라 서열의 차이로 변질되어 버렸다. 그래서 원래의 취지대로 특성에 따라 다양하게 분화되지 못하고 서열화의 구조만이 강화되고 있다.

초·중등 교육정책이 서열화의 논리에 따른 대학입시 정책에 예속되어 있다 보니 전문계 학교가 상대적으로 열악한 조건에 놓일 수밖에 없다. 그러면서 전문계 학교에 대한 지원이나 학생들에 대한 사회 인식적 평가가 점차로 떨어져가고 있는 것이다. 전문계 학교는 성적이 조금 떨어지고 뒤처진 학생이 들어간다는 인식이 사회적 통념이 되어버렸다. 그래서 학교에서도 공부가 뒤처지거나 문제 학생들에게 일상적으로 하는 말이 '너는 대학가기는 어려우니 일찌감치 실업학교에 가서 취직하는 길이 빠를 것 같다'고 하며, 전문계 학교는 성적이 낮은 아이나 문제 학생이 가는 것으로 인식하고 있는 것이다.

그러나 전문계 학교는 자기 소질을 살리며 평생의 직장도 구하고, 전문성을 키우는 것이 전문계 학교의 본래 취지이다.

전문계 학교의 본래의 취지와는 다르게 인식되는 경향 때문인지는 몰라도, 전문계 학교의 학생들이 졸업하고 취업으로 나가는 비율이 30% 미만이다. 나머지는 대학으로 진학하거나 군입대를 하고, 상당수는 실업상태에 있다. 그러다 보니까 전문계학교의 전문성 교육이 불안한 상태이다. 가장 바람직한 것은 전문계 학교의 원래의 취지를 살려 학생들이 전문성 교육을 받아서 취업을 하는 것이다.

이와 같은 전문계 학교의 학생을 바로 원하는 해당 전문분야 기업들의 수요가 많음에도 불구하고, 학생들은 대학진학에 맘이 쏠려 있기 때문에 많이 망설이고 있다. 어찌해도 대한민국 사회에서는 대학을 나오고 봐야 한다는 사회적인 통념에 대한 인식 때문이다. 그러나 과연 우리의 실정에서 대학을 나온다고 해서 취업이 더 잘된다고 하는 것은 미지수이다. 즉, 대학졸업과 취업은 그리 상관관계가 높지 않다.

전문계 학교를 졸업하는 학생들이 취업보다는 대학에 진학하려는 이유는 우리사회의 아주 편향되어 있는 고용구조 때문이다. 기업의 비정규직의 비율이 절반이 넘는 상황이고, 학력간 임금격차가 상당하다. 이런 이유에서 전문계 학교의 학생이 취업을 망설이는 것이다. 전문계 학교를 나와서 바로 취업하는 것이 여러모로 불리하고 불안정하기 때문이다. 여기에 한몫을 더하는 것은 각 대학들이 입학정원대비 입학 수요자가 절대적으로 부족하여 전문계 학교의 학생들까지도 모두 대학으로 끌어들이고 있는 실정이다. 이러한 현상들이 맞물리다 보니 전문계 학교의 교육이나 학생들의 관심도 대학입시 중심으로 흘러갈 수밖에 없다.

이걸 절충하기 위한 방안이 선 취업 후 진학 정책이다. 먼저 취업을 하고 다양한 형태의 대학을 취업의 상황에 맞게 적용하여 진학을 하자는 것이다. 그러나 우리 사회의 고용구조가 안정되지 못하고 기업의 이윤 추구의 다양한 방식 때문에 취업을 하면서 동시에 진학을 할 수 있는 여건은 그리 녹녹치 않아 보인다.

역설적이지만, 전문계 학교 학생이 전문계 학교의 본래 취지와는 맞지 않게 대학진학을 목표로 삼는다면, 그 학생이 문제아(?)이다. 이러한 경향들이 전문계 학교인 특목고들이 본래의 교육 취지를 살리지 못하고 대학입시의 수단으로 전락되어 입시경쟁의 선두에 서 있어 교육의 질서를 어지럽히고 사교육을 조장하게 하는 원인 중의 하나이다. 대학 진학의 의도야 막을 이유가 없지만, 대학 진학 때문에 전문계 학교들이 원래 해야 할 교육내용과는 다르게 실제적으로는 대학입시에 중점을 둔 교육과정으로 파행 운영을 한다는데 있다. 이렇게 되면 전문계 학교의 존재는 의미가 없어지고 만다. 사회의 학력에 따른 선호의 통념이 전문계 학교의 교육을 교육취지와 목적에 맞지 않게 함으로써 사회적 교육의 역량을 낭비하여 결국 그 분야의 엘리트가 아닌 문제아(?)를 양산하고 있는 셈이 된다.

문제 학생이 엘리트가 되는 길은 각 학교의 설립 목적과 취지에 맞게 소질과 소양을 개발하고, 그에 따른 창조적 전문 능력을 길러 사회발전에 공헌하도록 하는 것이다.

대학입시, 교육의 진퇴양난

현행제도의 대학입시에서는 국·영·수를 잘하는 학생이 유리한 구조로 되어 있다. 그래서 일선 학교에서는 국·영·수를 중점적으로 하는 편향적인 교육이 이루어지고 있다. 어느 특정 과목만을 강조하는 교육은 학생들에게 편식을 강요하는 셈이다. 더욱 가관인 것은 2013년 수능 시험에서는 같은 과목을 가지고 두 유형의 문제 중 하나를 선택하여 보게 했는데 같은 문제를 난이도를 다르게 하여 출제했다고 하는 점이다.

현실적으로 대학입시가 중등교육을 좌우한다는 면에서 보면 우리교육 전체를 상당정도 왜곡시킬 가능성이 있기 때문에 신중하게 검토를 했어야 했다. 이와 같은 선택에 의한 수능시험 제도는 다시 학교현장의 교육을 뒤흔들어 놓는다. 이런 면에서 보면, 대학입시는 늘 그래 왔듯이, 우리 교육 전체를 왜곡시킬 가능성이 있기 때문에 그 선택과 절차를 신중하게 검토해야 한다. 대학입시 때문에 교육이 진퇴양난을 겪고 있기 때문이다.

수능이라는 대학입시 개편안이 수시로 바뀌는 것은 어느 한 부분 문제를 개선하기 위한 것이라고 하지만, 그 문제를 개선하기 위한 입시안의 수정은 문제를 개선하려고 했던 문제보다도 더 많은 혼란을 교육현장에 가중시킨다.

또, 이와 같은 입시관련 수능의 개편안을 학생들이 지원을 선호하는 소위 명문대학이라고 불리는 대학들이 어떻게 운영하느냐에 따라 고등학교 교육에 직접적인 영향을 주기 때문에 제도를 수정한다고 해서 해결될 일은 아니다. 대학입시 제도 때문에 우리의 초·중등교육의 현실은 이러지도 저러지도 못하고 진퇴양난에 빠져 있는 것이다. 진퇴양난의 구조를 바꿀 수 있는 방식은 학교마다 상대적으로 전문적이고 강한 전공학과를 특성화하는 것이고, 또 하나는 전국의 모든 대학들을 평준화 하는 것이다. 현실적으로는 어려운 일이지만 만약 그렇게 된다면 초·중등 교육은 일정한 방향으로 다양성 있게 전개 될 수가 있을 것이다.

아무튼 초·중등 교육을 대학입시의 예속에서 풀어내서 교육자체로서의 교육으로 살려야 한다. 교육의 본질, 그러니까 학생들이 성장과정에서 필요한 다양성과 그 수준에 맞는 내용을 회복시켜 주어야 입시 때문에 빠진 진퇴양난의 질곡에서 빠져 나올 수 있는 것이다.

입시를 위한 교육을 아주 무시하자는 것은 아니다. 정당한 입시를 위한 정당한 교육을 감안하면서, 어떤 것을 배우고 어떤 상황 속에서 학교생활을 하게 만드느냐 하는 것에 초점을 두어야 한다. 예를 들면, 초등학교에서는 상상력에 의한 창조성을 신장하고, 중학교 3년 고등학교 1년은 초등학교와 연장해서 창조성을 살리는 종합적인 학력과 인성발달을 위한 교육을 하며, 고등학교 2학년과 3학년 때에는 앞의 학년에서 했던 잠재능력과 학습능력을 기반으로 대학입시로 전환될 수 있는 교육을 하는 것이다.

지금의 교육이 진퇴양난에서 벗어나는 길의 또 하나는 교수-학습 방식과 평가 방식을 개혁해야 한다. 그동안의 교수-학습이 주입식 암기식의 일방적인 방식이었다면, 앞으로는 실천적인 경험학습영역을 확장하여 토론이라든가, 협동학습의 방식으로 전환해야 한다. 그러면서 학력의 다양성, 질적인 심화를 도모하는 방식이다. 여기에는 인문지성적인 학력이 중요하다. 즉, 예술을 포함한 인문학 교육을 통하여 얼마나 인문학을 접하고, 거기에서 자신의 학력 기반을 닦아낼 수 있도록 해야 한다. 인문학적 소양은 인문학 서적만을 공부하는 것이 아닌 구체적인 자기 삶 속에서 감성을 풍부하게 하고 인문적인 소양을 쌓을 수 있는 체질을 만들면서 갖추어 지는 것이다.

따라서 학교생활을 보다 자유롭고 자율적으로 할 수 있도록 만들어 주는 것이 무엇보다 필요하다. 즉, 학교는 자유롭게, 학생은 행복하게 되는 것이다. 자유와 자율을 학생들이 기본적으로 누리면서, 그 바탕위에서 자기 소망과 소질에 맞는 자양분을 충분히 섭취해 나간다면, 자기 전문성을 갖추게 될 것이다. 예를 들어, 한 학생이 국·영·수는 못하지만 식물을 좋아해서 생물학자에 견줄 만큼 지식을 갖고 있다면, 그것을 제도적으로 뒷받침해주는 여건이 조성되어야 한다. 학생의 관심과 흥미를 능력으로 함양해 나갈 수 있다면 대학은 그것을 가지고 판단할 수 있도록 입시정책이 조율되어야 한다. 실제로 지금의 대학에서 해당분야에 특출한 능력을 발휘한 사실이 객관적으로 증명되면 특채로 선발하는 것과 같은 제도를 보편적으로 확대해야 한다. 초·중등 과정에서 자기가 할 수 있는 것을 전문가 수준으로 키워 낸다면, 그것을 가지고 대학의 전공 분야에서 선발해야 한다.

우리교육이 대학입시를 중심으로 이리저리 우왕좌왕하는 진퇴양난을 극복하는 길은 초·중등 교육의 전반에서 시민정신과 창조적 능력을 개발하는 교육이 이루어져야 한다. 이것은 진세 학교활동을 통하여 체계적으로 이루어져야 한다. 모든 수업시간은 물론, 수업 외의 활동과정에서 시민정신과 창조적 능력이 함양되어야 한다. 이러한 교육은 존중과 배려와 나눔을 통한 교육이다. 존중과 배려와 나눔의 정신의 교육으로 학생의 자유와 자발성이 증진되어 학생은 공경하고 교사는 사랑하는 교육적 작용이 이루어 질 때 학생들의 창조적 능력이 길러진다. 이와 같은 교육은 책을 통해서 얻어지는 교육보다도 다양한 학교생활을 통해서 얻어지는 것이다. 정규수업 보다는 학생들의 취미나 특기 활동이라든가, 다양한 영역의 활동을 장려하여 시민 정신과 창조적 능력을 체득하게 하는 것이 필요하다.

그 동안 워낙 공부해라, 열심히 공부해서 좋은 대학 가라,하다 보니까 학생들이 다양한 영역의 활동을 하는 것은 자기의 학력을 기르는 것과 무관하며 시간낭비라고 생각하는 것이 일반적이다. 시민정신이나 창조적 능력은 학력과 경쟁력과 직결되어있다. 학력을 쌓는 것이 경쟁력을 위한 것이라면, 그 경쟁력의 핵심은 창조적인 능력이다. 예를 들어, 상품의 국제 경쟁력이라고 할 경우 원가나 비용, 품질을 비교하는 것이지만 원가와 비용과 품질을 결정하는 것은 그 상품을 생산하는 인간의 창조적 능력이 얼마만큼 투영 되었느냐에 있다. 창조적 능력은 지적 교육 외에도 인성이나 감수성 교육을 통하여 이룰 수 있는 것이고, 결국, 이것은 시민정신의 중심 요소이다.

교육에서 시민정신과 창조적 능력을 기르기 위해서는 역시 인문적 예술적인 소양 함양을 기초로 삼아야 한다. 인문 예술 부분이 인간이 인간일 수 있게 하는 요소를 형성하고 있다. 즉, 감성과 이성을 종합적으로 포괄하는 것이다. 인간으로서 가지는 풍부한 감성과 이성을 통합적으로 길러 낸다면, 기본적으로 사람에 대한 관심과 애정을 갖게 마련이다. 이것이 인간관계의 첫째이다. 인간은 관계적 존재이기 때문이다.

모든 인간관계는 상호존중 의식이 기본이다. 우리의 문화가 있으면 상대방의 문화가 있고, 우리나라의 문화가 소중하면 다른 나라의 문화도 소중한 것이다. 저마다의 문화에선 서로 우월한 면도 있는데 서로 그걸 알아주고 인정하는 자세가 필요하다. 그러려면 문화를 보는 탐구 능력을 기르고 역사에 관련된 지식을 쌓아야 한다. 상대의 생활양식과 문화를 이해해야 비로소 상대의 마음에 다가갈 수 있다. 이것이 시민정신으로서 창조적인 능력을 발휘하는 것이다.

우리 사회의 변화 중의 하나는 다문화 현상이다. 우리 교육에서 추구하는 가치는 입시위주의 교육에 매몰되어 있을 것이 아니라, 사회적으로 부상하고 있는 다문화 현상을 적극적으로 교육의 프레임에 끌어 들여 융합해 내야한다. 지금 교육계의 화두 중의 하나는 다문화 가족들의 교육의 문제이다. 다문화 가족들은 자녀 교육뿐만 아니라 우리 사회에 적응하고 뿌리를 내리기 위하여 노력하고 있다. 다문화 가족은 이제 백만 명을 넘어서고 있다. 그들 자녀의 교육을 위해 지원하고 긍정적으로 융합하기 위한 교육정책의 의제를 탐구하고 연구하는 일은 이제 우리 교육에서 중요한 한 부분이 되고 있다. 그들 자녀의 대부분이 초·중등의 시대에서 자라고 있는 만큼 국가의 미래를 위해서도 이들에 대한 교육 시스템을 확립해야 한다.

이제 우리 교육은 대학입시에 얽매여 오도 가도 못하는 진퇴양난의 질곡에서 허우적거리고 있을 때가 아니다. 교육의 패러다임의 변화가 필요하며, 교육현장의 과감한 혁신이 필요하다. 아직도 여전히 국·영·수를 중시하는 입시위주의 교육에서 벗어나 대한민국의 미래적 전망을 위해서라도 교육의 다양성을 추구하면서 인문적이고 예술적인 소양을 함양하는 교육의 기반을 형성하여야 한다. 이러한 바탕위에서 시민의식과 창조적 능력을 개발하여 변화하는 사회의 다양성에 부응하는 교육이 이루어질 때, 나라의 번영과 융성이 이루어 질 것이다.

교육, 이데올로기 덧칠을 벗겨라

교육에서 이념 논쟁이 회자 된 것은 이미 오래 되었다. 진보적 교육이니, 보수적 교육이니, 진보적 교육감이냐, 보수적 교육감이냐가 그것이다. 이상하게도 이러한 이념 논쟁이 시작되면서 일선 교육현장은 학생을 담보로 큰 혼란에 빠져 있다. 더욱이 참교육을 표방하면서 결성된 교원단체가 등장하여 초기의 의도와는 다르게 정치적 성향을 흉내 내어 교육의 현장에 교육을 빙자한 이념이 덧칠되면서 이념논쟁이 가중되었다. 그리하여 그들이 주장하는 참교육은 오히려 실종되고 교사의 교육권을 내세워 좌파성향적인 비판적 논리의 내용을 가르쳐 그 속에서 교육적 혼란을 감수한 것은 순전히 학생의 몫이 되었다. 학생들이 그들의 마루타가 된 셈이었다.

원래 교사는 교육활동 과정에서 정치적 종교적 중립을 유지할 수 있도록 노력하여야 한다고 되어 있다. 이는 헌법에서 교육의 자주성, 전문성, 정치적 중립성에 따른 것이다. 헌법에서는 교육내용의 정치적인 중립성은 물론, 교원의 정치적인 중립도 강하게 요구하고 있다. 정치활동의 중립도 교원 노조법과 공무원법에도 명시되어 있다.

특정 교원단체의 교육이 이념적이라는 비판은 그들이 교육의 자율권을 내세워 좌 편향적으로 교육한데서이다. 그들의 명분은 교육은 이데올로기를 생산하고 확산하는 작업이라고 생각한데서 온 것이다. 그러나 이런 이데올로기 교육은 기본적으로 정치적 영향을 받은 것이고 정파적 이해가 작용되어진 것이다.

이러한 면이 작용되어 일반적으로 의식화라는 표현을 쓰면서 비판하고 비난하는 경향이 나타난다. 의식화 교육의 명분은 학생들에게 시민의식이나 주체성을 갖게 한다는 데서는 가능한 일이다. 그런데 의식화 교육이 편향된 가치관이나 이념에 따르니까 이데올로기라는 덧칠이 되는 것이다.

그래서 1980년대 의식화 교사라고 하면 좌파적 이념의 성향을 가진 교사를 말하였다. 그런데 우파적 이념의 성향을 가지고 교육하는 교사는 의식화 교사라고 하지 않았다. 역설적으로 좌파적 성향을 가진 교사가 강하게 드러나는 것은 반면에 우파적 성향을 가진 교사가 있다는 의미인데도 말이다. 학생들에게 일반적으로 정치적으로 편향적인 교육을 시키라는 뜻은 어디에도 없다. 그런데 교실은 의식화 교육의 편향성을 지적하면서 우 편향적 내용의 교육을 은연중에 하고 있다. 교육 모두가 이데올로기에 덧칠되어 있는 것이다.

이데올로기를 교육에 덧칠하여 포장하려고 노력하지 말아야 한다. 이데올로기는 그 것이 좌편향이던 우편향이던 간에 모두 가르쳐서 그 이념들을 선택하는 능력과 비판할 수 있는 능력을 길러 주면 그만이다. 즉, 학생들의 사상의 자유 표현의 자유를 충분히 감안하여 교육하는 것이다. 이것이 교육에서 이데올로기를 덧칠하지 않고 정치, 종교의 중립성을 견지하는 교육이 되는 것이다. 교육에서 이데올로기의 덧칠을 벗겨내야 진정한 이데올로기의 교육이 될 수 있다.

지금의 교사들은 어느 때 보다도 이념의 편향에 자유스러울 수 있다. 교실 문을 닫으면 그 어느 누구도 교실 안에서 무엇이 이루지고 있는지 모른다. 오르지 교사 자신과 학생만이 알 뿐이다. 교사가 홀로 주관하는 교실 안에서는 다양한 이념의 교육 가능성은 무한하다. 이데올로기 교육은 그 이념에 따라 편향적으로 주입하는 것이 아닌 의식의 개혁을 위해 가르쳐야 한다.

랜스 헌니커트(L, Hunnicut)는 "어떤 상황에서든 꿈틀거릴 수 있는 길은 항상 있나. 아무리 구속적인 상황이라도 네가 얼마나 자유로운 가를 알려면 꿈틀거려 보아라."고 하였다. 아마도 교사들은 이 점을 깊이 생각할 필요가 있다. 누구나 자신의 영역 안에서 조금씩 꿈틀거리는 개혁을 시도해 나가면 나중에는 자신도 모르게 큰 변화를 일으킬 수 있다. 그러나 이러한 개혁은 번번이 벽에 부딪힌다. 이념에 덧칠되어 있기 때문이다. 덧칠된 이념은 개혁에 대하여 강하게 저항한다. 교육에 있어서 이러한 성향은 더욱 두드러진다. 그것은 오랜 세월을 두고 강조된 신념의 자기 내면화로 인하여 더욱 두드러지게 나타나고 있다.

개혁의 요구는 불안을 동반한다. 불안에 대한 정상적인 행동은 가능한 대로 그것을 회피하는 것이다. 이러한 것을 경험한 교사들은 자신들의 개혁에 대한 신념을 행동으로 옮기기도 전에 실패할 것이라고 생각하여 이데올로기의 덧칠을 좀처럼 벗기려 들지 않는다.

그러나 개혁이 현실화되면 개혁은 멈추지 않는다. 특히 그 개혁의 우수성, 즉, 어떤 이념에 휘둘리지 않고 진정한 교육을 향하여 개혁을 진전 시킨다면 요원의 불길처럼 번져 나간다. 우리 교육이 이념의 편향이 아닌, 즉, 정치적 중립이나 종교적 중립을 표방하고 있는 것은 교사의 가르침에 있어서 보수니 진보니 하는 특정 이념을 회피하여 가르치라는 것이 아니다. 모든 이념들을 모든 학생들에게 다 가르쳐야 하는 것을 의미한다. 즉, 이데올로기를 이해하고 깨닫게 하여 학생들로 하여금 그 선택과 비판을 할 수 있는 능력을 갖추게 하고 학생들의 자아 정체성과 자기효능감의 내면적 가치를 형성하게 하여 사상의 자유와 종교의 자유를 누릴 수 있는 이념의 자유를 구가하게 하는데 있는 것이다.

우리 사회의 교육은 지나치게 이데올로기에 덧칠되어 있다. 속내와 다르게 겉이 덧칠되어 있는 교육은 교육일 수가 없다. 한 동안 반공이라는 이념이 덧칠되어 있어 반공민주정신이 국가 이데올로기가 되어 교육의 목적으로 투영되었다. 이러한 덧칠이 과도하게 되어 교육현장에서의 선택된 이데올로기가 강요되었다. 그리하여 '자유 민주주의와 공산주의를 비교하라'는 식의 토론만 하여도 용공 분자로 몰리기도 하였다. 이데올로기를 가르쳐 민주주의 시민 정신을 내면화하기 보다는 공산주의를 배격해야 한다는 단순 획일 논리를 앞세워 덧칠만을 하였던 것이다. 이처럼 공산주의를 배격하고 획일적으로 민주주의의 껍질만을 강요한 결과, 오히려 더 민주주의를 폄하하고 공산주의에 이념적 관심을 갖는 부류가 생성된 것은 덧칠의 포장으로 겉과 속을 다르게 했기 때문이다.

보수적 입장의 교육이니, 진보적 입장의 교육이니, 하는 문제도 그렇다. 교육에서 진보니 보수니 하는 구분은 필요가 없다. 늘 상 주장하는 바이지만, 교육에서는 진보와 보수의 입장을 모두 통합하여 가르쳐야 한다. 보수적 입장이나 진보적 입장의 가르침은 결국 학생에 의해 선택되어지는 것이고, 그들 스스로 내면화 하는 것이기 때문이다. 그러나 교육의 본연을 위한 가르침이라기보다는 그들이 생각하는 이념적인 스렉트럼을 앞세우다 보니, 모든 교육현상에 이데올로기를 덧칠하여 하지 말아야 할 이념논쟁의 도마 위에서 학생만이 제물이 되어 이념의 곡소리를 들으며 희생되어야 했다.

이데올로기는 사유의 관념으로 형성 된 것이다. 그렇기 때문에 이데올로기에 편향되어 몰입되어지면 그것이 왜곡되어 신념화되면 자칫 그릇된 인성의 발달을 가져 올 수 있다. 이데올로기는 삶의 지혜의 방향 점으로 행동과 습관에 영향을 미친다. 지혜는 사람의 생각이며 생각은 곧 신념화되고 이러한 신념이 일정한 체계를 형성할 때 사상이 된다, 사상이 보편성을 띠며 체계를 이루어 발달 될 때 이념이 되는 것이다. 이념에는 사유와 신념, 철학과 역사성이 담겨 있다. 그래서 이데올로기에 지나치게 편향된 주입식 교육이 이데올로기에 대한 성찰과 비판이 없이 어린 학생들에게 이루어진다면, 학생들은 왜곡된 신념과 가치관을 형성할 수도 있다.

그래서 우리 교육에서는 교사로 하여금 이데올로기의 편향적 교육을 불러 올 수 있는 정치적 이념으로부터 중립성이나 종파적 교리로부터 중립성을 강조하고 있는 것이다. 그러한 이데올로기 교육이 다양하게 이루어지지 않고 어떤 정치적 의도나 이념지향 단체의 편향성에 의해 학생들의 판단과 선택의 가능성은 염두에 두지 않고 일방적으로 덧칠해 놓았다면, 그것은 겉과 속이 다른 허울뿐인 교육이다.

이데올로기에 대한 중립적인 교육은 정치적 이념이나 종파적인 종교의 신념을 가르치지 말라는 뜻이 아니다. 이러한 이데올로기들을 일방적으로 편향되게 주입하여 가르치지 말라는 것이다. 그것은 일반적인 교실 사태에서 비유적으로 보면 입시위주의 오래되고 거대한 이데올로기로 덧칠된 장막에서 벗어나 교육의 본연의 모습을 찾으라는 의미를 부여해 주는 것이다. 그래야만이 대한민국의 백년대계인 교육의 미래가 더욱 밝아질 것이다. 대한민국의 교육, 이제 그 이데올로기의 덧칠을 벗어 던질 때이다.

혁신학교에 혁신이 없다

각 교육 지자체 별로 혁신학교 운동의 붐이 일고 있다. 혁신학교 운동은 왜곡된 교육구조의 정상화 작업의 일환이라고 한다. 정확히 혁신학교 운동은 경기도 김상곤 교육감의 말에 따르면 '붕괴된 공교육을 다시 일으켜 세우는 작업'이라고 한다. 즉, 교실이 붕괴되고 공교육보다 사교육에 대한 의존도가 갈수록 높아지고 학부모나 학생들로부터 공교육이 불신을 받고 있는 상황에서, 그 전환의 모형으로 혁신학교 운동을 한다는 것이다.

혁신학교와 유사한 정부의 모델로는 특목고 같은 것이 있다고 할 수 있으나 그 취지와는 다르게 오히려 교육을 왜곡시킨 측면이 있다. 혁신학교 운동의 그 내면을 들여다보면 교육공동체의 자발성에 기초한 새로운 학교문화를 만들어간다는 취지이다. 그리하여 자발적으로 그 학교의 특성에 맞는 프로그램을 개발하도록 교육지자체가 지원하고 그러한 학교들이 네트워크를 형성하여 유기적으로 교류하고 협력하도록 하는 것이 혁신학교운동이라는 것이다.

혁신학교 운동은 교육전체를 바꾸어 내고자 하는 지속적이고 미래지향적인 정책으로서 혁신교육의 정책이다. 이 혁신학교 운동의 주체는 교사들로서 교육적 열정의 순수함을 가지고 교육의 본질에 충실하고자 했던 교사들이 주도 하는 운동이다. 이것은 지원체제에 교육청 별로 다소 차이가 있지만, 일부 지역교육청에서 지원하면서 소위 진보교육감들의 정책적 의제의 핵심 화두로 자리 잡았다.

학교 발전을 위한 정부의 정책도 없지는 않았다. 우리가 흔히 알고 있는 연구학교나 시범학교를 지정하여 지원해주어 개혁을 이끌어 내자는 것이었다. 그러나 이러한 정책은 단기적이고 일시적인 것에 머물고 말았다. 열린 교육도 일종의 혁신학교운동과 같은 정부 정책이었다. 학교의 자발성이 없이 정부주도로 이루어지다보니 정권이 바뀌자 완성을 보지 못한 한계점을 노정하였다.

혁신학교 운동 같은 학교 개혁 운동이 성공하려면 자발성에 의한 자가발전이 되어 지속 가능성이 유지되어야 한다. 그러기 위해서는 혁신학교에 대하여 교육공동체 속에서 일선 학교나 교사들이 자발적으로 움직일 수 있도록 교육기관이 지원하고 배려하고 서비스하여 학교개혁, 교육개혁을 이뤄 낼 수 있도록 해야 한다. 교육혁신을 위해 학교사회에서도 교사가 나설 수 있도록 뒷받침 해주어야 하지만, 현재까지는 정착하지 못하고 있는 듯하다. 혁신학교 운동의 논리대로 그 정책적인 의제들을 잘 구상하여 신중하고 정밀하게 점검하고 극복해 나간다면 공교육의 정상화와 미래지향적인 학교교육의 선진화를 이루는 정책 중의 하나가 될 수 있다.

그러나 혁신학교 운동이 제대로 실천되려면 여러 가지 난관을 극복해야 할 것으로 보인다. 먼저 혁신학교 운동이 제대로 되려면 학교를 구성하는 학교공동체의 각 공동 주체들이 자기 역할을 다하면서 상대 역할도 존중하고, 관계 자체가 유기적으로 발전해야 한다. 이렇게 된다면 교사들이 적극적인 자발성을 가지고 하지만, 지역사회나 학부모들이 오해하면서 문제가 야기 된다거나 정작 교장선생님이 소극적이고 주체간의 가치공유가 차이가 크면 문제가 생길 수 있다. 이것은 학교별 지역별에 따라 문제가 달리 나타날 수 있다.

다음으로 학교와 학교 간 지역의 학교가 같이 함께하도록 작업을 해나가는데 있어 핵심적인 몇 개 학교가 소극성을 띤다든가, 그리고 잘 나가던 학교도 시간이 지나면서 구성원들의 의욕이 사그라지면 퇴행 할 가능성이 있다. 또 사람의 질적 수준이 변화되어야 하는 것이라서 시간이 걸릴 수밖에 없다.

그러므로 학교혁신과 같은 교육개혁운동은 단시일 내에 그 결실을 볼 수는 없고, 혁신학교 운동이 뿌리내려서 교육전반에 변화를 가져와 선진화 되려면 최소한 10년 이상은 지나야 할 것으로 보인다.

혁신학교를 어떻게 선정해야 하는지의 기준도 애매모호하다. 혁신학교를 지원하는 지역 교육청의 입장을 보면, 교장, 교사, 학부모의 혁신적인 의지의 고도화 수준이라고 다소 추상적인 기준을 제시하고 있다. 물론 혁신학교의 정책서를 받아서 판단하기는 하지만, 그 정책서에 동의한다고 표기하고 있어도 그 동의의 질적 수준을 양적으로 판단할 길이 없다.

또 혁신학교의 신청이 예산을 지원받기 위한 수단으로만 활용할 수 있다는 것이다. 혁신학교가 아무리 교사 중심으로 학교를 바꾸는 것으로서, 교사의 자발성과 교육자로서 본분에서 우러나오는 열정을 기본으로 하여 학부모가 공동 주체가 되어서 만들어가고 있는 것이라고는 하나, 이것은 혁신학교 지정 후 결과로 확인해야하는 것이고, 그 결과의 성과적 기대를 미리 예단하여 지원 대상으로 선정하는 것은 예산만을 지원 받기위한 '우선 신청하고 보자'일 수도 있다. 그리고 꼭 혁신학교이어야만 학교를 혁신할 수 있는 건 아니다. 혁신학교가 아니더라도 다른 방식으로 얼마든지 학교의 혁신을 이루어 낼 수 있다.

혁신학교운동은 상대적으로 다른 학교가 소외될 수 있다. 혁신학교운동이나 지정의 기준이 애매모호한 상태에서 교육감의 교육개혁의 정책적 의제의 실적을 위해 형식적인 틀로서 교육의 포퓰리즘으로 변질 될 수도 있다는 점이다.

혁신학교를 추진하고 있는 경기도나 전라북도의 입장을 보면 혁신학교를 4년 단위로 지정하는 것으로 되어 있다. 매년 평가를 시행하여 2년이 지나면 혁신학교로서 방향과 내용이 갖추어졌다고 판단되면 지정하고 그렇지 않으면 지정을 취소한다. 이러한 혁신학교 운동은 해당 교육감이 있는 지역의 전체적으로 확산하기 위한 지속 가능한 단계적인 접근으로 시행할 계획이라고 한다.

혁신학교 운동은 현재까지는 적어도 교육개혁을 위한 아래로부터의 자발적인 교육개혁 운동의 의미를 부여할 만하다. 그러나 혁신학교운동이 정책적 의제가 되어 시행되어 온 지금의 현재 상황에서 파란 불이 켜진 것은 아니다. 주로 이른바 진보적 성향(?)으로 당선된 교육감의 교육지자체를 중심으로 전개되고 있다. 어쩌면 혁신학교 운동이 진보적 성향의 교육감 당선자들의 정책적 이미지와 맞아 떨어졌는지도 모른다. 혁신학교의 운동은 소규모 학교의 교사들이 학교를 활성화 하고자 자발성에 연유되어 학교 프로그램을 바꾸고 특성화한데서 비롯되었다. 여기에서 정책적 의제의 영감을 얻어 소위 진보교육감들이 그들의 임기 내에 성과적 정책으로 홍보하고, 실제로 운영을 위한 예산을 지원해 주면서 부각되게 된 것이다.

그러나 진보교육감들의 성과적 정책의 홍보만큼이나 혁신학교가 교육개혁의 중심의제로 자리 잡지는 못했다. 그것은 시작 단계서부터 교육지자체와 학교현장이 상호 협력적 연구와 계획에 의해서 한 것이 아니라, 한 현장학교가 특성화의 방식 같은 것을 혁신학교라는 제안서로 제출함으로서 교육청이 그걸 수용하는 선에서 이루어지고 있기 때문이다. 그러다 보니 혁신학교의 개혁 방향은 구체적인 목표가 불분명하고, 그저 환경개선이나 특강 정도만을 실시해도 교장, 교사, 학부모의 열의가 있다고 인정이 되면 혁신학교 운영프로그램으로 인정하고 있다. 이러한 양적인 실적을 가지고 교육지차제의 업적만 내세우고 있기 때문에 혁신학교가 주는 개혁적 의미만큼 교육개혁의 의제로 정립되지 못하고 있다. 따라서 교육지차제의 혁신학교의 구체적인 연구 모델과 그 혁신적 방향을 제시하지 못한 상황에서, 교사의 자발적인 주체로 옛날 식 연구수업이나 시범수업의 단기적 프로그램을 제출해도 무작정 혁신학교로 지정하여 선심성 예산으로 지원하는 것을 혁신학교운동의 성과라고 선동하고 있다면, 혁신학교운동 자체가 혁신의 대상이 되어야 할지도 모른다. 이러한 전조는 혁신학교 지정 학교의 감사에서 드러나고 있다. 혁신학교로 지정되어 그에 따른 예산을 지원받은 학교의 예산집행결과는 혁신학교라는 참신한 의제만큼이나 어안이 벙벙한 충격을 주고 있다.

혁신학교 지원 예산의 대부분이 학생의 간식비와 교사의 외유성 출장비로 지출되었고, 그나마 혁신학교 프로그램을 흉내라도 낸 것은 일부 학교에서 명사 초청특강비 지출이 고작이었다. 혁신학교에 혁신이 없었다.

대학평가 정책의 문제점과 대안

교육부는 2013년 8월 29일 대학구조 개혁위원회와 학자금 대출제도 심의위원회를 거쳐 2014학년도 정부재정지원제한대학, 학자금대출제한대학 및 경영부실대학 평가 결과를 발표하였다. 전체 337개 대학 중 4년제 대학 18곳, 2·3년제 대학 17곳 등 총 35개 대학을 하위 15%로 분류했다. 수도권에서 4년제 대학이 3곳, 2년제 대학이 2곳, 지방에서는 4년제 대학이 15곳, 2·3년제 대학 15곳이 선정되었다.

이명박 정부가 시작한 이와 같은 대학평가를 통한 대학구조조정 정책은 대학가에 매년 불안한 경쟁의 파장을 몰고 온다. 대학평가에 대응하는 숨 가쁜 경쟁은 각 대학이 소재한 지역에 엄청난 영향을 주고 있다. 이 정책은 대학별 하위 총량제인 마지막 순위 15%가 정해져 있기 때문에 모든 대학이 대학평가 지표를 높이는 데 성공했다고 해도 상대평가에 의해 후순위가 결정되기 때문에 부실대학이 반드시 나오도록 설계되어 있고, 아마도 이러한 정책은 대학입학자원의 공급과 수요가 안정적으로 일치하는 접점에 이를 때까지 계속될 전망이다.

그러나 이와 같은 대학평가를 통한 구조조정 정책의 무리한 추진으로 인한 폐해가 늘어나고 있다. 대학들이 평가의 지표값을 올리기 위해 취업률이 낮은 인문학분야, 예술분야, 기초학문분야의 학과들을 폐과하여 인기학과 중심으로 대학체제가 재편되고 있다. 특히 전문대학에서는 전문능력인 양성과 거리가 먼 유명브랜드지점분양 등과 같은 판매영업의 수단과 방법 등을 학과로 개설하는 등 대학 내에 상업주의가 기승을 부리고 있다.

대학은 이제 교육적인 것과 비교육적인 것의 경계를 넘어서서 유행과 인기 분야 중심으로 대학체제가 재편되고 있어 학문의 기반이 협소해지고, 교육과 교육적인 기형화가 이루어지 지고 있다. 이에 수반되는 폐해는 구조조정에 따른 대학 내 갈등이 고조된다는 점이다.

이번 평가에 선정된 35개 대학 중 지방대학이 30곳으로 90% 가까이 된다. 이는 평가에서서 불리한 입장에 있는 지방대학들의 몰락을 예고하고 있다. 지방대학의 몰락은 그 지역의 경제·문화·사회에 심각한 타격을 가져 올 것이며, 대학교육은 수도권 집중으로 심화될 것이다. 교수들은 교육과 연구는 뒷전이고, 신입생 충원과 취업률 향상을 위해 몰입해야 하는 상황이다.

현재 시행되고 있는 대학평가를 통한 대학구조조정 정책은 고등교육발전의 장기적 전망을 어둡게 한다. 경제와 경영의 논리로 대학교육정책을 접근하는 것은 우선 당장의 단기적 처방의 효과는 있을지는 모르지만, 결국 고등교육의 미래적 전망의 교육적 균형을 상실하여 국가 발전의 동력을 상실할 것이다.

국가가 대학평가를 하여 점수가 상대적으로 낮은 대학의 재학생에 대해 학자금 대출까지를 제한하는 경우는 세계에서 우리나라 밖에 없다. 1990년대 후반부터 본격화된 저 출산은 고교 졸업자수가 2012년의 67만 명 수준에서 2018년에 이르면 58만 명이 된다. 2024년도가 되면 고교졸업자수는 41만 명으로 감소하여 대학입학정원을 크게 밑돌게 된다. 이러한 전망치에 따라 부실대학을 중심으로 입학정원을 줄이자는 정책이 지금의 대학평가 체제이다. 즉, 대학을 평가하여 점수가 낮은 대학에 재정지원을 중단하여 급기야는 대학의 문을 닫게 하겠다는 발상이다. 이는 교육을 투자의 효율성 기준으로만 생각하는 경영적·경제적 사고로서 대학교육이 개인의 삶과 사회발전에 미치는 영향을 보지 못하는 편협한 사고이다.

이러한 입장의 대학구조조정 정책은 지난 이명박 전 정부의 정책능력의 한계를 여실히 증명해 주고 있다. 교육부 산하 대학 구조개혁원회에서는 부실대학의 정리를 다음 순서에 따라 진행 시키고 있다. 먼저, 평가순위 하위대학 15%에 대해 재정지원을 제한하고, 규정된 절대 지표 2개 이상을 미충족할 시에는 학자금 대출제한 대학으로 선정하며, 이를 대상으로 다시 실사를 통해 경영부실대학을 선정하여 구조조정을 유도한 후 감사결과 이행 여부 등에 따라 정리 절차를 추진하다. 이것이 구조개혁우선대상 대학의 정리절차이다. 즉, 평가 하위 15% 대학은 부실 정도에 따라 재정지원 제한대학→대출제한 대학→

경영부실대학선정→ 정리 절차를 밟는다.

우리나라의 대학교육은 사립대학을 중심으로 전개되어 왔다. 고등교육을 지원할 수 없었던 정부는 사학운영에 대하여 불간섭주의 입장을 견지하였고, 사학 운영은 최고의 수지맞는 사업으로 인식되었었다. 김영삼 정부 들어 일정한 요건만 형성되면 대학설립을 허가해주는 설립 준칙주의의 도입으로 사립대학들이 우후죽순처럼 생겨나 대학이 과잉 공급된 측면이 있다. 그런데다 설립부터 경영부실비리 대학들이 많아 지금의 경쟁적인 평가에 의한 구조조정은 예고되어 있었다. 고등교육의 장기적 정책을 전망하지 못한 패착이었다. 사립대학의 구조개혁을 통하여 교육의 질을 확보하기 위해서는 부정비리대학의 퇴출이 우선이건만, 경영부실대학에 대한 규제 혹은 컨설팅 등을 통한 지원과 퇴출절차만 규정하고 중대 부정 비리대학의 처리 절차는 빠져 있다.

현재 시행중인 대학평가에 의한 대학구조조정 정책은 몇 가지 측면에서 문제를 안고 있다.

첫째, 대학구조조정 정책의 시행으로 인해 각 대학에서 비인기 학과나 취업률이 낮은 학문분야들이 통폐합되는 등의 대학교육과 학문의 근본이 흔들리고 있다. 수도권 대학에서 조차 순수 학문분야가 퇴출되는 등의 폐해가 나타나고 있다. 개별대학의 근시안적인 경쟁력 강화가 오히려 우리나라 대학교육 전체의 장기적인 경쟁력 약화를 초래하고 있다.

둘째, 지방대학에 불리한 지표가 많아 지방대학 육성정책과 충돌하고 있다. 정부의 재정지원이 거의 없는 사립대학은 비용효용성을 추구하지 않을 수 없는데다, 지방대학은 수도권대학에 비해 학생모집과 충원 환경이 다르다. 이러한 점이 평가에 전혀 반영되지 않고 있다. 그래서 이 정책의 목표는 오르지 입학정원의 감축에 있다는 주장이 나오고 있는 것이다. 구조조정을 위한 지표구성이나 배정이 공정하지 못하다.

셋째, 대학운영비는 증가할 수밖에 없으며, 이것이 등록금의 주요 인상요인으로 작용한다.

대학은 교육의 수월성을 추구하고 그 효율성에 대한 평가를 얻기 위해 경쟁하기 때문에 교수-학생비율, 전임교원 확보율, 교원의 연구실적 등의 지표를 개선하고, 기타 교육 연구시설들을 확충하지 않으면 안 된다. 이로 인한 비용증가가 등록금 인상을 초래하게 된다. 대학의 자발적인 노력에도 비용부담이 큰데, 대학평가의 시행으로 강제성을 띤 지표개선을 하게 되면 비용은 더욱 증가 할 수밖에 없다. 대학마다 막대한 예산을 배정할 수밖에 없다. 당연히 등록금에 영향을 미치는 가장 큰 요인이 된다. 그런데도 평가지표의 값을 높이기 위해서는 등록금을 인하해야 한다. 어떻게 하란 말인가!

넷째, 대학평가의 정책의 지향점이 불분명하다. 교육부의 입장은 "경쟁력이 떨어지는 대학들에 대해 교육의 질을 높이기 위한 경쟁을 촉진하고 경영개선을 위한 동력을 제공함으로써 경쟁력을 강화할 수 있도록 유도해 나가기 위한 것"이라고 하지만, 실제로 이 정책이 대학교육의 질을 제고하는데 기여하고 있지는 못하다. 교육의 질 제고와 직접 관련된 지표들이 거의 없고, 그나마 있는 것마저도 배점이 작아 교육의 질 제고의 효과를 기대하기는 어렵다. 진정한 의미의 대학 경쟁력 강화는 우리나라 대학들이 국제수준의 교육력을 확보하는 것을 의미하는 것이지, 재정지원 대학을 벗어나기 위해 대학 간 살아남기 경쟁을 의미하는 것이 아니다.

교육부가 규정하고 있는 하위 평가순위 15% 선정은 지표에 대한 배점을 기준으로 전국의 대학을 평가하여 강제로 정부재정지원제한 대학으로 선정하는 방식이다. 이중 대학교육협의회의 최소 요구기준은 전임교원 확보률 61%, 교사 확보률 100%, 정원 내 신입생 충원률 95%, 정원 내 재학생 충원률 70%, 교육비 환원률 100%, 장학금 비율 10%이다. 이 가운데서 두 가지 이상의 지표를 충족시키지 못하는 대학은 대출 제한대학으로 선정된다. 교육부는 2012년 12월 6일 이 지표의 일부를 개선 보완하여 개선안을 마련하였는데, 개선의 주요내용은 ▷유지 취업률 도입 ▷교내 취업 상한 설정 ▷등록금 절대수준 비중 상향 조정 ▷정원감축에 따른 가산점 부여 등이다.

졸업생의 교내 취업을 3%비율까지 만을 인정한 것은 대학들이 취업률을 올리기 위한 수단으로 교내취업을 이용하는 폐단이 있음을 알았기 때문이다. 또한 취업의 유지율도 반영했다. 이는 대학들이 조사기준일 직전에 단기 취업 등을 활용하여 일시적으로 취업률을 높이는 편법을 막기 위함이다. 등록금

분담 완화율의 경우, 등록금 절대수준과 인하율을 4:6으로 반영했지만 이번의 평가지표에서는 5:5로 조정했다. 등록금 절대수준이 낮은 대학의 현실을 고려한 것이다. 그리고 2013학년도 대학평가에서 부터는 정원감축을 하는 대학에 대하여서는 정원감축률에 따라 평가점수에 일정 가산점을 부여했다.

전문대학의 경우 전문직업인양성이라는 전문대학의 특성을 고려하여 취업률 비중은 유지하되 재학생 충원율은 10% 줄이고, 전임교원 확보율, 교육비 환원율, 산학협력수익률의 비중은 각각 2.5%늘리고, 학사관리 지표비율을 5%늘렸으며, 법인지표 비율 5%을 새롭게 반영한 것이 특징이다. 이 모든 정책기조의 의도는 결국 정원감축에 있음을 알 수 있다.

재학생 충원율을 평가지표로 사용하는 평가방식은 전 세계 어느 나라에도 없는 우리나라가 유일하다. 이 평가방식이 지방대학의 재학생 충원율 경우 불리한 지표라는 평을 받는 이유이다. 교육수요자들이 선호하는 수도권 대학들은 재학생 충원율 하나만으로도 평가에서 유리한 고지에 선다, 수도권 대학들 가운데 재학생 충원율 외에는 상대적으로 내세울 것이 없는 대학이 많지 않지만, 재학생 충원율의 높은 배점의 평가에서 지방대학보다 무조건 유리하다. 사실 재학생 충원율 같은 경우는 각 대학들이 대학의 생존을 위해 스스로 유지하고 관리하는 지표이다. 대학정보공시를 통하여 수요자들이 스스로 판단할 수 있는 것이 재학생 충원율이다. 그냥 두어도 관리될 지표를 과도한 지표로 평가하는 것은 대학을 인위적으로 몰락시키겠다는 심산이다. 비리나 부정부패의 행위가 없음에도 군 입대 휴학 등의 잠정 재학률을 고려하지 않은 채 재학생 충원 율이 낮다고 대학을 구조 조정하는 나라가 있는지 의문이다. '재학생 충원율' 지표의 비중을 없애거나 현저하게 낮추어야 할 것이다.

대학교육의 가시적인 성과로서 취업은 중요한 문제이지만, 취업률로 인해서 취업수요가 제한되어 있는 기초학문분야나 인문학, 예체능분야 등에 대한 고려가 있어야 한다. 취업률을 대학평가의 지표로 반영해야 한다면, 무조건 이 분야들을 취업률 평가에서 제외한다고 해서 능사는 아니다. 사회의 수요를 고려한 적절한 기준점 상정의 방안을 마련해야 한다.

그러나 원론적으로 노동시장의 취업에 대해서 대학이 책임을 지게 하는 것은 상식에 맞지 않는다. 취업률은 노동시장의 수요에 의해 사실상 결정되므로 낮은 취업률은 수요부족이 일차적 원인이다. 대졸 노동력에 대한 기업 측의 수요가 고정되어 있으면, 각 대학들이 아무리 노력해도 동시에 모든 대학의 취업률이 상승할 수는 없다. 기업과 정부 등 노동 수요자들의 노력이 있어야 취업률이 상승할 수 있다. 취업률 지표 역시 지방대학에 매우 불리한 지표이지만, 평가점수의 15%(전문대 20%)를 차지하고 있다. 그러므로 대학 운영자의 입장에서는 취업률을 올릴 수 있는 학과를 확대하는 것이 유리할 것이다. 이렇게 되면, 인문학이나 기초학문분야, 예체능분야 졸업생이 2014년 평가부터는 취업률이 제외된다고 하지만, 이 분야들의 푸대접과 축소는 계속 될 수밖에 없으며 겪어야 하는 고통과 부담은 더욱 가중 될 것이다.

학자금대출에 대한 상환율은 지표구성에서 학자금 대출제한 대학 평가지표의 5%의 비중을 차지하고 있다. 상환율을 지표에 포함시킨 것은 대출금의 상환비율이 곧 대출조건이 된다는 의미로서 이는 일종의 연좌제 같은 것이다. 대출 상환율이 낮은 대학이 불이익을 받게 하는 이러한 사고방식은 취업 후 상환 학자금 융자제도를 대학에 대한 지원이라고 착각하기 때문에 생겨난 오류이다. 더욱이 대출금을 상환하지 않은 개별학생에 대하여 신용불량 등의 제재 조치를 하면서도 상환율이 낮은 대학에 이중 불이익을 받게 하는 것은 모순이다. 물론 대학입학 자체가 학자금대출을 보증하고 있으므로 상환율 저조에 대한 대학의 도의적인 책임은 있다손 치더라도 그것이 대학평가의 지표로 직접적으로 적용하는 것은 문제이다.

상환학자금융자 제도는 대학에 대한 지원제도가 아니라 개별학생에 대한 재정지원 방안이다. 이것은 상환학자금 제도를 시행하면 등록금 부담이 감소하여 대학 진학률이 상승하여 부실대학까지도 살아남는다는 주장이 있기는 하지만, 이는 착각일 뿐이다. 우리나라에서 대학교육에 대한 수요는 등록금 가격에 의해 결정되지 않음을 알고 있지 않는가!

세계 대부분의 대학평가기관들은 신입생 충원율이나 재학생 충원율을 평가자료로 사용하지 않는다. 장학금 지급율, 교육비 환원율, 등록금 인상 수준 등은 정부가 대학교육의 질 관리의 공공적 관점에서 필요한 지표들이다. 이들 지표의 비중이 상대적으로 커져야 할 것이다. 전임교원 확보율도 중요하지만, 교수 1인당 학생 수가 더욱 일반적인 기준이며, 여기에 학생 만족도, 학생비율, 학계의 평가, 교수 연구업적, 고용주 및 노동조합 등의 평가가 더해져야 한다. 우리나라 대학교육의 경쟁력 강화를 원한다면, 신입생·재학생 충원율, 학사관리와 같이 국제적으로 잘 사용하지 않은 지표들을 제외시키고, 국제기준에 맞게 지표를 재구성해야 고등교육의 경쟁력이 상승할 것이다.

교육부의 대학평가의 목표는 결국 대학입학정원의 축소에 있다. 정원감축에 따른 지표에 가산점을 주기로 한 사실만 보더라도 이를 알 수 있다. 이 가산점은 순위 결정에 결정적으로 작용한다.

대학은 기본적으로 교육과 연구 활동 외에도 평생교육 등의 공급을 통하여 지역사회의 문화수준을 향상시키며, 정치의식을 고양하고, 지역사회가 필요로 하는 여러 가지 지식과 기술을 전파한다. 지방대학은 그 대학이 소재한 지역의 경제·사회·문화의 중심이다. 그래서 지방대학은 수도권 보다 지방에서 그 존재 가치가 더욱 커지는데, 이러한 지방대학들이 평가에서 불리한 입장에 처해 구조조정의 대상이 되고 있는 것이다. 취업률과 충원율의 지표가 수도권 대학들보다 약간 낮다고 해서 폐교할 수는 없는 것이다. 지방대학의 여건과 역할을 충분히 이해하지 못한 채, 천편일률적인 지표를 적용하면 부실대학은 지방대학 중심으로만 선정 될 수밖에 없다. 그 지역의 대학을 통해 고등교육에 접근해야 하는 지방 학생들의 입장을 고려할 때이다.

등록금 수입에 대학운영을 의존하는 대학들은 자율적 정원 감축에 응하기 어려울 것이다. 그렇다면 대학이 공정하게 고통을 분담하도록 하면 된다. 대학별 모집인원을 단계별로 20% 정도씩 감축하면 된다. 올해(2013년)의 정원을 기준으로 모든 대학들이 매년 2%씩 10년에 걸쳐 감축하면 해결될 문제이다. 교육수요자에 비해 대학입학 정원이 상대적으로 많은 지역의 대학들은 3%씩 매년 입학정원을 감축하면 된다. 따라서 법률에 의한 일괄 정원 조정이 필요하다. 그리하여 지역별 대학 입학정원을 배정할 수도 있다. 공존을 위한 합리적인 구조조정 방안을 위한 법률제정이 필요하다.

부실하게 운영되고 있는 일부대학의 개선을 통해 교육수요자들에게 좋은 교육을 제공하는 일은 당연한 일이다. 그러나 현재의 대학평가정책은 이러한 정책의지가 있다고 보기 어렵다. 대학을 지원하고 공공성을 강화하는 것이 아니라 대학 퇴출의 형태로 진행되고 있어 대학 죽이기 정책이라는 비판을 면하기 어렵다.

평가지표는 교육수요자들의 판단을 위해 필요하지만, 무리한 구조조정 목적으로 사용되어서는 안 된다. 현재 지표에 의한 경영부실대학의 선정은 대부분 불리한 여건을 갖고 있는 지방대학들이다. 모든 대학과 학문분야에 공정한 평가지표가 개발되어야 한다. 특히 재학생 충원율과 취업률이라는 도깨비 방망이 같은 지표대신 국제적으로 사용되고 있는 평가 지표가 개발되어야 한다. 따라서 대학의 설립목적과 지역을 고려한 평가체제가 필요하며, 대학별 특성화나 중점적 성취가 반영된 평가방식으로 전환하여야 한다. 부실대학 처리에 대한 지역의 여론을 수렴하여야 하며, 부실대학의 판정을 받은 대학들은 정부책임의 공영 사립대학으로 전환하는 것이 바람직하다.

부실대학들은 교육수요자들이 판단하고 이에 따라 자연스럽게 정리되면 되는데, 정부가 앞장서서 무리하게 대학 퇴출을 추진할 이유가 없다. 교육수요자와 지역사회의 피해를 걱정한 것이라면 학생과 교수 및 지역사회의 의견을 중심에 놓고 판단해야 할 것이다. 대학의 구조조정과 개선을 통한 교육력의 강화는 고등교육의 발전을 위해 필요한 일인 것은 분명하다. 그러나 이른바 대학구조조정 정책이 지방대학의 퇴출을 통한 대학입학 정원의 감축에만 목적을 두어서는 안 된다. 정책대안을 마련해야 한다.

첫째, 대학평가의 정책목표가 대학의 경쟁력과 교육성취도의 강화이지만, 현재의 방식은 기초학문분야나 비인기 분야의 몰락을 통해 오히려 학문적 기반과 교육을 약화시키고 지방의 경제·사회·문화의 구심점인 지방대학의 몰락이라는 부작용을 초래하고 있다. 이를 개선하기 위해서는 비인기 분야의 지원책과 더불어 재정지원을 중심으로 지방대학 육성법이 제정되어야 한다.

둘째, 교육의 질 개선을 추구하는 정책의 목표는 오히려 교육비 상승을 가져와 등록금 인상요인으로 작용하고 있다. 평가

지표를 개선하면서 동시에 고등교육재정교부금법 제정을 통한 대학운영비 지원을 통해 교육비 상승에 대처할 필요가 있다. 고등교육에 대한 투자만큼 수익률이 높은 공적 투자 분야가 없다는 것을 인식할 때이다.

셋째, 대학입학정원을 적정수준에서 유지할 수 있는 가장 확실한 방법은 사립대학의 모집정원을 단계적으로 감축하는 것이다. 이를 모든 사립대학에 공평하게 적용하는 법률로 제정하여 모든 사립대학들이 매년 2~3%정도 감축해나가면 된다.

지금의 교육부의 대학평가 대학구조조정 정책은 현명한 전략이 되지 못한다. 교육부의 인위적이며 무리한 대학구조조정 정책은 곧 대학사회의 커다란 저항에 직면하는 국면을 맞이 할 수도 있다. 대학들이 서로 협력하여 공존의 방식을 찾는 것이 좋다. 자유주의 경쟁체제에서 교육부의 지금의 고등교육정책으로 말미암아 대학들이 상업적 경쟁체제에 몰입된다면 미래의 한국 고등교육은 실종될 수밖에 없다.

가고 싶은 학교, 보고픈 선생님

백년도 다 된 듯 한 느티나무를 안고
뒤로는 푸른 산들이 편안하게 누워있는
시골의 작은 학교
학교가 너무 재미있어
내년에 더 많은 학생들이 온다네
학교에 가면 아빠처럼 든든한 선생님
마음이 평온하니 배우는 것도 즐겁다.
선생님이 좋아 듬뿍 사랑받는 학생들
행복을 꿈꾸는 학교
선생님이 그리워 가고 싶은 학교다.

시골의 작은 학교

농촌인구의 급격한 도시이주로 인하여 시골의 학교들이 소규모화 되면서 학교 통폐합정책으로 시골의 학교들이 사라지고 있다. 백년에 가까운 역사를 가진 학교의 아름드리 느티나무 아래, 산자락 풍광 좋은 교정에 몇몇 아이들의 재잘거림이 한가롭게 들려온다. 소규모 학교의 통폐합정책으로 폐교 위기에서 학교 살리기 운동으로 새로운 학교로 탈바꿈한 시골의 작은 학교이다.

이 시골의 작은 학교는 1학년에서 6학년까지가 20여명 이다. 내년에 전학 올 예정인 학생들은 40여명으로 제법 학생이 많아진다. 폐교위기 직전 이 학교 학생 수는 6명이었다. 그러나 이 학교가 폐교되는 것을 안타까워했던 젊은 교사는 학교 살리기 운동을 전개하여 지금의 학교를 유지하게 되었다. 이 학교가 폐교의 위기를 극복하고 학교를 유지한 것은 특별한 것이 없었다. 기존의 교육 형태에서 작은 변화를 시도하였을 뿐이다. '좋은 수업'의 방법을 택하였던 것이다.

먼저 학생의 수업의 방식을 구성적 수업, 의도적 학습, 참학습, 공동학습과 협동학습의 강화, 대화와 토론 수업 확대, 컴퓨터와 인터넷을 활용한 수업 등으로 학습 프로그램을 구성하여 이른 바 교실개혁의 수업을 추진하였다.

구성적 수업에서 학생들의 의미 있는 학습을 위해서는 학생이 자신의 관찰결과와 학습활동의 결과를 반추하는 시간을 갖게 하였다. 학생이 이해하고 있는 것과 관찰한 결과 간에 불일치하다는 사실을 학생이 인식하는 것이 바로 새로운 지식을 구성하게 되는 동기가 되기 때문이다. 학생들에게 문제를 제시함으로써 그들이 이미 알고 있는 지식을 토대로 문제해결을 위한 목표를 세우게 한다. 그리고 학생들이 문제해결을 위하여 간단한 생각모형을 구성하게 하고 경험과 자료의 분석을 통하여 생산적으로 추론하도록 하였다. 이것은 학년별의 교과내용에 맞추어 하도록 하였고, 그러한 시간은 교실 안에서 보다도 수려한 학교주변의 풍광에서 자유롭게 할 수 있도록 하였다. 그리하여 자연스러운 가운데 의도적인 학습을 하도록 유도하였다.

학생 자신으로 하여금 자신이 목표를 설정하도록 하고 그에 맞는 학습을 하도록 하였다. 학습의 목표를 학생 스스로가 인식하고 있으면, 학생은 왜 이 학습활동을 해야 하며 무엇을 할 것인지를 분명하게 알 수 있다. 기존의 교육에서는 교사들에게 교수 목표를 제시하는 것을 강조했으나, 학생들의 의미학습을 위해서 학생들에게 그들 스스로 설정하도록 하게 한 것이다. 많은 학생 수가 아니었으므로 이에 대한 개별 지도 뿐만 아니라 전체적 지도에 있어서도 효과가 있었다. 학생마다 그들 수준에 맞는 그들만의 학습목표를 설정하게 함으로써 학생들 수준에 따른 다양한 학습목표를 설정하게 하고, 나름대로 수준별 학습활동을 할 수 있는 학습 환경을 조성하였다. 한 주제의 단원학습에 있어서도 각 학생의 학습 능력의 수준에 맞추어 자신의 관심과 필요에 따라 다양한 학습목표를 설정하게 하고 그에 따라 학생 스스로의 학습활동을 자유롭게 전개하도록 하였다.

자유스러운 학습활동이 바로 진정한 학습이다. 교사들은 대부분 자연스러운 사실적 상황의 맥락을 거두절미하고 기호화하고 상징화하여 가르친다. 다시 말하면 실제적 상황을 제거하고, 상황적 맥락에서 포착할 수 있는 것들을 가장 단순하게 걸러내어 교육하고 있는 것이다. 그러나 학생들은 무엇을 배우고 있는가? 아무것도 배우는 바가 없거나 배웠다고 하더라도 그것은 실제적인 것과 거리가 먼 추상적인 것만을 배우게 되는 것이다. 예를 들면 학생들에게 구구단을 암기하게 한 다음, 특정수의 곱셈과 나눗셈을 계산하게 하는 가르침은 지식을 단순화해서 가르치는 것이다. 세 명의 학생에게 사과를 2개씩 나누어 주려고 한다면 모두 몇 개의 사과가 있어야 하는지를 실제적인 장면에서 충분히 경험하게 한 후, 구구단 표를 학생들 스스로 만들어 보게 하는 수업활동을 시켜 의미 있는 지식 구성적 학습 활동을 하게 하였다. 즉, 공식에 관련된 실제적인 학습활동을 하게 한 후, 그것으로부터 공식이나 원리를 유도하게 하는 지식구성적인 수업을 하게 한 것이다. 이와 같은 학습활동은 작은 학교였기 때문에 가능하였고, 각 과목의 수업시간의 양은 기준으로 구조화 하지 않고 학습내용의 성격에 따라 늘리기도 하고 단축하기도 하였다.

따라서 학생들은 지식을 단순히 아는 것이 아니라 새로운 지식을 생산하는 능력을 신장할 수 있다. 학생들에게 삼각법에 관한 내용을 추상적 논리의 수준에서 가르치려고 하지 않고 삼각법을 이용하여 학교 앞에 있는 산의 높이를 실제로 측정할 수 있는 수업활동을 창안하여 제시함으로써 학생들은 보다 실제적인 학습을 통하여 의미 있는 지식을 구성한다. 즉, 실제적 경험의 결과를 논리적으로 표현하는 방법을 가르치는 것이다.

이와 같은 학습은 공동학습과 협동학습을 통하여 이루어지는 것이 효과적이다. 사람들은 지식기반의 공동체에서 각자의 기능과 지식을 적절하게 서로 이용하고 서로 학습하면서 살아가는 존재이다. 실제의 현실세계에서 사람들은 문제를 해결하고 과업을 성취하기 위하여 자연스럽게 다른 사람에게 도움을 청하고 또 도움을 주기도 한다.

그런데 교실 수업은 학생들에게 독립적으로 경쟁하면서 학습하도록 가르치고 있다. 그러나 그들은 사회에 나가서 서로 돕고 협동해서 공동의 목표를 추구하면서 생활해야 한다. 그러기 때문에 학생들은 교사와 공동학습과 학생들 간의 협동학습을 통하여 그들의 지식과 기능을 서로 활용하면서 공동의 학습과정을 추구해야 한다. 그러므로 이 시골의 작은 학교는 학습공동체로서 지식추구의 공동체, 실습공동체, 토론 공동체로 운영하여 교실과 학습의 현장에서 공동체의 일원으로 서로 협력하고 협동하면서 미래사회에 적응할 수 있는 학습을 할 수 있도록 하였다.

학습공동체에서는 대화와 토론이 중요하다. 교사와 학생, 학생과 학생간의 대화가 부족하면 공동체가 형성될 수 없으며, 따돌림 현상이 나타나고, 효율적인 수업이 이루어질 수 없다. 대화와 토론을 통하여 너와 내가 이해하고, 내가 보는 세상과 네가 보는 세상을 서로 이해하게 되고, 세상을 바라보는 관점이 달라지며, 세상에 대한 의미가 심화되고 확대 된다. 공동체의 협력과 협동은 참여자들 간의 대화와 토론에 의해 이루어진다. 어려운 학습내용도 학생들의 다양한 관점을 대화를 통하여 서로 나눔으로서 문제가 해결되고 학습내용의 의미를 심화시킬 수 있다. 이 시골의 작은 학교는 대화 토론, 발표, 공동학습결과의 발표 등을 통하여 학습의 효과를 높이면서 공동체의 결속을 강화하였다.

시골의 작은 학교는 컴퓨터와 인터넷을 학습에 최대한 활용하였다. 예를 들어, 사회교과 시간에 학생들은 세계 여러 나라의 인구, 인구밀도, GNP, 교육의 정도, 국민소득 등의 지표를 학생들이 인터넷을 통하여 스스로 조사하게 하여 컴퓨터의 데이터베이스를 구축하게 하는 활동을 통하여 새로운 지식을 구성할 수 있는 실제적인 학습의 경험을 쌓게 하였다. 학생의 입장에서는 자기주도적인 실제적 학습으로서 같은 학습내용이지만 개인별로 자기 적성에 맞는 지식의 구조를 형성할 수 있다.

또한 학생들에게 웹페이지 활용을 통하여 다른 학교 학생들과 협동학습을 할 수 있도록 함으로써 학습 기회를 확대하고 심화 학습을 할 수 있도록 하였다. 디지털 시대의 인터넷 초고속망의 구축은 학생들로 하여금 도시, 농촌 지역, 공장지역, 산악 지역에 소재한 학교의 학생들과 연결할 수 있을 뿐만 아니라 동서남북 세계 여러 나라의 학생들과 공동의 협력학습을 가능하게 한다. 시골의 작은 학교에서는 그 학교의 운동장에서 볼 수 있는 새들의 종류와 서식처를 조사하여 웹페이지에 올렸다. 웹사이트를 통한 공동 협력학습은 각 나라의 새의 종류와 그 서식처에 대한 폭넓고 심화된 학습경험을 할 수 있었다.

폐교의 위기에 있었던 이 시골의 작은 학교는 수업방법의 변화를 통한 교실개혁을 통하여 학생들이 자유스럽게 자기 주도적으로 공부하면서도 도학력평가에서 최우수 성적을 거두었다. 시골의 작은 학교 학생들에게는 학교가 더 이상 통제받고 구속받는 곳이 아니었다. 정말 즐겁고 늘 가고 싶은 재미있는 학교였다. 이 작은 시골학교의 교육방법의 추구는 별다른 것이 없었다. 다른 학교에서도 충분히 활용할 수 있는 방법이다. 다만 차이가 있다면 소규모 학생들이기 때문에 대규모의 학교보다 개별적인 학생지도를 더 많이 할 수 있는 것이었다. 이제 이 시골의 작은 학교는 그 교육의 성과 때문에 전학 올 학생이 증가한다고 한다. 학생의 규모가 커져도 지금의 교육방식의 프로그램을 유지한다고 자신 있게 말하는 이 시골의 작은 학교 선생님들의 다짐에서, 교육개혁은 학교의 크기가 아니라 교육 본연의 모습을 찾아 노력하는 가르치는 사람들의 의지의 문제라는 것을 확인시켜 주었다. 대한민국의 모든 학교가 이 시골의 작은 학교처럼 된다면 나라의 융성은 더욱 앞당겨 질 것이다.

선생님이 든든한 온화한 학교

교직에 있는 사람이라면 누구든 Henry Van Dyke의 무명교사의 예찬론을 모르는 사람은 없을 것이다.

"나는 무명교사를 예찬하는 노래를 부르노라. 전투를 이기는 것은 위대한 장군이지만, 전쟁을 승리로 이끄는 것은 무명의 병사로다. 새로운 교육제도를 만드는 것은 이름 높은 교사이지만, 젊은이를 바르게 이끄는 것은 무명의 교사로다. 그가 사는 곳 어두운 그늘, 가난하되 이를 감수하도다. 그를 위하여 부는 나팔 없고, 그를 태우고자 기다리는 황금마차 없으며, 금빛 찬란한 훈장이 그를 장식하지 않도다. 묵묵히 어둠의 전선을 지키는 그, 무지와 우매의 참호를 향하여 돌진하는 그, 날마다 쉴 줄 모르고 젊은이의 적인 악의 세력을 정복하고자 싸우며, 잠자고 있는 정기를 일깨우도다. 게으른 자에게 생기를 불어넣어 주고, 하고자 하는 자를 고무하며, 방황하는 자에게 안정을 주도다. 그는 스스로 학문의 즐거움을 가르침에서 전해 주며, 지극히도 값있는 정신의 보물을 젊은이들과 더불어 나누도다. 그가 켜는 수많은 촛불, 그 빛은 후일 그에게 돌아와 그를 기쁘게 하나니, 이것이야 말로 그가 받는 보상이로다. 지식은 책에서 배울 수 있으되, 지식을 사랑하는 오르지 따뜻한 인간적 접촉으로써만 얻을 수 있는 것이로다. 온 세상을 두루 살피되, 무명의 교사보다 찬사를 받아 마땅한 사람이 어디 있으랴. 민주사회의 귀족적 반열에 오를 자, 그밖에 누구일 것이고, '자신의 임금이요, 인류의 공복인 저!' ”

선생님은 학생을 지키는 든든한 무명의 용사와 같다. 교사는 자기 스스로 든든한 학교 지킴이가 되고자 학생들을 가르치는 분야에서 학생들이 배움에 익숙할 수 있도록 무명의 용사처럼 용감해 진다. 학생을 지키고자 하는 든든함은 학생을 전문적으로 잘 가르치려고 함이다. 선생님은 날마다 쉴 줄 모르고 학생들의 공부의 적인 게으름과 나태함을 물리치려고 학생들을 북돋아 주며 편안하고 온화하게 해준다. 그래서 그는 끊임없이 그의 전문성을 신장하려고 노력한다. 교사의 전문성은 곧 그의 든든함이며 그 든든함으로 학교를 온화하고 평안하게 한다.

교사는 그가 가르쳐야 할 내용과 그것을 가르치는 방법에 관하여 늘 학생의 입장에서 생각하며 노력한다. 이것이 교사의 전문성이다. 교사의 전문성은 교사의 전문직으로서의 권위를 구성하는 핵심 요소이다. 그래서 교사는 가르침의 전문성인 교수-학습의 질을 높이고 있는 것이다. 든든한 선생님의 모습은 전문가로서의 자율성을 확보하는 것이며, 학교를 자율적으로 경영하여 온화한 학교를 만드는 것이다. 선생님의 든든함은 학교 자율경영의 폭을 넓히고 관료주의적 행정방식을 탈피하여 교육정책과정에도 그들 의견을 소신 있게 반영하는 것이다.

든든한 선생님은 그의 전문성과 함께 학생들을 대할 때 학생들이 평온함을 느낄 수 있어야 한다. 아침 학교 등굣길에 들어서면 교문 앞 학생지도를 위해 나오신 선생님이 학생들을 향해 온화한 미소를 띠고 있으면 학생들은 마음이 평안해 진다. 설령 무엇인가 위반한 학생이 있어도 자애로운 모습으로 진중하게 타이르면 학생들은 편하게 잘못을 느낀다. 왠지 잘못을 다독거려주는 시골의 외할아버지 같은 느낌으로 학생들을 대하면 학생들은 학교에 들어서는 마음이 뿌듯하고 즐거워진다.

아침 학급조회의 선생님의 모습은 명랑한 것이 좋다. 아직 잠이 절반쯤 깬 아이, 아침을 허겁지겁 먹고 온 아이, 늦잠자서 아예 굶고 온 아이, 지각할까 뛰어오느라고 숨이 찬 아이, 학교에 일찍 와서 엎드려 자는 아이, 이 모든 학생들의 모습을 보라, 그래도 학교에 오겠다는 일념하나로 모두 진중한 표정이지 않는가. 이런 학생들을 어떻게 관심 밖으로 버려두겠는가. 선생님은 밝고 명랑하게 이들에게 청아한 느낌으로 아침을 일깨워 주듯 마음에 맑은 바람을 불어 넣어주면 이들에게는 우리 선생님이 참 든든하다. 학교는 정말 온화한 곳이라고 느낄 것이다.

수업시간에 선생님의 든든함은 학생들이 몰라도 또 가르쳐 주고, 가르쳐 주며 그의 가능성을 끊임없이 격려해 주고 칭찬해 주어야 한다. 칭찬은 고래도 춤추게 한다. 미국의 한 유명한 외과 의사는 고등학교 시절 부모도 담임선생님도 포기한 불량학생이었다. 3학년으로 진급하였을 때 2학년 담임선생님은 3학년의 새로운 담임선생님께 매우 불량한 학생이라며 특별한 생활지도가 있어야 할 것이라고 인계하였다. 새로운 담임선생님은 그 학생을 불러다 놓고 보니 과연 태도부터 불량한 학생이었다. 껌을 질겅거리며 씹고 있었고, 머리는 장발에 복장은 청결하지 못했다. 그리고 선생님 앞에서도 껄렁거리는 모습으로 몸을 좌우로 건들거리며 서 있었다. 어디 하나 제대로 봐 줄 수가 없었다.

선생님은 그 학생에게 말을 걸어 보았다. 대답하는 말들은 모두 공손하지 못했으며, 비속어를 사용하였고, 극도로 상대방을 불신하듯 경계하였다. 그 학생을 관찰하던 선생님은 그 학생의 불량스러운 모습에도 불구하고 그 학생의 손이 유난히 곱고 깨끗하다는 것을 발견하였다. 선생님은 그 학생의 손을 잡아주며 "네 손은 참 곱고 깨끗하며 아름답구나, 이 곱고 아름다운 손으로 너는 참 훌륭한 일을 할 수 있겠구나." 라고 격려 담긴 칭찬을 해주었다.

"뭘요…… !!" 퉁명스럽게 대답하고 나간 그 학생이었지만, 그 학생은 선생님을 만나고 나와서 자기 손을 이리 저리 살펴보았다. 자신이 보아도 정말 손이 예쁘고 아름답게 보였다. 그 학생은 자기 손으로 할 수 있는 일이 무엇이 있는지 생각하기 시작하였다. 어느 영화에서 고통스런 외과 환자를 수술하여 그

수술 부위를 꿰매는 의사의 손놀림이 크로즈업 되었다. 말끔하고 정밀한 손놀림이 마치 자기의 손과 닮았다는 생각이 들었다. 평생 처음으로 들어 보는 선생님의 칭찬도 생각이 났다. 그 학생은 외과 의사가 되기로 작정을 하였다. 굳게 마음을 먹은 그 학생은 누가 시키지 않아도 열심히 공부를 시작했다. 그리고 의과 대학에 진학하였다. 마침내 그는 그의 손을 사용하여 많은 병자들을 치료해 주는 세계 최고의 외과 의사가 되었다.

이 이야기는 그 유명한 외과의사의 성공담이다. "고등학교 불량학생 시절에 3학년 담임선생님의 손에 대한 칭찬이 없었더라면 그는 외과의사가 될 수 없었을 것이다."고 하였다. 선생님의 칭찬 한마디는 태어나서 누구에게도 칭찬과 인정을 받아본 경험이 전혀 없었던 그에게는 그에게 든든한 위로가 되었다는 것이다. 그 뒤로부터 학교 가는 일이 즐거웠고, 학교는 정말 평온하고 따뜻한 곳이었다. 자기의 손을 칭찬해 준 선생님을 보는 것만으로도 그는 늘 마음이 든든했고 그의 꿈을 향해 열심히 노력하는 학교는 공부를 즐겁게 할 수 있는 따뜻하고 평온한 보금자리 같은 곳이었다.

학교를 가는 학생들은 선생님을 만나러 간다. 선생님이 믿고 의지할 수 있는 든든함이 느껴지면 학교가 즐겁다. 그것은 마치 엄마 아빠가 있는 가정의 든든함을 믿고 자신 있게 모든 활동을 할 수 있는 이치와 같다. 선생님이 든든하면 학교가 우리집 같다. 든든한 선생님은 모든 것을 잘 가르쳐 준다. 선생님은 한껏 전문적인 능력으로 무장한 용감한 무명의 용사처럼 나에게 침범한 게으름과 우매함과 무지를 물리쳐 주고, 나에게 용기와 도전과 앞으로 나갈 수 있는 정기를 불어 넣어 준다. 그리하여 공부하는 즐거움을 일깨워 준다. 잠시도 게으름을 피우지 못하도록 부지런하게 하라고 그가 갖고 있는 정신적 보물을 나누어 준다. 그리고 따스하고 안옥하게 감싸준다. 정말 온화함으로 가득한 든든한 선생님이 계시는 학교다.

학생들은 자기가 다니는 학교가 좋은 학교이기를 바라는 명예심을 가지고 있다. 설령 학업에 관심이 없는 학생이라도 우리학교의 명예가 서면 자랑스러워 한다. 학생들은 모든 것을 선생님에게 의존한다. 그래서 든든한 선생님이 우리 학생들에게는 필요하다. 학생의 미래의 희망을 선생님의 든든한 말 한마디로 하늘 높이 쏘아 올릴 수 있다. 온화한 학교를 보금자리 삼아서……

배움이 즐거우면 그것이 교육복지다

교육에서 복지 논쟁이 한창이다. 무상급식이 그 대표적이다. 무상급식 보편적인 교육복지라는 취지로 그것이 일부 시행되고 있지만, 무상급식을 위한 재원 문제 때문에 이에 대한 문제해결 방안은 아직도 진행 중이다.

무상급식 찬성론자들은 선별적인 저소득층 급식지원 방식보다는 무상급식 방식이 경제적인 효과가 크다는 것이다. 즉, 무상급식이 먹을거리 문화, 지역경제 활성화를 가능하게 만든다고 본다. 나아가 무상급식은 친환경적인 식자재를 제공함으로서 학생들의 건강에도 좋고 농민들의 안정적인 소득의 확보에도 좋고, 도농 간의 복합적인 발전에도 도움이 되어 전반적인 경제적 승수 효과를 올릴 수 있다는 것이다.

무상급식의 이러한 취지는 학생들이 성장하는 과정에서 좋은 음식을 먹고, 건강한 시민으로 성장하는 것이 필요하며, 교육당국은 이를 뒷받침해 주어야 한다고 한다. 친환경 무상급식으로 개선해 가면서 이로 인하여 농업도 안정적인 생산을 해나갈 수 있는 조건을 갖추도록 교육이 거기에 이바지하는 것이 교육복지의 일환이라고 생각하는 것이다.

또 무상급식 학교가 늘어나면 의무교육은 무상이라는 헌법가치가 실현이 되고, 눈칫밥 먹는 학생이 없어지고, 학부모의 경제적 부담의 경감과 가난을 증명하는 불필요한 서류 작업들이 없어져 학생들이 차별 받지 않고 친구들과 행복하게 점심을 먹게 되어 교육적 효과도 크다는 것이다.

그러나 무상급식을 반대하는 입장은 무상급식이 과연 의무교육의 사안에 속하느냐 이다. 의식주는 인간의 교육적 행위 이전에 기본적으로 해결해야 하는 사안이기 때문에 인간의 기초 생활 영역인 식생활까지를 의무교육에 포함시켜 추진하려고 하는 것은 선심성복지 정책이라는 것이다. 의무교육은 학비와 학습에 필요한 교육재료의 비용을 지원하는 것에 한정하는 것이 보편적인 의무교육의 무상지원의 관례인데, 학교에서 점심 한 끼 먹는 것까지 국민의 세금으로 지원할 것까지 있느냐 하는 것이다. 오히려 무상급식은 먹는 기본 욕구까지도 획일적으로 줄을 세워야 한다면 학생들의 다양성을 먹는 것에서부터 통제되어 오히려 비교육적인 효과를 낳을 수 있다고 주장한다. 그리하여 무상급식을 인기위주의 포퓰리즘 정책, 좌파급식, 북한식 사회주의 논리 등으로 무상급식을 폄하하고 있다. 학생들의 공짜 점심을 놓고 어른들이 정치와 이념의 논쟁까지 치닫고 있다.

학생들의 점심 한 끼를 공짜로 주느냐 그렇지 않느냐는 학생들의 학업성취와는 크게 상관관계가 없다. 어차피 급식비를 내는 것과 그것을 세금으로 충당하는 것은 궁극에 가서는 그 부담율의 심리적 효과는 같기 때문이다. 무상급식은 기초생활

지원에 해당 할지는 몰라도 그것을 보편적 교육복지라고 견강부회하는 것은 아무리 그 취지가 좋다고 해도 과도한 교육적 포퓰리즘 정책이다. 끄집어내지 않아도 될 무상급식의 의제를 정치 정략적 의도로 제기하여 여론의 도마 위에 올려놓아 교육지자체 교육감 출마자들이 그것을 자기에게 유리하게 요리하여 먹을 심산이라면, 그것은 교육을 정략적으로 활용하는 것이지 결코 교육복지라고 볼 수 없다.

교육복지는 점심을 균등하게 먹느냐의 직접적인 문제가 아니라 교육기회의 불평등의 문제라고 이미 50년 전 미국의 콜멘 보고서와 영국의 프라우든 보고서가 밝힌 바 있다. 교육기회의 불평등의 문제를 교육 수요자의 교육의 소유와 투자의 관점에서 파악하고 있다. 교육현장에서의 빈익빈 부익부의 문제로 점심의 공짜 여부를 넘어서는 관점이다. 50년이 지난 지금, 이 보고서들의 관점에서 본다면 사회균등과 사회정의를 실현을 위한 복지는 지금의 우리의 교육제도로는 해결될 전망이 없다. 자본주의 사회의 빈부격차로 인한 사회적 불균형은 자본주의 체제가 갖고 있는 가장 큰 문제이기 때문에, 우리가 살고 있는 자본주의 체제의 입장에서 보면 지금의 교육제도가 이를 부추기고 있다.

우리 사회에서는 교육이 곧 학교라는 도식이 성립되어 있다. 그러므로 우리의 삶은 학교 교육의 정도에 따라서 좌우되고 있다. 학력과 성적이 인생을 결정하고 있는 것이다. 다시 말해 교육의 정도에 따라 우리의 삶은 제한되거나 확장되어지는 것이다. 따라서 우리 자본주의 체제의 교육에서 학교 교육의 낙오자나 상급학교 진학의 성패에 대한 책임은 개인에게 돌아간다.

이와 같은 교육체제 구조의 특징은 학부모들이 자녀교육을 위해 모든 삶을 다 걸 정도로 치열하다. 자녀교육을 위해 투자한 사교육비가 연간 30조원이 넘는다는 사실은 우리의 교육이 극심할 정도로 경쟁에 매몰되어 있다는 것을 말해 준다. 학부모들은 자녀의 학교성적 경쟁이나 대학입시에서 우선권을 점하려고 학원과 과외에 막대한 사교육비를 투자한다. 이것은 국가가 성적경쟁이나 대학입시에서 탈락한 자들에 대한 사회적 수용의 대안과 교육적인 대책은 없고, 경쟁과 입시에서 낙오 되고 탈락한 책임의 전부를 가정과 개인에게 돌리기 때문에 전 재산을 걸고 도박을 하듯 사교육 시장에 투자를 하는 것이다.

자본주의 사회의 이 같은 교육경쟁의 문제는 교육이 '돈'에 의해서 결정된다는 것이다. 자녀의 성적향상을 위해서 고액학원, 고액과외는 물론이고, 악랄하게도 내신성적 향상을 위해서 교사를 촌지로 매수하는 '교육파렴치' 행위까지 서슴치 않는다. 수단과 방법을 가리지 않는다. 수단과 방법을 가리지 않는 교육에 대한 비교육적 투자로 인하여 투자의 비율에 따라 내신성적도 높아지고 소위 일류 대학에 진학하는 비율도 높아지는 자본주의 사회 교육의 냉엄한 현실이다.

좋은 대학을 졸업한 자들은 그만큼 사회적 출세도 보장되고 그 출세 집단들은 다시 그들이 얻은 사회적 기득권을 바탕으로 자녀들의 교육에 고액학원이나 고액과외를 투자하여 교육의 실제적인 경쟁에서 우위를 점하게 된다. 속된 말로 돈 놓고 돈 먹기식의 악순환이 계속되고 있는 것이다.

결국 자본주의 교육현실의 부익부 빈익빈 현상은 사회의 부익부 빈익빈 현상으로 이루어진다. 빈곤의 악순환이 이루어지고 있는 것이다. 이것은 교육에서 빈곤이 세습되어짐을 의미한다. 교육의 부익부 빈익빈 현상은 계층 간의 위화감과 사회적 불평등으로 인한 교육기회균등이 실현을 막는 주범이 되고 있는 셈이다. 교육의 부익부 빈익빈 현상으로 인한 교육 불평등의 악순환의 고리는 교육자체의 문제라기보다는 이제 사회제도의 문제의 시각에서 봐야 한다.

만약, 교육의 부익부 빈익빈 문제에 대한 사회적 차원의 정책의 빈곤이나 무대책으로 인하여 우리의 교육에서 더욱 골이 깊어질 불평등과 위화감, 그리고 그로 인한 교육의 기회균등의 불합리가 가중된다면, 그 책임은 자본주의 논리에 영합한 교육체제에 있는 것이다. 지금 우리 사회는 자본주의 경쟁체제에서 교육에도 자본주의 논리가 정치적으로 투영되어 무상급식과 같은 문제를 교육의 기회균등이니 무상교육의 문제와 관련지어 교육복지의 논쟁을 불러일으키고 있다.

교육복지 차원의 중요한 과제는 무상급식의 전면 실시의 여부를 떠나 교육의 빈익빈 부익부 현상을 극복하는 교육의 현실적 평등을 추구하는 노력이 국가 사회적인 차원에서 이루어져야 한다. 학생들은 점심을 공짜로 먹기 위해서 학교를 가지는 않는다. 급식을 돈을 내고 먹든 무상으로 먹든 학생들의 배부른 포만감은 학교에서 어떻게 배우고 있느냐에 달려 있다. 즐겁게 배우고 만족하면 돈을 내고 점심을 먹어도 배부르고 풍족한 마음일 것이고, 공짜로 점심을 먹어도 무엇을 배웠는지 학교에 왜 내가 왔는지를 모른다면 점심을 먹어도 허탈할 것이고, 먹고 싶은 마음이 없을 것이다. 학교는 먹는 곳이 아니라 배우러 오는 곳이기 때문이다.

따라서 교육의 불평등을 극복하는 길은 학생들이 모두 즐겁게 배우고 민족한 교육의 평등이 이루어져 모든 사람이 무상급식처럼 교육의 혜택을 골고루 받을 수 있도록 하는 교육복지가 이루어져야 한다. 국가는 교육복지를 통한 인간복지의 구현을 모색하기 시작해야 한다. 학생들의 배움이 즐거우면 그것이 교육복지인 것이다.

존경받는 선생님, 사랑받는 학생

우리나라만큼 선생님을 존경하고 학생을 사랑하는 사제지간(師弟之間)의 문화가 아름다운 나라는 세상의 어느 다른 문화에서도 찾아 볼 수가 없었다. 전통적으로 군사부일체(君師父一體)라고 하여 스승을 임금이나 어버이 같은 존재로 여겨 최고의 예우와 존경을 받는 대상이었다. 또 청출어람(靑出於藍)이라고 하여 제자가 공부를 하고 나면 스승보다 더 훌륭하다는 것은 스승의 사랑 받는 가르침으로 인하여 능력과 인품이 도야됨을 의미하였다.

이와 같은 사제 간의 문화는 우리 한국교육을 버텨온 가장 든든한 버팀목이었다. 열악하기 그지없는 교육의 여건 속에서도 선생님에 대한 존경과 제자에 대한 사랑의 한국적인 교육문화가 국가 발전의 역할을 할 수 있었던 가장 중요한 근원도 여기에 있었다.

그러나 이러한 사제지간의 문화의 교육 덕분에 국가의 발전이 이루어지고 사회가 풍요로워진 지금에 오히려 학교붕괴의 현상이 나타나면서 아름답고 미덥던 사제지간의 불신과 반목으로 얼룩지는 양상을 보이고 있어 교육의 위기라는 말까지 나오게 되었다. 오죽하면 선생은 있으되 스승은 없고, 학생은 있으되 제자는 없다는 자조적인 말이 나오는 우리 교육계의 현실이고 보면, 선생님에 대한 존경과 학생에 대한 사랑이 없는 우리 교육의 실상이라는 것을 말해준다.

한 조사 기관에서 교사들을 대상으로 조사한 결과에 따르면 사제지간을 단순히 '가르치고 배우는 관계일 뿐'이라고 응답하였다고 한다. 학년이 올라갈수록 사제관계가 메마르고 삭막하다는 결과도 나오고 있다. 학교현장의 실상은 선생님이 학생들로부터 전혀 존경을 받고 있지 못하고 있을 뿐만 아니라 불신과 대립이라는 말로 사제지간을 표현하고 있으니, 참으로 안타깝고 슬픈 일이 아닐 수 없다. 무엇보다도 슬픈 일은 선생님 자신이 사제지간을 더 부정적으로 본다는 점이다. 학생들의 기본예절 및 생활습관의 결여가 문제라는 것이다. 즉, 요즘 아이들이 버르장머리가 없어서 선생을 선생으로 보지 않는다는 것이 선생님들의 생각이다.

여기에 정부의 교육개혁 정책의 초점이 교원을 대상으로 하기 때문에 이로 인한 교원경시와 사기저하 정책, 학생인권조례의 제정으로 인한 생활지도의 제한, 수요자 중심의 교육정책으로 인하여 학부모들의 학교 운영의 과도한 참여 등이 사제지간의 불신의 요인이라고 하였다.

학생과 학부모들은 교사가 존경받지 못하는 요인을 주로 선생님 자신의 문제로 돌렸다. 즉, 학생들은 교사의 전문성 부족 및 학생지도 방법의 문제, 체벌금지 수요자 중심정책, 일부 선생님들의 촌지 문제 등이다. 학부모는 촌지문제 등의 교육부조리, 교육의 전문성 부족, 정부의 교육경시의 사기저하 정책에 원인이 있다고 하였다.

선생님이 학생, 학부모, 그리고 사회로부터 신뢰와 존경을 받아야 교육이 바로 선다는 것은 명약관화한 사실이다. 사제지간의 존경과 사랑이 없이 무관심과 불신이 팽배해 있다면 그것은 결코 교육일 수 없다. 신뢰와 존경을 받는 선생님만이 스스로 보람 있는 자아실현의 길을 갈 것이며, 이러한 선생님과 함께 공부한 학생들에게서만 밝은 국가의 앞날을 기대할 수 있다.

선생님들이 신뢰와 존경을 회복하는 길은 국가와 사회가 선생님들이 존경받을 수 있는 풍토를 만들어주는 것이고, 또 선생님 자신이 신뢰와 존경을 받을 수 있도록 그 자질을 스스로 함양하는 것이다. 교원을 경시하며 소수의 부패와 비리적 측면을 전부인양 들추어내며 무능하고 불성실한 대상으로 치부하여 교원을 쇄신하는 정책이 중심이 된다면, 선생님은 결코 신뢰와 존경을 받을 수 없다.

국가는 교사들의 힘을 북돋아 주는 정책을 모색하여야 한다. 국가가 교원을 높이 보고 모시는 모습을 학생들과 학부모들이 직접 느끼고 보았을 때 선생님에 대한 신뢰와 존경은 자연스럽게 회복될 것이다. 언론도 마찬가지다. 일부 교원의 흠이나 들춰내는 비리의 고발적 태도에서 벗어나 다수의 훌륭한 선생님들의 모습을 찾아내어 세상 사람들에게 사표가 되게 하는 일을 언론이 앞장서서 감당한다면, 선생님은 존경과 신뢰의 표상이 될 것이다.

그러나 무엇보다도 교원 자신이 교육전문가로서 노력이 배가 되어야 신뢰와 존경을 얻게 된다. 누가 말하지 않아도 사회의 흐름에 대처하면서 청소년과 함께 호흡할 수 있는 감성을 개발하고, 자신의 전공 분야에 대한 고도의 전문성과 창조성을 갖춘 늘 푸른 소나무처럼 굳건해야 모든 이로부터 신뢰와 존경을 받을 것이다.

교사가 존경받기 위해서는 교육적 권위가 반드시 필요하다. 교육은 학생들에게 영향을 미치는 것이고, 변화와 촉진을 이끌어내는 계획적인 일이며, 이끌어주고 모범을 보이는 것이기 때문에 당연히 교사는 권위를 지녀야 한다. 따라서 교육적 권위는 교육을 위해서 교사에게 필요하다. 그러므로 교사가 존경과 신뢰를 받게 되는 것도 결국 교육적 권의를 지녔을 때 가능한 것이다.

권위에는 권위의 원천과 역할에 따라 법률적 제도적 권위도 있고, 도덕적 또는 인격적 권위도 있고, 전문적 권위도 있다. 이런 모든 것을 포함하는 권위가 교육적 권위이다. 교육적 권위는 단일한 형태를 갖고 있다기 보다는 복합적인 성격을 띠고 있다. 교원의 권위는 법률적, 제도적 권위와 관련이 있다. 선생님 자신의 생활을 도덕적으로 잘 다스려 인격적으로 모범을 보인다면, 도덕적이고 인격적인 권위를 지닌 것이 된다. 또한 교사의 자신의 전문영역에 대해 폭넓고 깊이 있는 지식과 기술을 지니고 가르치는 일에 독특하고 개성적인 능력과 자질을 갖추었다면 전문적 권위를 지닌 것이다.

따라서 이들의 권위를 조화롭게 종합한 것이 교육적 권위라고 할 수 있다. 선생님이 교육적 권위를 갖추고 있다고 하는 것은 교원 자신은 물론, 교육이 큰 힘을 갖게 만드는 원인이 된다는 점에서 교육적 권위의 의의가 있다. 법률적, 제도적 권위는 국가와 사회가 주도적으로 감당해야 할 몫이지만, 인격의 권위와 전문적 권위는 선생님 자신이 주도적인 노력에 의하여 형성되는 것이다. 교원이 인격적 권위와 전문적 권위를 스스로 갖추었을 때 제도적 권위와 법률적 권위도 비로소 인정이 되는 것이다.

교원의 권위가 교육적 권위로 완성되는 것은 교원의 자율성이 바탕이 된다. 자율은 자유 민주주의를 움직이는 중요한 원리중의 하나이다. 자율은 자유와 책임이 조화를 이루는 덕목이다. 교육은 자율을 그 기본 바탕으로 하여 구성되고 실천된다. 가르치는 일을 직접 담당하는 선생님에게는 최대한의 자율성이 보장되어야 교육이 제자리를 찾게 된다.

선생님이 자율성을 발휘하기 위해서는 자유와 책임을 부여하는 자율적 교육행정체제가 필요하다. 아무리 자질이 뛰어난 선생님이라고 하더라도 행정기관이 일일이 지시하고 간섭하는 체제에 순응만 해버리고 자율성을 발휘하지 못하면, 교육의 행위에 있어서 행정기관에 구속되고 만다. 교육행정기관의 지침의 범위안에서 교육적 전문성의 자율성을 학생의 교육적 관점에서 발휘해야 한다. 최근들어 교육자치제의 활성화로 교육행정의 풍토가 일선 교사의 자율성을 강조는 하고 있으나 여전히 우리의 교육행정 중앙집권적 지배권은 남아 있다.

교육행정에서 일반직 공무원이 독과점하는 행정체제에서는 여전히 교원의 자율성을 발휘하기란 어려운 일이다. 따라서 선생님이 교육에 있어서 자율성을 발휘하기 위해서는 교육행정의 민주화가 필요하다. 교육에 대한 책임은 교원의 자율에 맡기고 교육행정기관은 이를 지원하는 것을 기본전제로 하는 행정이 이루어져야 한다. 지금껏 교육행정이 교육에 필요한 인적자원과 물적 자원, 조건정비를 해야한다는 통념을 폭넓게 적용하여 교육실제에 지나치게 간섭해 온 것은 사실이다.

선생님에게 자율을 부여해야한다는 근거는 교원의 전문성이다. 자기 전공분야의 전문성, 가르치는 일의 전문성, 보편적인 분야에서 알 수 없는 고도의 전문성을 연마하고, 이를 최대한 발휘할 수 있는 교사의 전문성만이 자율성을 가질 수 있는 것이다. '교육의 질은 교사의 질을 능가 할 수 없다'는 말은 교사의 전문성을 의미 한다. 교사의 질은 지적인 능력뿐 만이 아니라 윤리적이며 도덕적이고 사회정서적인 요소를 모두 포함한다. 학생을 사랑하고 학생들의 세계를 공감하는 자질을 가진 선생님이라야 존경 받을 수 있는 것이다.

교육에 있어서 교사의 자율성과 전문성은 수레의 바퀴처럼 유기적인 관계를 가지고 있다. 지식과 기술, 가치관과 태도가 아름답게 조화를 이루어 튼튼하게 짜여진 교원의 전문성이 스스로 책임지는 자기규제를 통하여 학생을 사랑하고 성장시키는 자율성으로 수놓아 진다면 교육은 변화와 혁신으로 새로운 지평을 열어 갈 것이다.

교사의 모든 권위는 학생들로부터 나온다. 학생들이 선생님을 존경할 때 교사의 모든 권위는 형성된다. 학생이 선생님을 존경하는 것은 선생님이 학생을 사랑하는데서 시작된다. 교사 자신이 전문성을 가지고 학생을 사랑으로 가르칠 때 학생은 선생님을 믿고 따르며 존경하게 된다. 선생님을 존경하고 학생을 사랑하는 사제지간(師弟之間)의 문화가 아름답게 되살아나 스승을 어버이처럼 존경하고, 청출어람(靑出於藍)의 사랑받는 제자가 될 것이다. 존경받는 선생님, 사랑받는 학생 이것이 원래 우리 교육의 모습이다.

꿈으로 가득 찬 행복한 학교

요즈음 교육과 관련한 화두는 '꿈과 끼를 살리는 교육' '행복한 학교' 등이 한창이다. 모두 박근혜 정부가 들어서면서 교육에 대한 정책 의제의 바탕으로 삼는 내용이다. 여기에 창조성이 곁들여 진다. 어느 때 보다도 교육의 실천적 지향점으로 교육다운 교육지향점의 명제라 할 만하다. 역설적으로 그동안 우리의 학교는 꿈과 끼를 살리는 교육을 하지 못했으며, 학교가 행복하지 않았다는 것이다. 요는 꿈으로 가득찬 행복한 학교를 만들어야 한다는 의미다.

학교에 문제가 많은 것이다. 학교의 문제는 이미 학교의 붕괴라는 표현으로 대두되었다. 그동안의 학교는 지식의 상징이며 존경의 대상으로 사회발전을 위한 수단으로 여겨 왔지만, 우리 사회의 패러다임이 디지털시대로의 급속한 변화를 겪으면서 학교에도 그 변화의 영향을 받았다. 소셜네트웍의 사회는 사회변화에 따르지 못하는 학교를 짧은 기간 안에 문명의 미아로 만들어 버렸다. 천천히 차근차근 가르치는 교육은 광속(光速)만큼이나 빠른 정보화 시대에 뒤떨어져서, 그만, 디지털의 태풍에 산산이 부서져 쑥대밭이 되고 만 것이다.

변화의 소용돌이 속에서 학생들은 학교를 도외시하고, 학부모는 학교를 불신하고, 교사는 학교를 두려워하는 현상이 일어났다. 학교가 붕괴된 것이다. 하지만 학교 붕괴 현상을 시대의 탓으로만 돌리기에는 우리 학교들이 문제가 많다.

학교붕괴 현상은 사회적 영향 탓은 부차적인 문제이다. 근본적으로는 교사와 학생의 공감대 부족과 교육내용과 교육방법의 부적정성에 있다. 이것은 학생의 학습과 직접적으로 관련되어 있다. 학생들에게 꿈을 심어 주지 못한 불행한 학교인 것이다. 기본적으로 교사와 학생은 공감대를 우선적으로 형성해야 한다. 공감대는 교사와 학생이 같이 꿈꾸는 것이다.

학교가 붕괴되었다고 하는 가장 기본적인 문제는 학교에서 선생은 선생대로, 학생은 학생대로, 서로 상호작용의 공감대를 형성하지 못하고 대립의 양상을 보이고 있는 것이다. 학생들은 사회 패러다임의 변화와 함께 급속하게 변화해 왔다. 학생들의 적응 형태는 다중적인 경향을 띠게 되어 학생들의 반응을 예측하기 어렵고, 평범한 것 보다는 튀는 것을 좋아 하며, 대등한 인간관계를 요구하고 있다. 이에 반하여 기성세대인 교사들은 보수적인 성향을 지닌 집단으로서 학생들의 급격한 변화를 따라 잡기에는 역부족이다. 이처럼 교사와 학생간의 차이는 같은 꿈을 공유하는 공감대를 형성하는데 장애가 된다.

교사와 학생은 같은 장소에서 함께 생활을 하고 있으면서도 서로 다른 생각을 하고 있다. 교사는 수요자 중심의 교육정책으로 인하여 학생들은 자기들이 원하는 것만을 하려고 하고, 이것이 학생들을 통제할 수 없는 지경에 이르렀다고 생각하는 것이다. 반면에 학생들은 학교와 교사의 권위에 의하여 자신들의 존재가 무시되고 피해를 입어 왔기 때문에 자신들은 학교와 교사를 배척할 수밖에 없게 되었다는 것이다.

이렇게 교사와 학생의 갈등이 심화된 데는 사회, 가정, 교육정책 등의 다양한 요인들이 종합적으로 작용되고 있겠지만, 교사와 학생의 공감대 부족이 가장 주요한 요인이다. 학생들은 다중 방송의 발달로 인하여 원하는 프로그램을 볼 수 있고, 인터넷과 스마트폰을 이용하여 언제 어디서라도 원하는 정보를 얻을 수 있고, 통신을 할 수 있다. 학생들은 더 이상 참고 있지 않으며, 하고 싶은 것만을 하고 싶어 하고, 자신들 위주로 행동하고 싶어 한다.

한편 선생님들은 아직도 선생님은 학생들에게 존경의 대상이라는 믿음을 가지고 있다. 선생님께서 하신 말씀을 따르는 것이 학생의 도리이고, 학생이라면 수업시간에 선생님의 수업을 들어야 하며, 열심히 공부해야 한다고 생각하고 있다. 이러한 생각을 가진 학교 선생님들은 학생들의 태도가 불만이다.

학생들은 학교가 즐거운 곳이어야 한다고 생각한다. 자신이 좋아하는 걸그룹 댄스는 학교 동아리 활동에서 왜 하지 못하게 하는지, 자신의 넘치는 끼와 튀는 행동을 발산할 수 있는 여건은 왜 우리 학교에는 없는지, 우리가 생각하는 신나는 학교 축제는 왜 못하게 하는지, 학생들은 이러한 생각을 하고 있는 반면에, 학교와 선생님들은 학생들이 원하는 것을 모두 하게 하면 면학 분위기를 해치기 때문에 못하게 한다는 것이다. 교사와 학생들은 같은 장소에 있으면서 서로 다른 세상을 살고 있다. 꿈이 좌절되는 것이다.

교육내용과 방법의 부적정성이 학교의 붕괴를 자초하고 있다. 현재 학교는 수준별 교육과정을 실시하고 있다. 수준별 교육과정을 실시하기 위해서는 학생들은 수준에 맞추어 이동 수업을 해야 한다. 그러나 아직도 이동 수업을 하기에는 시설이나 환경이 부적절하다. 수준별 교육과정을 실시하는 교실이 적절하게 배치되어야 한다. 즉, 교과 교실 군이 유사하게 배치되고 학생들의 이동 거리도 최소화 할 수 있도록 배치되어 있어야 한다. 그러나 이러한 조건은 학교별 실정에 따라 충분히 이루어지지 않고 있다. 그리고 수준별 이동 수업이 학생들을 분리하는 데만 그치고 실제 교육내용이나 수업계획에 있어서는 별 차이를 보여 주지 못하고 있다. 분반된 학생들의 수준에 따라 교육내용이 수업계획이 마련된 것이 아니라, 동일한 내용과 계획을 가지고 교사는 담당하고 있는 학생의 수준에 따라 설명을 다르게 하고 있을 뿐이다. 수준별 이동 수업을 실시하지만 학생들을 어떻게 평가해야 하는 기준이 아직도 애매하다. 어느 수준을 평가의 기준으로 맞추어야 하는지, 그 수준에 맞추면 과연 평가는 타당한지의 문제가 제기되고 있다.

수행평가의 문제가 학생들의 꿈을 펼치지 못하게 하고 있다. 원래 수행평가는 교과목 및 학습내용이나 학습목적에 따라 교사가 수행평가의 여부와 실시 정도를 결정해야 한다. 문제는 학교현장이 수행평가를 실시할 만한 여건을 아직 갖추지 못했다는 것이다. 이제 수행평가는 실시 초기의 의도와는 달리 교사 맘대로 평가하는 내 맘대로 평가가 되어 버렸다. 즉, 수행평가가 요구하는 주관식 채점을 실시하고, 학생들의 과정을 이해하기에는 채점해야 할 학생들이 너무 많다. 그리고 각종 잡무에 시달리다 보니 새로운 수행평가 과제를 개발할 시간도 없고, 연구시간도 부족하다. 여전히 많은 학급의 학생 수는 교사들이 수행 평가를 제대로 실행 할 수 없게 만든다. 이러한 문제점은 대부분 교사들에게 수행평가를 실시하기 위하여 주관식에 의존하게 만들었다. 수행평가의 목적을 달성하기 위해서는 수행평가의 과제들을 학생들의 능력을 평가 할 수 있는 보다 다양한 형태로 만들어야 함에도 불구하고 일정한 판에 박힌 형태에 불과한 양상을 띠게 된 것이다. 또한 수행 평가의 과제를 수행하는 학생들은 그 과제를 자기 주도적으로 하기보다는 과목에 따라서 관련 학원에 비싼 값을 지불하고 대행함으로서 과연 그것이 학생이 수행하여 이루 낸 결과인지를 체대로 평가할 수 없다는 문제점이 있다. 그러므로 수행평가의 점수가 교사의 편견이나 편애에 의하여 결정될 가능성이 있는 것이다. 학교에서 평가한 점수를 학생과 학부모가 더 이상 믿을 수 없다고 한다면 학교와 교사를 더욱 믿지 못한 불신으로 인하여 학생들은 더 이상 꿈을 가질 수가 없다.

학생과 선생님 간에 공감대가 없다는 것은 꿈이 없다는 것을 말한다. 꿈이 없다는 것은 학교가 행복하지 못한 것이다. 교육은 교사와 학생 간에 상호작용하여 공감대를 형성해야 학생들이 꿈을 펼칠 수 있으며, 학생들이 꿈을 펼쳐야 학교도 선생님도 행복하다. 학생들이 꿈으로 가득차기 위해서는 선생님은 학생들이 적성이 무엇인지 원하는 바가 무엇인지 그들의 입장에서 생각하고 학생의 눈높이에서 학생의 감성과 희망을 이해해야 한다. 학생들의 꿈은 꼭 공부에만 있는 것이 아니다. 공부에 관심이 없어도 대학은 가고 싶지 않아도 하고 싶은 것이 많다. 선생님은 이들의 꿈을 존중해 주고 살려주어야 한다. 그들이 꾸는 꿈을 이룰 수 있도록 안내하고 지도해 주어야 한다. 학교는 학생 각자의 꿈을 위하여 꿈에 맞는 경험을 할 수 있도록 교육의 여건을 조성하여 모든 학생이 꿈을 이루는 행복한 학교를 만들어야 한다. 학생과 공감대를 형성하고 학생의 꿈과 끼에 맞도록 교육과정을 적정화 하고 적성에 맞게 학생의 실제적인 수행을 하는데 맞게 평가가 이루어져야 한다. 무너진 학교를 되살릴 수 있다. 꿈으로 가득 찬 행복한 학교로 되살아날 것이다.

선생님은 위대하다

가르침은 배우게 하는 것이다.
늘 가르치는 생각을 놓지 않고
당당하게 떳떳하게
학생들 앞에 서면
그것이 바로 교육의 혁신이다.
각자의 소질을 개발해주고
창조적 능력을 갖추도록 배울 수 있는 것은
선생님의 위대함 때문이다.

늘 교육적으로 생각하라

학교는 가르치는 곳이다. 그런데 학교가 무용지물, 아이들을 키우기는커녕 망치는 곳이라고 비난 받고 있다면, 교육을 하되 교육적으로 생각 하지 않기 때문이다. 어떤 경우이든 선생님은 모든 것을 교육적으로 생각해야 한다. 지금 여기, 현재 학교에 다니고 있는 학생들을 중심으로 생각해야 한다. 지금의 현실을 조금이라도 바꿀 수 있는 길을 찾아야 한다. 그것이 교육적인 생각이다. 교육을 꿈같이 보기가 좋고 멋있는 미래의 그림만을 그리는데 도취해 있는 동안 학생들은 방치된다. 우리 앞에 있는 학교가 활기차게 기능을 다할 수 있도록 살리는 것이 무엇보다 중요하다.

학교교육에 대한 기대와 원망은 언제나 있어 왔던 일로 어찌 보면 그리 새삼스러울 것도 없다. 기대는 교육적인 것을 바라는 것이고 원망은 교육적이지 못한데서 오는 것이다. 교육문제는 언론의 단골 메뉴이다. 교육학자나 교육정책 담당자, 교사, 학부모, 학생들 모두 서로 각기 다른 시각에서 불만을 토로하고 문제점을 지적하고 방향을 제시하기도 한다. 그 공통적인 결론은 결국 교육이 교육적이지 못하다는 것이다. 교육에 대한 관심의 근원은 무엇보다도 지금 이루지고 있는 교육에 대한 불만족이 드러나기 때문이다. 학교에 관한 행복을 느끼는 사람보다는 걱정과 불행, 절망과 고통을 가지는 사람이 더 많을 것이다. 학생들은 학교가 재미없고 따돌림까지 당하게 된다. 대학 못갈 성적이면 사람 취급도 못 받으니 자존심이 상하고 앞날에 대한 희망이 없으니 자포자기를 한다. 학교에 가기 싫다.

반쯤은 엎드려 자는 아이들, 제멋대로인 아이들, 선생님 말은 아예 무시하는 아이들 속에서 선생님은 화가 나고 무력감을 느낀다. 학부모는 학부모대로 자기 입장에서의 교육적 욕구가 충족될 수 없기 때문에 학교를 비난하고 있다. 학교는 사면초가의 상태에 빠진다. 교육을 하는 곳에서 비교육적인 현상이 일어나고 있다. 이러한 상황 속에서 학교를 학교답게 하는 것은 선생님들이 늘 교육적으로 생각하는 것이다. 교육적으로 생각하는 것은 과감하게 교육의 개혁에 참여하는 것이다.

시대와 사회의 변화는 늘 교육에 변화를 요구해 왔고, 또한 교육은 스스로의 변화를 통해서 사회변화를 주도하는데 중요한 역할을 해왔다. 교육개혁은 사회발전을 위해서 불가피한 요소이지만, 거기에는 갈등이 따른다. 교사들이 개혁 의지를 수용하고 앞장서지 않으면 교육개혁은 이루어질 수 없다. 교사는 교육개혁에 앞장서면서 자기발전을 끊임없이 해야 한다. 이것이 교사가 늘 교육적으로 생각해야 하는 이유이다. 교사가 학교에 있으되, 교육의 본연을 생각하지 않고 교육외의 다른 생각을 한다면 교육은 이루어질 수 없다. 교육외의 다른 생각이란 교육적인 추구에 대한 생각보다는 교사의 직위나 학생을 담보로 교육적인 척 포장하여 자기의 사적인 이득을 추구하는 것이다.

교육은 끊임없는 변화의 추구 과정이다. 한시라도 교육적으로 생각하지 않으면 변화에서 뒤떨어진다. 교사는 변화에 적응하고 능동적으로 변화를 주도해야 한다. 능동적인 변화를 조화롭게 이루어 낼 때 비로소 교육이 제 구실을 하는 것이다. 교육에서 변화는 발달적이고 발전적인 의미이다. 교육적인 생각으로 학생을 지도하고 교육적 관점에서 학생을 가르치면, 학생들은 성장하고 발달하며 발전한다. 전문직업인으로서의 교사의 교육적인 생각은 지식과 기술의 발전적 변화를 가져온다. 따라서 교육적인 사고는 교사의 필수적인 요소이다.

그렇다면 교사의 교육적인 생각은 어떻게 해서 이루어지는 것인가? 우선적인 것은 교사 자신의 발전의지와 부단한 노력이다. 그러나 이것만으로는 충분하지 못하다. 교사가 교육적 생각을 하기 위해서는 교사의 의지와 노력을 촉진하는 지원체제가 구축되어야 한다. 전문지식을 쌓기 위한 대학원 같은 상급수준의 교육을 받게 하거나, 변화하는 고급 지식과 기술을 습득할 수 있는 충분한 연수 기회를 부여하는 것이 이에 해당한다. 연구 활동을 적극 권장하고 지원해야 한다. 하지만 교사는 지식과 기술로만 교육적인 생각이 완성될 수 없다. 진정한 교육적 생각의 완성은 학생을 지극히 사랑하고, 도덕적으로 늘 모범이 되고, 학생들의 인생에 지침이 되는 눈에 보이지 않는 가르침에 의해서 교사의 교육적 사고는 완성되는 것이다.

이러한 관점에서 교사의 교육적 생각이 개념화되어야 하며, 또한 교사가 늘 교육적으로 생각할 수 있도록 하는 학교 체제를 갖추어야 한다.

우리는 교사를 전문직이라고 부른다. 교사는 늘 교육적인 생각으로 세상을 관조하기 때문이다. 사실 교사가 되기 위해서 사범대학이나 교육대학, 교직과정의 4년 대학을 이수했기 때문에 전문직적인 소양을 갖춘 것이다. 모든 전문직의 긍지는 전문성, 자율성, 윤리성이다. 전문인은 자기 일에 관해서 남다른 조예가 있고, 자율성을 생명으로 한다. 교직의 전문성, 자율성, 윤리성은 교육적 생각을 바탕으로 한다. 반 편성을 하고, 수행평가를 하고, 자기의 독특한 방법으로 가르치고, 평가의 기준을 정하는 것은 교사의 교육적인 생각에 근거한 것이지 누구의 간섭이나 조언을 받아서 하는 것은 아니다. 이러한 교사의 역할은 무엇을 어떻게 가르쳐야 할 것인가 하는 것이 학급에서의 교육적인 생각이다.

학급에서 교사의 역할은 개인적인 교육적 생각에 따라 구분할 수 있다. 학급에서 형식화된 지식 전달만을 생각하는 교사가 있다. 학생이란 배우는 자이고 배우러 학교에 왔다고 생각하여 학생을 아주 엄격하게 다룬다. 교사는 지식에 있어서 학생을 능가 하고 있다고 믿으며 그에 대한 자부심 또한 크다. 이러한 자부심은 자기가 가르친 학생은 다른 교사가 가르친 학생보다도 학력이 높으며 학업성취도의 결과에 역점을 둔다. 교육적인 생각이 아니라 지식전달자로서의 생각이다.

학급에서 교사의 역할은 사회적 인간관계를 가르치는 것을 중요하게 생각하는 교사가 있다. 이 교사는 형식화된 지식의 전수를 배격하고 학생들의 삶에 대한 환경 마련에 도움을 주어야 한다고 본다. 그 교사의 교육의 사회에 적응할 수 있는 생활교육을 중심으로 가르친다. 정규적인 과제에서 벗어난 이야기를 하기도 하고, 인생의 복잡한 경험을 이야기하기도 한다. 이러한 교육을 통하여 학생이 나름대로 삶을 창조해나가기를 바란다. 또한 교육이란 생생한 삶의 경험을 직접 학생과 소통함으로서 이루어질 수 있다고 믿어 이것이 교사의 중요한 역할이라고 생각한다. 학생의 특별활동도 적극 권장하며 자신도 적극 참여한다. 교육적인 생각이라기 보다는 생활지도 중점의 생각이다.

학급에서 교사의 역할은 학생들을 올바르게 평가하는 것이라고 생각하는 것이다. 이 교사는 학교교육이 조직사회와 밀접한 관련이 있고 학교에서의 평가가 개인적으로 사회 진출에 영향을 미친다고 보아, 학생의 평가야 말로 학습을 운영하는 우선적인 임무로 여긴다. 그 교사는 시험문제를 만드는데 많은 시간을 보내고 평가에 관한 이론을 잘 터득하고 있다. 그 교사는 평가에 필요한 여러 자료가 준비되어 있을 뿐만 아니라 평가를 나타내는 자료들을 데이터베이스화하여 보관하고 있다.

가끔은 기초적 통계 처리를 지나치게 신봉하여 급간의 차이가 근소한 1점차이도 무한한 구분을 결정짓는 기준치가 된다고 믿기도 한다. 교육적인 생각이라기 보다는 입시위주 수능평가형 생각이다.

교사의 생각이 교육적인 생각이 되기 위해서는 어느 한 쪽만을 편향되게 중점을 두어서 생각해서는 안 된다. 교사는 그의 지적, 정의적, 그리고 행동적 영역에서까지 모두 교육적인 생각을 해야 한다. 그리하여 교사 자체가 교육적인 인격을 갖고 있어야 한다. 교사는 지식의 전달만을 생각 할 것만이 아니라, 학생의 사회적 인간관계의 생활지도만을 하는 것이 아니라, 학생을 평가하는 것만을 생각하는 것이 아니라, 지식을 가르치고, 학생을 잘 지도하며, 평가를 잘하여 학생들에게 어떻게 하면 모든 것을 잘 가르칠 수 있는가를 종합적으로 고려하는 교육적인 생각을 해야 한다. 교사의 교육적인 생각이 학생의 미래의 사람됨을 결정한다. 교사는 늘 교육적인 생각을 해야 한다.

학생들에게 떳떳한 교사

교사는 만인의 사표(師表)이다. 사표는 떳떳함에서 시작된다. 교사는 먼저 인격적으로 떳떳해야 한다. '수기치인(修己治人)'이라는 말이 있다. 먼저 자기 자신의 인격을 닦고 나서 남을 다스린다는 말이다. 교사는 학생이 본받아 배우는 사람이기 때문에 만인의 사표로서 학생의 귀감이 되어야한다. 교사가 학생들에게 떳떳한 교사이어야 한다.

교사는 가치관과 철학이 건전하게 확립되어 있어야 떳떳한 사람이다. 지금의 사회에서 떳떳함은 민주적인 인간이다. 민주주의는 인류가 장기간 방황 끝에 찾아낸 최선의 인생철학이며 생활양식이다. 교사는 민주적 철학과 생활방식이 체질화 되어 교직 실천에 있어서 무의식적으로 흘러야 한다. 민주주의적 가치란 자유, 평등, 박애를 존중하는 사고와 행동의 실천을 말한다. 민주주의 사회에서 교직윤리의 가치는 바로 자유의 실현, 평등의 구현, 박애의 실천에 있다. 민주주의에서는 인간의 존엄성을 신봉하고 개인을 존중한다. 개인의 인권은 존중되며 학생의 배우는 권리는 존중된다. 민주주의를 신뢰하고 민주주의를 실천하는 책임이 교사의 떳떳함임을 명심하고 교직을 실천해야 한다. 교사가 자신이 민주적으로 사고하고 행동하는 모범을 학생에게 보여주어야 하는 것이 교사의 떳떳함이다.

교사는 나라와 겨레의 장래를 충정으로 걱정하고 국가에 대한 고마움을 잊지 않으며, 국가의 발전에 헌신하는 마음을 가져야 학생들에게 떳떳할 수 있다. 편협한 지역주의, 사리사욕을 가르치는 것은 떳떳함이 아니다. 국가의 장래를 염려하고 국가발전을 위해 봉사하고 헌신할 수 있도록 학생을 가르쳐야 한다. 나라와 민족을 위해 몸을 바친 순국선열의 위대한 뜻을 기려 그 떳떳한 정신을 본받도록 가르쳐야 한다. 조국의 평화통일이라는 민족의 염원을 실현하기 위한 마음 자세를 가르쳐야 한다. 이를 위해서는 교사가 먼저 투철한 국가관을 확립해야 한다.

우리는 여러 불리한 조건에도 불구하고 유구한 역사 속에서 어려운 국난을 극복하면서 나라의 자주권과 겨레의 생존권을 지켜왔으며, 민족의 고유문화와 전통을 계승 발전시켜 왔다. 일제 강점기 통치에서 나라와 주권이 없는 설움 속에서도 독립운동을 끊임없이 펼쳤으며, 국토 분단의 상황에서도 어려움을 극복하고 세계 일등 국민으로 우뚝 서 있음을 가르쳐야 한다. 교사는 학생들에게 사명감 있는 확고한 국가관을 심어주고 올바른 역사의식을 확립하게 해야 한다. 교사의 확고한 국가관 확립이야 말로 교사의 떳떳함의 중요한 덕목이다.

교사는 학생들에게 인간다운 사람의 본을 보여 주는 사람이다. 그러므로 교사는 인간다운 인간이 되기 위하여 자기 자신의 수양을 게을리 해서는 안 된다. 교사는 바르고 떳떳한 교직관을 가져야 한다. 교사가 원만한 인격과 떳떳한 교육관을 갖기 위하여 끊임없이 노력하는 것은 교사의 본질적인 책무이다.

교사가 실시하는 교육은 교사 이상을 넘지 못하기 때문에 교사는 최고의 인격, 덕망과 학식을 위해 노력해야 한다. 교사가 바르고 건강한 철학으로 무장되고 확고하고 신념 있는 교육관을 확립한다는 것은 학생의 떳떳한 지도를 위하여 필요한 것이다.

교사의 원만한 인격과 건전한 교육관은 부단히 자기 수련 연찬과 노력의 결과로 확립되는 것이다. 다시 말하면, 그것은 교사의 계속적인 학문적 수련, 인격의 도야로 얻어 지는 것이다. 건실한 인생관과 생활관, 교육에 대한 확고한 소신, 학생에 대한 열의와 사랑은 부단한 학문적 연찬과 인격 수련의 결과로만 얻어질 수 있는 것이다. 교직자의 올바른 정신자세와 기풍, 인격을 확립하기 위한 노력은 교사로서의 떳떳한 윤리의 한 덕목이다.

교직은 만인의 사표이기 때문에 모든 사람의 관심과 주시의 대상이다. 그러므로 교사의 교직 실천 행위는 교양이 풍부한 품격 있는 것이어야 하고 고상한 것이어야 한다. 교사가 사용하는 언어는 분명해야 하고 세련된 것이어야 하며, 거칠거나 야비하거나 저속하지 않아야 한다. 행동은 가볍거나 경솔하지 않으며 무게 있고 품위가 있어야 하며, 깊이 생각한 후에 실천하는 의연하고 떳떳한 모습이어야 한다.

높은 차원의 교양은 일조일석에 길러지는 것은 아니다. 오랫동안 수양을 통해서 점진적으로 형성되는 것이다. 자기 인격의 수양을 위해 교사가 차원 높은 교양을 쌓아 올리는 것을 위해 노력하며, 고상한 취미를 함양하는 일은 교사의 떳떳한 자기관리 윤리의 덕목이다.

우리의 교육법에는 '교원은 항상 사표가 될 품성과 자질의 향상에 힘쓰며 학문의 연찬과 교육의 원리와 방법을 탐구하고 연마하여 국민교육에 전심전력하여야 한다.'고 선언하고 있다. 교사는 학습지도의 책무로서 학생에게 교과를 가르쳐야 하는 사람이다. 교사는 학생의 샘솟는 지식의 욕구를 충족할 수 있을 때 떳떳해지며 학생들로부터 존경을 받는다. 교과의 전문지식을 전수하는 지도자로서 교사는 전공에 대한 통달자가 되어야 함은 물론, 그 교수 방법을 충분히 터득하고 있어야 한다.

실력 있는 떳떳한 교사가 되려면 자기가 가르치는 교과목과 관련된 학문에 대하여 끊임없이 공부를 해야 한다. 학생들에게 실력을 인정받지 못한 교사는 떳떳치 못할 뿐만 아니라 교권이 서지 않는다. 그러므로 교사는 자기 전공과목에 대한 지식의 구조와 내용, 교수 및 평가 방법을 통달하고 있어야 한다. 교과 실력 함양이야 말로 교사가 자기관리의 떳떳한 핵심 덕목이다.

교사의 행동은 그것이 바람직한 행동이던 그렇지 않던 간에 직간접으로 학생들에는 학습의 대상이며 수범의 대상이다. 교사의 말투, 걸음걸이, 표정 등 교사의 모든 것을 학생들이 보고, 듣고, 배우고, 본받는다. 그러므로 교사의 행동은 사려 깊은 떳떳한 것이 되도록 노력해야 한다.

하나의 인격체로서 학생들의 개성이 인정되고 개인차가 인정되어야 한다. 학생들은 각기 특성이 다르고 장점이 있으며 개체로서의 자존심을 가지고 있다. 그러므로 학생 한 사람 한 사람의 인격체는 각각 가치 있는 것으로 취급되어야 한다. 학생을 항상 진실로 좋아해야 하며, 학생과 친숙한 관계를 유지해야 한다.

학생은 모두가 똑같지 않다. 그들은 각기 다른 성격과 지성을 가지고 태어나 다르게 성장한다. 학생은 지적, 신체적, 정서적으로 다르고 가정의 배경과 환경이 다르다. 학생의 개인차이다. 학생의 개인차를 존중하려면 개인의 특성을 고려하며, 각기 다른 지도를 하여야 한다. 개인차를 고려하지 않고 획일적으로 학생을 취급함으로서 학생의 개성을 말살하는 것은 떳떳치 못한 학생지도이다.

학습지도에서 교사는 학생이 잘하는 교과, 못하는 교과, 싫어하는 교과, 좋아하는 교과가 무엇인지 파악하고, 그 학생의 특성에 맞는 적절한 개별 지도를 할 때 개인차에 적절한 학습지도를 하는 것이라고 하고, 학생 개개인의 성격과 가정환경을 이해하고 그에 맞는 상담과 지도를 할 때는 개인차를 고려한 지도를 한다고 할 수 있다. 학생의 인격과 개성을 존중하고 그 학생의 입장에서 문제를 생각하고 대책을 강구하여 끝까지 가능성을 포기 하지 않고 적절한 지도를 해야 한다. 교사와 학생 관계에서 학생의 인격, 개성의 존중과 개인차를 고려하는 것은 교사의 떳떳한 윤리 덕목이다.

교사는 학생과의 관계에서 모든 학생에게 공평해야 한다. 교사도 사람이기 때문에 인간적으로 좋고 싫음의 감정을 가질 수도 있을 것이다. 공부 잘하는 학생, 용모가 단정한 학생, 선생님 말씀을 잘 듣는 학생에게 보다 많은 관심을 가질 수 있다. 그러나 교육자적 양심에 채찍을 가하여 편애를 하지 않은 공평함을 가지고 떳떳하게 학생을 대해야 한다. 공평하게 지도 한다는 것은 똑 같이 취급하는 것은 아니다. 인성과 적성, 능력, 가정환경이 다른 학생을 각자의 입장에 맞게 지도하는 것이 떳떳한 지도이다. 학생을 이해하고 학생의 입장에서 학생에게 본을 보이는 솔선수범, 학생의 인격과 개성과 개인차를 존중하며, 교사의 교육적 가치관과 철학을 확립하며, 투철한 국가관, 원만한 인격, 차원 높은 교양, 교과에 대한 전문성을 갖추었을 때, 교사는 만인의 추앙을 받으며 학생에게 떳떳한 교사가 될 것이다.

교육혁신을 이끄는 선생님

교육개혁이니 학교혁신이니 하는 교육의 쇄신론의 명분으로 선생님들이 개혁과 혁신의 대상이 되고 있다. 교육의 중추적 역할을 해야 할 교사들을 개혁의 대상으로 삼고 있으니 학교교육이 온전할 리가 없다. 교권을 위축시키고 교사들의 떳떳함이 상실되었다. 교육의 혁신은 외래적인 요소에 의해서 이루어지는 것이 아니며, 상명하달 식으로 이루어져서도 안 된다. 교육의 중심에 있는 선생님들이 주체가 되어야 한다. 교육혁신의 주체가 되어 교사의 자율성을 회복하여야 한다.

교사의 전문직으로서의 권위를 회복하는 중요 관건 중의 하나가 교사의 자율성이다. 교사가 교수-학습과 관련하여 그리고 학교 경영과 관련하여 자율적으로 결정할 수 있는 재량권이 신장되어야 하며, 이러한 과정에 선생님이 참여 할 수 있도록 해야 한다. 학교경영의 폭을 넓히고 교육부나 교육청 등의 상위기관은 관료주의적 행동방식을 탈피하고 교육정책과정에도 선생님의 의견이 존중될 수 있도록 하여야 할 것이다. 상명하달식의 풍토로는 선생님의 자율성이 상실되어 권위가 서지 않으므로 이러한 풍토를 개선하는 일이 교육의 혁신을 위해서도 필요하다.

학교에서 교장, 교감에게 줄서기와 같은 현상이 없어지지 않는 한 교사의 자율성이 침해되고 따라서 교사의 권위가 침해된다. 교사가 교장과 교감으로부터 자유스러워져 교장 및 교감의 중심에서 평교사 중심의 학교풍토가 형성되어야 한다. 교장과 교감의 학교운영 철학이 안 바뀌고 교사에 대한 교장과 교감의 일방통행적인 근무평정제도가 바뀌지 않는 한, 교사의 자율성과 권위가 위축된다.

교사의 자율성을 확보하기 위해서는 무엇보다도 교사가 개혁의 대상이 아니라 교육혁신의 주체가 되어야 한다. 교육혁신의 주체가 된다는 것은 우선 교권을 회복시키기 위한 여건을 변화시키는 혁신에 적극적으로 동참해야 한다. 그동안 홀로 혁신적 의지를 가지고 고군분투하며 노력한 교사들이 사기를 잃었던 것은 주변의 여건이 너무 열악하였기 때문이었다. 혁신을 위한 여러 가지 현실적인 안을 세우고 그 변화과정에 참여해야 한다.

교육혁신의 주체가 된다는 것은 교육의 여건을 변화시키는 것에 참여하는 것만을 의미하지 않는다. 그것만으로는 결코 교권회복의 문제가 근본적으로 해결 될 수 없기 때문이다. 혁신의 주체가 된다는 것은 교권을 회복시킬 수 있는 여건을 마련하는 일에 교사가 적극적으로 동참하는 것 이외도, 교사 자신이 스스로 교권 실추의 내재적 원인을 살펴보고 분석하면서 교사의 내적요인을 변화시키는 것으로 자신을 스스로 개혁시키려고 노력하는 것을 의미한다. 주변 조건을 개선하려는 노력과 내재적 변인을 변화시키려는 노력이 함께 해야만 진정한 교권의 회복이 이루어져 진정한 교육의 혁신이 되는 것이다.

교사 자신의 허물이 있으면 자신 스스로를 비판하고 자성을 하면 존경과 칭찬을 받지만, 남들에게 비판을 당하고 개혁의 대상이 되면, 그는 비웃음의 대상이 되며 권위가 실추된다. 교원 관련 단체들은 교육혁신의 주체로서 교사들의 내재적 요인들을 스스로 개혁할 수 있는 방안을 자체적으로 강구하고, 교사들 스스로 감시하고 예방하고 개선하는 노력을 하는 것이 교권을 확립하는 방안중의 하나이다. 이것이 교원단체가 교권을 회복하고 학교교육이 혁신에 크게 공헌 할 수 있는 부분이다.

교육혁신의 화두 이전에도 시대의 변화에 따른 사회문화적 변화는 늘 교육의 변화를 요구해 왔고, 또한 교육은 스스로의 변화를 통해 사회변화를 주도하는 중요한 역할을 해 왔다. 이러한 교육의 변화를 의도적이고 계획적으로 새롭게 변화시키려고 하는 것을 교육혁신이라고 한다.

교육혁신은 사회발전을 위해서 불가피한 요소이지만 교육혁신은 언제나 관련자들 간에 갈등을 일으키게 된다. 특히, 일선 교육현장에서 교육혁신 주체 세력 간의 갈등은 교육의 혁신과정에서 피할 수 없는 진통이다. 그런데 교육혁신은 다른 사회개혁과 구별되는 특징을 가진다. 즉, 교육을 직접 담당 하는 선생님이 혁신의 의지를 수용하고 앞장서지 않으면 교육혁신은 불가능하다. 왜냐하면 교육은 가시적이기 보다는 정신적인 과정이고 그 성과도 즉시적이기 보다 백년의 미래를 염두에 두어야 할 만큼 장기적이기 때문이다. 따라서 선생님의 적극적 참여와 선생님의 주도적 실천은 교육혁신의 필수 불가결한 요소이다.

이러함에도 불구하고 우리의 교육개혁 또는 교육혁신은 교사를 도외시하고 교사를 개혁의 대상으로 하여 진행하였기 때문에 구호만 요란할 뿐, 혁신의 변화는 미미한 편이다. 일부 교육자치가 중심이 되어 교육혁신을 내걸고 학교문화 바꾸기, 혁신학교 운동 등을 벌이고 있다. 그 성과를 아직은 확언 할 수 없지만, 그 원래의 취지대로 진행되지 못하고 답보상태에 머물러 있는 것은 교육혁신의 주체에서 여전히 교사가 배제되었음을 의미한다. 이와 같은 교육혁신 운동도 결국 그 이면을 들여다보면, 교육적 포퓰리즘이 개입하여 구두선이나 전시성 변화에만 역점을 두었기 때문에 진정으로 선생님들이 주체가 된 교육의 변화와 발달을 위한 교육혁신이 이루어지지 않고 있다는 의미이다.

이러한 예는 지난 국민의 정부시절 시도한 교육개혁 정책은 교사가 주도하는 것이 아닌 외부적 요인을 가지고 관료적이고 외압적이며 인위적인 성과 위주로 진행되는 바람에, 교육개혁의 기본논리도 무시한 대한민국의 역사상 가장 실패한 교육개혁으로 기록되고 말았다. 교육정책을 통하여 정치적인 성과를 내려고 한 패착이었던 것이다. 이때의 교육개혁 정책을 기점으로 하여 교실 붕괴니 학교붕괴라는 말이 나오게 된 원인이 되었다.

지금 화두가 되고 있는 교육혁신의 새로운 지평을 여는 지름길은 선생님들의 주도하에 교육혁신이 이루어지는 길이다. 교육혁신의 원천이 되는 변화를 탐색하고 교육개혁의 필요성을 논의하고 이념을 설정하고 방법론을 구상하는 계획의 과정에서부터 실천현장에 이르기까지 선생님의 자발적인 의지에 의한 혁신이 이루어지도록 하는 것이 진정한 교육혁신이다. 이것이 교육혁신을 발전적이고 생산적으로 이끄는 민주적인 교육의 지도력인 것이다.

따라서 교육혁신을 통하여 학교가 충분히 제 기능을 발휘할 수 있도록 만들기 위해 노력해야 한다. 학교가 제 기능을 다할 수 있기 위해서는 다양한 교육의 욕구를 충족시킬 수 있는 교육 형태나 조직, 기관들과 유기적인 관계를 가질 수 있어야 한다. 열려있고 포용함으로서 학교가 학교 자신만을 생각하는 고립된 위치에서 탈피하여 활기를 되찾아야 한다. 모두가 서로 배우고 가르치는 행복한 학교가 되기 위해서는 학교만이 교육을 독점해야 한다는 생각을 버려야 한다. 학교가 먼저 혁신해야 한다. 학교가 교육에 대한 생각을 바꾸고 제도를 바꾸고 역할을 다시 설정할 필요가 있다. 교육내용과 방법이 달라지지 않으면 안 된다. 사회에서 언제든지 접할 수 있는 교육의 통로와 수단 방법이 다양해져서, 학교에 가지 않아도 교육 받을 수 있는 길이 얼마든지 열려 있기 때문에, 학교가 교육을 독점하였을 때와는 사정이 전혀 다르다는 것을 인식해야 한다. 디지털 시대에 살고 있는 학생들은 접촉과 선택의 폭이 무한하다. 이러한 교육환경의 변화는 학생들의 경험과 생각에 직접적으로 영향을 주기 때문에 이에 대응하는 교육의 혁신이 이루어져야 한다.

그러므로 학교의 수업방법이 혁신적으로 바뀌어야 한다. 교사가 교재 한 권을 들고 들어와 출석 부르고 강의를 진행하고 듣는 학생은 듣고, 자는 학생은 자는 그런 수업방식이 아니라 보다 적극적인 교실 모습이 되도록 혁신을 해야 한다. 교실에서는 컴퓨터, 인터넷, 수업내용과 관련된 시뮬레이션 게임, 영화, 음악도 들을 수 있고, 학생들이 취미활동과 관련하여 참가할 수 있는 체제도 갖추어야 한다. 학생들이 학교 밖에서 접하는 매체들과 학교에서 수업방식과의 불일치는 학교를 점점 더 무의미하고 무기력하게 만들 것이다. 교사가 변화하는 사회 현상에서 나날이 변해가는 학생들과 교육적인 일치를 갖기 위해서는 학교체제와 운영방식이 현재보다도 더 융통성이 있어야 한다. 교사의 자율적 운영과 그 지원을 위한 교육의 혁신이 이루어져야 한다. 교육의 혁신은 선생님이 이끌어 가야 한다.

주입이 아닌 소질의 개발

주입식 교육이 지양되어야 한다는 말은 우리의 입시위주의 교육체제에서 교육을 비판하는 대표적인 화두이다. 그러나 교육현장에서는 여전히 주입식교육이 성황리에 이루어지고 있다. 주입식교육은 지식위주 교육이라고도 한다. 사실, 주입식교육 하면 입시위주의 교육과 연상되어 인식되기 때문에 부정적으로 느껴진다. 그러나 지식교육의 첫 단계는 주입식교육으로 시작한다. 주입식 방법이 아니고서는 지식교육이 이루어질 수 없다. 주입식교육이 비판을 받는 이유는 지식 주입으로서 교육이 더 이상 진전되지 않는다는 데 있다.

소크라테스도 주입식교육에 의한 지식교육은 교육의 시작이라고 하였다. 즉, 그는 인간의 덕성을 개발하는 인성교육을 위해서는 지식교육이 필요하다고 하였다. 사람은 누구나 덕성을 타고난 것이고 그 타고난 덕성을 발휘하게 하기 위해서는 지식교육이 먼저 이루어져야 한다고 하였다. 지식을 가르치지 않으면 사람의 덕성은 발휘될 수 없다고 하여 그의 지덕합일의 교육론이 성립된 것이다.

우리나라에서 지식을 주입하는 것이 잘못된 교육이라는 이유는 이렇다. 우리나라의 교육은 초등학교 때부터 무조건 주입식교육으로 일관하여 대학까지도 지속된다는 것이다. 인성교육을 배제한 지식만을 갈구하는 주입식 교육을 받게 된다는 것이다. 주입식교육은 입시위주 교육이 되어 이기주의를 양성하는 구조로 되어 있어 줄 세우기 교육이라는 것이다. 그러므로 공개 경쟁시험에서 승리하기 위해서 수단과 방법을 가리지 않는 교육이라는 것이다.

청소년기의 학생들은 판단력이 미흡하기 때문에 교육의 목적은 말할 것도 없고, 수단과 방법도 도덕적으로 정당하여야 하고, 교육적으로도 타당하여야 한다. 아무리 훌륭한 수단과 방법도 그러한 조건을 갖추지 못하고 있으면 선택해서는 안 된다. 그러나 입시위주 교육은 그러한 조건을 무시한다. 그래서 교육에 있어서 가장 중요한 교사와 학생간의 관계가 막무가내로 차단되어도 상관치 않는다.

입시위주 교육은 무엇을 가르치기보다는 어떻게 생각해야 하는가를 가르쳐야 한다는 교육학의 원리도 소용이 없다. 입시경쟁에서 도움이 되는 것만 절대적이다. 입시위주 교육은 교육에서 중요하게 여기는 생활 속의 여유도 관심이 없다. 그래서 자신의 미래를 설계할 꿈조차 꿀 시간을 주지 않을 뿐만 아니라 입시경쟁의 공부에 수면시간 마저 부족하다. 입시위주의 교육은 경쟁의 의미를 잘 모르는 학생을 대상으로 하고 있다는 데에서 문제가 있고, 그것이 무한 경쟁이라는 점에서 많은 교육적 문제를 안고 있다.

입시경쟁에서 승리하는 것을 목적으로 하는 입시위주의 교육은 모두를 교육적 수월성을 성취하게 한다는 교육의 본연의 의미를 정면으로 부정하고 있다. 입시위주의 교육은 승자의 자부심도 없고, 패자의 승복도 이끌어 내지 못하기 때문에 도덕적 정당성을 얻지 못하고 있다. 입시위주의 교육은 국가와 사회에 기여하는 교육의 가치를 원칙적으로 거부하는 교육이다.

입시위주의 교육의 승리자는 국가와 사회가 많은 노력을 기울여 고등교육을 받을 수 있는 여건을 만들어 놓은 것이라는 생각을 하기 보다는 자신이 쟁취한 것이라는 자만심에 빠지게 한다. 패자는 경쟁구조의 모순 속에서 불이익을 당했다는 생각을 하여 사회를 긍정적으로 보기 보다는 부정적으로 보는 경향이 많아진다. 그러므로 입시위주 교육은 사회의 분열을 조장하는 교육이라고 할 수 있다.

입시위주 교육은 교육을 공교육과 사교육으로 분열시켜 놓았다. 이러한 현상은 공교육의 무용론과 사교육시장의 거대화를 가져왔다. 사교육은 교육보다는 영리와 수익을 목적으로 하기 때문에 오직 입시를 위한 요령과 방법만을 가르쳐 비교육적인 상황을 더욱 가중시킨다. 입시위주 교육은 아이러니하게도 교육정책을 결정하는 주요 근간으로 작용된다. 입시제도가 자주 바뀌면서 그에 따른 교육정책도 변하게 마련이다. 또 입시제도의 잦은 변화는 사교육시장을 더욱 활성화시켜 사교육만 좋게 해주는 셈이 된다. 우리나라 사교육비가 연간 30조원을 넘는다. 이것은 입시위주 교육의 덕택이다.

입시위주의 주입식 교육은 지식만을 가르친다. 이미 알려진 것, 정답이 있는 것만을 가르친다. 새로운 지식이나 가설은 학생들에게는 더없이 소중한 것이지만, 학생을 서열화 하는데 차별화가 쉽지 않으므로 가르치지 않는다. 시대에 뒤떨어진 내용을 학교와 학원에서 가르친 것은 그만큼 우리 교육이 교육내용의 변화가 없이 입시에 맞는 교육을 하고 있다는 것을 반증해준다.

입시위주의 교육은 창조성을 기르지 못한다. 입시위주 교육은 주입식을 중심으로 하기 때문에 발상-발견-발굴-발현-발전의 자발적인 창조적 사고를 할 수 없다. 창조적 사고에 의해서 소질개발이 이루어진다. 창조적인 소질개발은 지식을 기능으로 바꾸는 인지적 조작의 활성화 전략을 통한 조작의 과정에서 이루어진다. 주입식교육은 지식교육의 첫 단계이다. 주입식교육을 통하여 학생들은 지식을 축적한다. 이렇게 축적된 지식은 그 지식을 바탕으로 어떤 가치를 이루기 위한 상상작용인 발상을 하고, 그 상상을 토대로 발견을 한 다음 가치를 이루기 위한 발굴을 하여, 그것을 잘 정교화 하기위한 발현의 과정을 거친다. 발현의 과정을 거치면서 각자의 개성과 능력을 담은 소질이 형성된다. 발현의 과정을 통하여 가치를 완성하는 발전이 이루어진다. 즉, 학생의 소질이 개발되는 것이다.

입시위주의 주입식교육은 지식을 가르치는 데 그친다. 지식을 창조적인 사고의 작용을 통하여 발전적인 가치로 전환하는 교육이 이루어지지 않는다. 창조적 가치로 전환하는 소질 개발 교육이 없는 것이다. 소질개발을 위한 교육은 지식의 주입과 불가분의 관계가 있다. 지식의 주입은 인간의 본성인 창조성을 개발하기 위한 것이다. 인간의 창조성의 영역은 신체·생리적 영역, 사회적 영역, 이지적 영역, 도덕적 영역, 예술적 영역, 종교적 영역으로 구분할 수 있다. 신체·생리적 영역의 가치능력은 생동력이다. 생동력에 의한 소질을 개발하려면 기본적으로 신체와 생물학에 관한 지식들을 알아야 한다. 이러한 지식을 바탕으로 인지 전략이 활성화됨으로써 각각의 운동능력을 실행하는 생동력의 소질이 개발된다.

이와 같은 입장에서 사회적 영역의 가치능력인 협동력의 소질, 이지적 영역의 가치능력인 탐구력의 소질, 도덕적 영역의 가치능력인 선행력의 소질, 예술적 영역의 가치 능력은 심미력의 소질, 종교적 영역의 가치능력인 신애력의 소질이 개발 되는 것이다.

타고난 저마다의 소질을 개발하기 위해서는 주입식교육으로만 되지 않는다. 주입으로 축적된 지식을 활용하는 교육체제를 갖추어야 한다. 입시경쟁이라는 거대한 울타리 안에서 창조적인 능력인 소질을 개발하는 교육은 요원한 일이다. 즉, 주입식 교육은 정해진 틀에 맞추어 모든 학생들이 똑같은 것을 배우기 때문에 학생이 원하는 수업을 하는 것과 새로운 것을 접할 기회가 적어짐으로서 소질개발 교육에 도움이 되지 않는다.

인간의 소질을 개발하기 위해서는 인간이 창조적인 존재라는 점에서 목표에 대한 동기를 왕성하게 조장해 주어야 하며, 그 동기가 가치를 향한 건전한 욕구가 되도록 조장해야 한다. 그렇게 하기 위해서는 먼저 인간의 욕구가 왕성하게 되도록 최대한의 자유가 보장되어야 하며, 건강한 신체와 정신의 활동이 있어야 한다. 또한 왕성한 욕구를 보다 높은 가치 지향적 욕구와 건전한 욕구로 발전시키도록 자기 능력에 대한 자각과 신장, 그리고 사회적 환경적 욕구의 정확한 인식을 통하여 실현가능한 욕구를 가지게 해야 한다.

실현가능한 욕구는 각자 가지는 창조적인 능력이다. 창조적 능력은 각 개인이 가지고 있는 관심과 의욕이다. 관심과 의욕은 자신이 하고 싶어 하는 것으로서 목표지향적인 것이다. 각자가 타고난 소질을 개발하려는 관심과 의욕이 창조정신이며, 그러므로 소질을 개발하는 것은 창조적 가치를 실현하는 일이다. 창조적 가치의 실현은 주입식 교육으로는 이룰 수 없다. 소질을 개발하는 교육만이 인간의 창조적 가치를 실현하여 인격과 문화의 가치를 창조할 수 있다.

평가하는 선생님이 받는 평가

교원평가가 교육계에서 논의 되고 시행한지가 10여년이 지났다. 교원평가제가 도입되면 부적격 교원을 퇴출하고 교원의 전문성을 신장하여 교육의 질을 향상시킬 수 있다는 것이 교원평가 시행의 취지이다.

교육부는 교원평가를 교원의 승진 인사 및 성과급과의 연계, 외부 경영전문가에 대한 교장 공모제 확대, 학부모가 평가하는 것을 위해서 교사의 수업 온라인 공개 방안 등을 제시했다. 그러나 대통령 자문기구인 국가 교육과학기술자문위원회가 공개한 설문조사에서 교육평가제도는 교육관련 핵심정책 중 꼴찌로 나타났다. 따라서 앞으로 폐지하거나 개선해야 할 정책은 교원평가가 최우선 순위이다.

이와 같은 교원평가는 학부모를 보여주기 위한 전시성 공개수업, 동료교사와 학생들에 의해 서열이 정해지는 비인간적인 경쟁, 동료교사의 눈치를 보면서 자율적이지 못하고 평가에 신경을 쓰다 보니 정작 수업의 본질에 집중할 수 없어 학생들의 눈치를 봐야 하는 평가에 연연하는 악순환이 반복된다.

교육부는 학생들의 교원평가의 참여를 높이기 위하여 개학식 같은 학교행사 1시간, 담임교사 교과의 연간지도계획 시간에서 1시간, ICT활용교육 시간중 1시간 확보를 통하여 학생들의 참여를 하게 하여 교육과정 시간을 활용 교원평가를 하고 있다. 교사가 지도하는 정규수업 시간을 활용하여 학생들에게 교사를 평가하라고 하니, 사제지간이 마주보는 자리에서 선생을 평가하는 반교육적인 상황이 벌어지고 있다. 교원에 대한 적절한 평가는 필요하지만, 이러한 방식은 교육적인 면에서 문제가 있다. 지금의 평가방식은 교원평가가 원래의 취지대로 이루어지기가 어렵다. 교원평가를 하여 실질적인 효과가 있었던 것도 아니고 학생들의 경우 이 제도를 악용하기도 한다. 즉, 학생은 자신의 잘못은 잊어버리고 선생님이 자신을 혼냈다는 이유 하나만으로 낮은 점수를 주고, 이유 없이 맘에 들지 않는다고 낮은 점수를 주며, 반대로 자신과 친한 선생님, 인기가 많은 선생님은 수업의 질과 상관없이 높은 점수를 준다. 학생들의 입장에서 부적격한 교사는 어느 정도 알 수 있을지는 몰라도 배우는 학생이 교사의 수업의 질까지를 판단하게 하는 것은 무리가 있고 그 평가의 신뢰도를 떨어뜨릴 뿐이다.

이와 같은 현상이 일어나고 있는 교원평가는 본래의 취지와는 다르게 그 찬반의 논란만큼 문제점이 노정되어 있다.

먼저 살펴 볼 것은 학교교육의 정상화라는 목표와 교원평가제 간의 상관성 문제이다. 이는 곧 교원평가제 실시 결과로 우리가 원하는 학교교육 정상화라는 결과를 이뤄낼 수 있을 것인가에 대한 문제제기이기도 하다. 즉, 교원을 평가하는 일이 학교교육의 정상화에 기여하는 일부 변인일 수는 있으나, 교원평가제 실시 자체가 학교교육 전체를 정상화 할 수 있는 것은 아니다. 그럼에도 불구하고 교육부는 학교교육을 정상화하기 위한 다른 시급한 문제들은 뒤로하고 마치 교원평가제 실시가 곧 학교교육의 정상화로 이어질 것이라고 예상하는 오류를 범하고 있다. 교원평가제를 먼저 실시했던 다른 나라들을 보더라도 이 목표설정에 문제가 있음을 쉽게 알 수 있다. 한 예로 우리나라와 상황이 가장 비슷한 일본은 2000년부터 교원평가제를 실시했다. 교사를 평가해 전문성을 신장함으로써 결과적으로는 공교육정상화를 목표로 시행되었던 이 제도의 결과는 참담하였다. 지도력이 부족한 교원으로 평가되는 교원 수는 해마다 줄어드는 것이 아니라 크게 증가하였고, 이로 인해 공교육 혼란을 가중시키는 결과를 가져오게 되었다. 이는 학교교육의 정상화는 단순히 교사의 노력만으로 이루어지는 것이 아니라는 것을 잘 보여주는 것으로, 교원평가제가 곧 학교교육의 정상화로 이어진다는 설정 자체에 문제가 있다는 것을 알 수 있다.

교원평가제도 자체에도 문제점이 있다. 평가를 하는 사람들은 교사와 학생 학부모이고 평가를 받는 사람은 교사이다. 그런데 이 구성원들간의 합의가 쉽지 않아 현재 교원평가제가 실시되고 있는 상황 속에서도 교육단체의 반발이 끊임없이 계속되고 있다. 즉, 수업에 참여하지도 않는 학부모들이 평가를 실시한다는 것이 과연 납득할만한 것인지에 대한 문제와 동료들간의 상호평가는 지나친 온정주의로 흐르고 있다는 점이다. 한 예로 2008년도 시범학교로 지정되었던 학교의 평가 설문조사를 보면 교사 상호평가에서 '우수'이상의 점수가 92.6%가 나왔다. 평가의 문제점이 실제 학교현장에서도 일어나고 있는 것이다.

교원평가의 문항에서 과제의 양이나 수업에 대한 열의 등을 묻는 평가내용은 그 내용이 극히 주관적이다. 이는 결국 평가의 공정성 문제로 이어질 수 있다. 게다가 현재 평가결과를 인사에 반영할 것인지, 평가주기는 어느 정도가 적당한 것인지에 대한 지침도 나와 있지 않은 상황이다. 10여 년 전부터 준비해 시행되는 정책이라고 하기엔 제도 자체가 허술한 점이 너무도 많다.

평가의 결과를 아무도 신뢰할 수 없는 상황 속에서 이를 가지고 교원평가를 교사들의 연수에 활용하거나 인사결과에 반영하면 큰 반발을 불러일으킬 수밖에 없다. 그렇다면 과연 이 제도가 실효성이 있는 것인가에 대한 문제가 또 한 번 제기될 수밖에 없는 것이다.

원론적인 관점에서 교육의 의미는 '위에서 베풀고 아래에서 본받으며 아이를 잘 길러서 착하게 만든다.'의 어원에서 파생된 의미다. 그래서 삶의 앞 선자인 '선생(先生)'이 그 경륜으로 윗사람이 되어 베풀어 주면 어린 학생은 그것을 잘 본받는 것이 가르침이었고, 아직 다듬어지지 않은 문제아를 바로 세워 최고의 선(善)을 갖추게 하는 것이 기르는 것이었다. 그래서 교사는 늘 격려하는 자세로 가르치고 학생은 효도하는 마음으로 배우는 것이라고 하였다. 학생이 교사의 가르침에 따라서 그 능력과 인성적 발달을 이루어 한 인간으로 성장하는 것이기 때문에 스승은 부모와 같은 존재라는 전통이 확립된 것이다. 그래서 교사의 학생에 대한 평가권은 신성시되고 존중되는 것이다. 하지만 우리 교육의 실제는 입시위주의 경쟁적 상황에 매몰되어 있어 학생을 얼마나 상급학교에 많이 진학시키는 성과를 내는 여부에 따라 결과적으로 평가를 잘하는 교사로 인정하고 있는 실정이다. 그러므로 시험문제를 잘 풀어주고 정답을 찾는 방법을 학생에게 잘 알려 주어 좋은 성적을 내게 하는 선생님이 좋은 선생님으로 평가받고 있는 것이다. 적어도 지금의 교원평가는 입시위주의 교육에 유능한 선생님이 좋은 교사로 평가 받게 하는 결과를 가져 온다. 학생들도 입시의 요령과 방법을 잘 가르치는 선생님이 잘 가르치고 유능한 선생님이고, 학부모들도 자기 자녀의 과목성적이 잘나오게 하여 대학을 잘 갈 수 있도록 여건을 만들어주는 교사를 훌륭한 선생님으로 평가할 것이다. 동료교사는 서로가 서로를 평가함으로 좋은 것이 좋다는 생각으로 평가의 신뢰도를 떨어뜨린다.

이와 같은 교원평가 실시의 악순환은 애초의 취지처럼 공교육을 정상화 한다는 근본적인 목적과는 거리가 멀어지고, 어쩌면 교원평가가 평가를 위한 평가로 전락되어 평가만을 염두에 둔 교사의 교육적 행위들이 만연된다면, 교육에 있어 또 하나의 큰 문제로서 오히려 공교육의 몰락을 자초 할 지도 모른다.

교원평가제가 아니더라도 교원의 평가제도는 얼마든지 있다. 기존의 평정 제도를 충분히 활용하면서 교사의 자질과 전문능력의 향상을 기하면 된다. 과연 학부모가 한 번의 공개 수업을 보고 그 교육적 만족도를 평가하는 것이 타당 하느냐 하는 문제이다. 교원의 당당하고 떳떳한 정체성만이 학생들을 소신 있게 훌륭하게 길러낸다. 학교 사회에서 교원들이 교원평가에 전전긍긍하며 학생들이 입시작전의 눈치를 보듯 학교에서 평가의 눈치를 보면서 교육과 학예를 이끌어 간다면, 과연 그 교육이 온전하게 이루어지겠느냐 하는 새로운 교육 붕괴의 우려를 자아내게 한다. 평가를 하는 선생님이 평가를 받는 교육적 상황에서 선생님의 평가는 제대로 이루어질까?

결과적으로, 교원평가제를 실시하여 획득하고자 했던 목표달성이 쉽지 않고, 교원평가제 자체에도 큰 결함이 있는데도 이 제도를 계속 실시한다는 것은 교육현장에 혼란만 가중시킨다. 또한 문제점에 대한 보완책이 마련되어 있지도 않은 상황에서 무리하게 교원평가제를 실시하기 보다는 교원평가제의 방법을 새롭게 연구하고 보완하여 교사의 자부심과 긍지를 고양하며 스스로를 돌아볼 수 있는 교원평가가 될 수 있도록 제도의 실효성을 생각해 보아야 한다.

창조적 학력신장

학생들의 학력은 교육의 결과로 나타나는 것이다. 그래서 교육실제의 귀결점은 학력이 얼마만큼 신장되었느냐가 교육과정과 결과를 평가하는 기준이 된다. 학력은 배울 능력과 배운 능력으로서 그 능력이 드러난 학업성취도나 성적을 말한다.

학력은 교육적 패러다임에 영향을 받는다. 교육의 미래 전략적 차원에서 보면 교육3.0시대가 시작되고 있다. 21세기의 교육3.0시대의 흐름은 창조적인 인재양성을 목표로 정보통신기술을 활용한 교육시스템을 통하여 교육과정, 교수법, 교육평가를 포함한 교육의 총체적인 혁신이 이루어지고 학생중심의 교육이 더욱 강조된다. 국제적으로는 미래사회가 요구하는 인재양성을 목표로 21세기 역량 평가 및 교육에 관한 글로벌 프로젝트를 추진하고 있고, 국제교육성취도 평가에서는 사고방식과 직무 방식의 영역을 중심으로 '문제해결에서 협동학습'의 평가가 포함된 교육역량을 평가하고 있다.

사회적으로는 인간관계능력, 협동능력, 갈등관리능력 등의 상호작용 능력과 조직 내에서 자율적이고 협력적으로 행동할 수 있는 능력, 자신의 권리를 옹호하고 주장하는 능력인 자율적 행동능력 도구의 상호작용적 활용능력 등을 핵심역량으로 하고 있다.

이와 같이 21세기가 요구하는 학력은 우리교육에 많은 시사점을 주고 있다. 즉 수업의 질을 향상시킬 수 있도록 교사의 전문성에 기초한 공동체를 활성화 하고, 개별학습과 학습시간의 적정화로 학생의 내재적 동기를 유발하고 자기효능감을 갖게 하여, 자기 주도적이면서도 창조적인 학습능력을 갖는 학생을 길러 종합적인 문제 해결능력을 지닌 인재 양성을 요구하고 있다. 따라서 발달단계에 맞는 다양한 교육과정 운영으로 학습영역이 균형을 이루게 하고 단순한 지식교육의 수준에서 벗어나 지식을 활용하여 가치를 창조할 수 있는 창조적 능력개발을 이룰 수 있도록 해야 한다.

그러므로 21세기 교육은 창조적 학력신장을 지향해야 한다. 인간의 본질은 창조성이다. 창조성은 인간으로 하여금 절대적인 가치를 생산하게 한다. 창조성은 가치 생산의 능력으로 발휘되어지면서 인류문화의 발전을 이루어 왔다. 창조적 학력을 신장하는 것만이 21세기의 시대적 요청에 부응하는 교육이다.

창조적 인간의 삶은 스스로가 해낸 여러 가지 가치를 활용하며 유지된다. 우리 인간은 사고하고 창조하는 능력을 지니고 있기 때문에 이러한 능력을 바탕으로 스스로 삶을 이롭게 하고 풍요롭게 하는 수많은 가치요인들을 생산해 낼 수 있었다. 21세기의 학력은 누가 창조적 가치를 더 높은 수준으로 생산하는 능력을 가지느냐 이다. 그러나 지금까지 우리의 교육은 이러한 경쟁력을 필요로 하는 시대적 요구와는 동떨어져 이해하지 못한 채 이루어져 왔다.

비록 교육이 형식적으로만 이루어진다고 하더라도 개인들이 스스로 타고난 능력을 스스로 계발하는 힘도 있어서 개인적으로나 사회적으로나 적당히 가치의 생산성을 유지 할 수는 있다. 실제로 인류의 진보는 이렇게 이루어진 면이 더 크다. 그러나 21세기의 교육의 요구는 그것과는 다르다. 교육의 역할이 중요해진 것이다. 이렇게 중요한 때에 교육의 역할이 제대로 발휘하지 못한 채, 오히려 학생들에게 학력을 신장할 수 없는 교육이 이루지고 있다면 교육에서 더 이상 미래를 기약할 수 없다. 지금 우리의 교육이 이러한 상태에 있다.

이와 같은 교육의 현실이 변하지 않고는 대한민국의 21세기는 경쟁력에서 뒤처져 미래의 희망을 보장할 수 없다. 흔히 창조적 지식기반 사회로 지칭되는 21세기의 경쟁력은 자율성에 기반을 둔 창조적 능력을 개발하고 활성화하는 데서 성패가 결정된다. 이러한 시대적 요구에 부응하는 길은 창조교육에 의한 창조적 학력을 신장하는 길 뿐이다.

그러나 지금 우리의 교육이 처해있는 교육적 상황은 이러한 시대적 경쟁력을 기대하기가 매우 어렵다. 교육을 통해 이루어야할 학생들의 창조적 학력을 신장해 주지 못할 뿐만 아니라, 수십 년 동안 누적되어온 입시위주의 경쟁 속에서 청소년기의 학교생활은 전쟁터와 같은 살벌한 분위기 속에서 그들의 꿈과 희망은 생각할 겨를도 없다.

창조적 학력을 신장하는 것은 지식기반 사회에서 교육이 해야 할 핵심적인 일이다. 창조적 능력을 개발하는 일이 교육적으로 완성될 수 있다면 우리 교육이 비로소 가야 할 길을 가는 것이며, 삶의 방향을 제대로 찾은 것이다. 창조적 능력을 개발하는 일은 창조적 학력을 신장하는 일이며 창조적 가치를 이루는 근원이기 때문이다. 그러나 무조건 창조적 능력을 개발한다고 해서 교육의 성공을 보장하는 것은 아니다. 창조적 능력을 개발하는 것도 실제로 어떤 가치를 목표로 하며, 어떤 방식으로 접근하느냐에 따라 가치가 형성되는 내용과 결과가 달라지는 것이다.

우리의 교육은 지금껏 입시중심 교육에 매몰되어 시대적 가치 덕목이 무시되고 혼란되는 상황을 만들어 냈다. 입시중심 교육의 패러다임을 그대로 둔 채 창조적 교육의 본질을 구체적으로 구현해 낼 수가 없는 것이다. 다시 말해서 창조적 능력개발의 교육은 구두선일 뿐, 입시경쟁의 주입식 점수경쟁이 실제 교육의 현실이기 때문에 불행하게도 우리 교육은 창조교육을 위한 변화의 모색이 아닌, 입시경쟁의 주입식 교육을 더욱 심화시키고 있을 뿐이다.

창조적 능력개발을 위한 교육은 금방 주장한다고 해서 되는 것은 아니다. 창조적 능력개발을 위한 교육은 인간의 창조성에 대한 이해와 창조교육의 실천에 따르는 창조적 학력 신장이 이루어져야 가능하다. 창조교육은 새로운 시대에 인간의 창조성을 개발하여 창조적 능력을 함양하는 것이다. 우리 교육은 반드시 창조적 능력을 개발하는 창조교육을 회복해야 하는 시대적요구와 그것을 실천하려고 하는 의지가 맞물려 있는 전환기적인 시점에 서있다. 우리의 교육체제를 혁신하지 않으면 우리는 교육의 미아가 될 것이다. 창조적 능력을 개발하기 위한 교육은 창조학력의 신장을 통하여 창조적 가치를 높이는 데 있다.

창조적 학력신장은 학습자가 학습한 지식을 이용하여 궁극적으로 새로운 지식, 가치, 기술 등을 창출해 낼 수 있는 창조적 능력을 발휘하는 교육본질의 속성이다. 우리가 축적한 지식의 정보는 그것이 사고력에 의해 창조적으로 사용하지 않으면 아무 쓸모가 없다. 창조적 학력의 신장은 우리가 얻은 지식을 토대로 하여 그 지식을 창조적 가치로 전환할 수 있는 사고력을 함양하는 것이다. 그것이 창조교육을 위한 창조교육 교수-학습 5단계인 발상-발견-발굴-발현-발전이다. 이러한 사고과정의 단계를 통하여 교육적 기반으로서의 창조성을 이끌어 내는 것이 창조적 학력이다.

교육적 기반으로서의 창조성은 교육이론이나 교육실천에서 새로운 길잡이 역할이나 가치를 제언하는 기능을 통하여 교육적 가치판단, 평가의 행위를 제공함으로써 개별적인 교육현상을 하나의 가치체제로 재구성하고 통합한다. 그러므로 인간의 형성과 사회의 발전은 창조성의 실현을 의미한다. 교육은 창조학력을 신장하여 언제나 창조적 가치의 실현을 지향한 것이다.

인격의 가치와 문화가치의 창조는 인간의 영혼과 정신이 교육을 통하여 외현적으로 나타나는 창조성의 실현이다. 교육에 의하여 창조적 가치는 이루어지며 인간의 능력이 과시되어 진다. 그렇기 때문에 창조적 학력 신장으로 창조성을 실현하는 것은 교육적 변화 속에서도 변하지 않는 불변의 가치로서 주체적 자아를 완성하는 것이다. 주체적 자아를 완성하는 창조적인 능력이 교육적 신념이나 가치체제의 길잡이 역할을 하여 인간의 창조적 인격을 실현한다.

창조적 학력의 신장은 그 사회의 규범이나 개인의 신념체계의 가치 기준이 되어 교육적인 참조체제를 형성하는 교육적 기반이 된다. 즉, 다양한 창조적 가치 속에서 교육적 자아를 형성하는 토대를 제공해 준다. 교육의 본질적이며 최대의 기능은 인간성의 완성인 인격의 창조에 있으며, 이러한 인격의 창조가 교육적 기반으로 성립된다. 교육적 기반은 가치 실현을 위한 창조적인 학력의 신장을 이루어 인격의 가치와 국가 사회의 가치와 문화가치를 창조해 낸다.

이 땅의 선생님들께

태양이 노을도 없이 안녕을 고한지도 오랜 시간이 흘러갔습니다. 또 하루가 흘러갑니다. 오늘 하루도 선생님들께서는 학생들과의 씨름에 얼마나 지치셨는지요. 우리 교육이 현실이 팍팍하다고 해도 말없이 묵묵히 사도의 길을 가시는 선생님들이 계시기에 그나마 이 땅의 교육이 지탱되고 있습니다. 교육이 온갖 비판과 질책에 시달려도 온몸으로 그것을 감수하시며, 우리 자녀들의 가르침을 위해 불철주야 오직 교육에 헌신하시는 선생님들은 그야 말로 어느 누구 보다도 가장 위대한 분들이십니다.

교육하는 일이란 사람을 가르쳐 사람을 만드는 일이라는 것을 선생님들께서는 너무 잘 알고 계실 것입니다. 학생의 개인적인 입장에서 보면 학생의 능력과 자질과 그 도덕적 품성을 형성하는 일이며, 국가 사회적 차원에서 보면 국민의 창조력과 도덕적 자질을 만드는 일입니다. 선생님들의 이러한 가르침은 학생 개개인의 일생에 영향을 미치며, 국가 사회의 미래에 막중한 영향을 미치는 국민의 도덕적 품성과 자질을 형성합니다. 그러므로 우리 선생님들의 윤리는 다른 어느 사람들보다도 엄격하며 중요시 됩니다.

윤리는 행동이나 실천의 비공식적인 규범이라고 알고 있습니다. 그래서 윤리는 능동적이고 자율적이며 사람의 양심에 따른 것입니다. 그러므로 윤리가 법적인 규제 대상은 아니지만 세상은 윤리에 벗어난다면 법을 어기는 것보다도 더 만인의 비판과 지탄의 대상이 됩니다. 자라나는 학생들을 가르치는 선생님이니까요. 그래서 우리 선생님들께서는 무엇보다도 자신에 엄격하셔야 만인이 우러러 보는 사표가 되실 것입니다. 자신에 엄격하다는 것은 선생님들께서 확고한 윤리관을 확립하는 것입니다.

그 윤리관의 첫째는 가치관과 철학의 확립입니다. 우리 선생님들께서는 가치관과 철학이 건전하게 확립되어 계실 것입니다. 사람이 가치관과 철학을 갖기 위해서는 민주적인 인간이 되어야 합니다. 민주적인 가치관은 '자유'와 '평등'과 '박애'입니다. 선생님들께서는 자유를 실천하시고, 평등을 구현하셔야 하며, 박애를 베푸셔야 합니다. 그리하여 인간의 존엄성을 신봉하고 개인을 존중하며 민주적 인간의 표상이 되셔야 합니다.

윤리관의 둘째는 투철한 국가관을 확립하는 일입니다. 선생님들의 가르침은 궁극적으로 나라와 겨레의 발전과 융성을 위한 것입니다. 가르침에 있어서 지역주의나 사리사욕을 가르치는 것이 아니라 국가의 장래를 염려하고 국가발전에 기여하는 인재를 길러야 합니다. 나라와 민족을 위해 몸을 바치신 순국선열들의 위대한 뜻을 기려 그 정신을 본받도록 가르쳐 나라와 민족을 사랑하는 투철한 국가관이 확립되도록 해야 합니다.

윤리관의 셋째는 원만한 인격을 수양하며 건전한 교육관을 확립하는 것입니다.

선생님들께서는 학생들에게 인간다운 본을 보여주는 사람입니다. 그러므로 인간다운 사람이 되기 위하여 부단히 수양을 하여 바르고 건전한 교육관을 가져야 합니다. 원만한 인격과 건전한 교육관을 갖기 위하여 끊임없이 노력하는 것이 교육자의 책무입니다. 건실한 인생관과 생활관, 교육에 대한 확고한 소신, 학생에 대한 사랑과 열정으로 원만한 인격과 건전한 인격을 확립하셔야 합니다.

윤리관의 넷째는 건강한 심신을 단련하고 유지해야 합니다.

선생님들께서는 정신적으로나 신체적으로 건강해야 합니다. 선생님의 정신과 신체의 건강은 자기관리 윤리의 기본 바탕이 됩니다. 선생님들께서 건강하지 못하면 늘 학생과 씨름하듯 가르쳐야 하는 직무를 감당하지 못할 것이고, 정신적으로 건강하지 못하다면 학생을 지도하며 교육하기 어려울 것입니다.

윤리관의 다섯째는 교과실력을 함양하는 일입니다.

선생님들께서는 학생들의 샘솟는 지식 욕구를 충족해 주어야 합니다. 학생들은 선생님으로부터 배움의 욕구를 충족하였을 때만이 선생님을 존경합니다. 그러므로 선생님은 전공에 대하여 통달자가 되어야 하며, 그것을 가르치는 방법도 충분하게 터득해야 합니다. 그러기 위해서는 선생님들께서 가르치는 교과목과 그에 관한 학문에 대하여 끊임없이 공부를 해야 합니다. 그리하여 선생님의 전공교과에 대한 지식의 구조와 내용, 가르치는 방법과 평가 방법을 통달하고 있어야 합니다.

선생님들께서 확립하실 윤리는 이밖에도 매우 많다고 봅니다. 이 다섯 가지는 학생들과의 관계에서 상호작용하면서 갖추어야할 윤리관이기 때문에 대강을 추려 말씀드리는 것입니다.

학생들과의 상호작용하면서 선생님들께서 갖추어야 할 윤리도 중요하지만 학생과의 윤리 또한 중요합니다. 학교에서 선생님의 행동은 학생들이 그대로 배우고 닮습니다. 그래서 학생은 선생님의 거울이라고 합니다. 선생님들이 생각하고 행동하는 것이 직간접적으로 학생들에게 영향을 미치는 것이기 때문이지요. 그러므로 선생님들은 학생들과의 관계를 사려 깊게 대처해야 할 것입니다.

첫째로 솔선수범하는 일입니다.

선생님의 행동은 학생들에게는 학습의 대상이며 수범의 대상입니다. 선생님의 말씨, 표정, 심지어 걸음걸이까지도 학생들이 보고 듣고 배우고 본받습니다. 선생님들께서는 이점을 한시라도 잊어서는 안 될 것입니다. 학생들과에 관계에서는 항상 신중하고 조심성이 있고 사려 깊은 행동을 하도록 해야 합니다. 선생님의 단 한 번의 실수라고 할지라도 학생들에게 존경심을 잃어 이후 교육의 효과는 크게 손상될 것입니다.

둘째로는 학생의 인격과 개성과 개인차를 존중해 주는 일입니다.

학생들은 각자 특성이 다르고 장점이 있으며, 자존심을 가지고 있습니다. 그러므로 학생 한 사람 한 사람의 인격체는 각각 가치 있는 것으로 여겨 줘야 합니다. 학생들은 모두가 똑같지 않습니다. 학생들은 각기 다른 적성과 성격을 가지고 태어나 다르게 성장합니다. 가정환경과 배경도 다릅니다. 그러므로 학생들은 개인차가 있게 되는 것입니다. 다른 것을 같이 취급하는 것을 불공평이라고 하지요. 다른 것은 달리 취급해야 평등이라고 하듯이 학생의 다른 점을 다르게 취급하여 학생의 개성을 존중해 주어야 합니다.

셋째, 지도에 있어서 공평해야 합니다.

학생지도에서 제일 금기시해야 할 것이 '편애'입니다. 선생님은 학생과의 관계에서 모든 학생에게 공평해야 합니다. 학생을 지도하면서 선생님이 공평하지 못하다고 인식되면 교권이 실추되며, 그 지도 학급은 반목과 대립의 갈등이 생길 것입니다. 물론 선생님들께서도 사람인지라 학생들을 대할 때 좋고 싫음이 있을 수 있을 것입니다. 공평하게 지도한다는 것은 획일적으로 평등하게 학생을 지도하라는 것은 아니라고 봅니다. 개인차를 인정하고 거기에 맞게 지도하는 것이 공평한 지도일 것입니다.

넷째, 학생지도 과정이나 직무상 알게된 학생의 비밀은 보장해 주어야 합니다.

선생님께서 학생을 상담하거나 지도하는 과정에서 알게 된 학생의 프라이버시와 같은 비밀은 법률상 부득이 한 경우를 제외하고는 공개해서는 안 된다고 알고 있습니다. 사람은 누구나 감추고 싶은 비밀이 하나쯤 있게 마련입니다. 학생이라고 해서 예외는 아닐 것입니다. 선생님들께서 학생들을 상담하거나 지도하다 보면, 과정상 비밀을 인지하게 되는 경우가 있을 것입니다. 이렇게 알게 된 비밀은 누구에게도 공개해서는 안 될 것입니다. 학생과의 관계에서 꼭 지켜야 할 선생님의 기본 윤리입니다. 학생의 비밀을 공개하는 것은 학생의 선생님에 대한 신뢰를 저버리는 것으로, 이 경우의 불신은 회복되지 않습니다. 그리되면 선생님의 권위와 지도력은 크게 훼손 당하는 결과를 가져 올 것입니다.

다섯째, 학생들의 창조성을 개발하는 일에 염두를 두는 일입니다.

입시위주의 교육체제 속에서도 우리의 교육은 창조적 능력 개발을 수 없이 강조했지만, 실제 교육은 그러하지 못하였다는 것을 선생님들께서도 너무 잘 알고 계실 것입니다. 상급학교의 진학이 목전에 닥친 현실인데 언제 그럴 시간이 있냐고요? 하지만 이와 같은 교육체제를 혁신할 수 있는 것은 오직 선생님들뿐입니다. 학생들의 자유와 자발을 존중해주면서 각자가 타고난 소질과 적성, 꿈과 끼의 가치를 기를 수 있는 창조교육체제로 선생님들께서 앞장서서 개혁해 주신다면, 우리의 교육은 본연의 모습을 찾을 수가 있을 것입니다. 선생님들께서 교육혁신의 주체가 되셔야 합니다.

이상에서 제가 드리는 말씀들은 새로운 것이거나 특별한 내용은 아닙니다. 이미 선생님들께서도 알고 계시고 대부분 실천하시려고 노력하는 것입니다. 다만 우리의 교육이 이상과 실제가 다르게 적용되는 현실의 팍팍함에서 교육이 바른길을 찾아갈 수 있도록 생각해보자는 의미에서 드린 말씀일 뿐입니다.

우리 교육의 미래가 그래도 희망이 있는 것은 불철주야 사랑하는 제자들을 걱정하면서 교육에 전념하며 올바른 사도의 길을 가려고하는 선생님들이 대부분이기 때문입니다.

우리 선생님들은 이 땅에서 가장 위대하신 분들입니다.

언론사 칼럼

지역 학습공동체를 만들자

30여년의 공직생활을 마감하고 작년 5월 군장대학장에 취임하여 제일 먼저 학과 개편을 단행하였다. 경쟁력이 뒤떨어진다 싶은 5개의 학과를 폐지하고 새로운 학과를 설치했다. 세계 제1의 선박제조업체인 현대중공업과 매년 졸업생 100명의 취업을 협약하고 입학정원 220명의 '조선계열'을 특약학과로 설치했다. 이어서 동양제철화학, 한국조선공업협동조합 군산마이스터고, 장항공고, 중국의 대기업인 수산그룹, 적산그룹 등과도 협약을 체결하였다. 세계의 글로벌 기업과 협력하여 인력을 양성할 수 있는 취업 및 채용 약정 모델을 적용하기로 한 것이다. 대학 구조조정에 대한 원칙은 두 가지였다. 하나는 지식기반경제사회에서 생존하기 위해서는 특성 없는 백화점식 학과를 배제하고 비교우위 분야를 특성화하는 교육이어야 한다는 생각이었다. 다른 하나는 여건상 경쟁력 확보가 쉽지 않은 지방대학이지만, 양질의 교육으로 '전문 직업 인력의 양성'이라는 본연의 기능에 충실 한다면 직업교육 중심대학으로 위상 정립이 가능하다는 판단에서였다.

최근 지역전략산업 분야에 필요한 인력을 기업과 대학이 협력으로 양성하려는 노력이 결실을 맺은 사례를 찾아볼 수 있다. 군산의 군장대학과 현대중공업의 조선인력, 당진의 신성대학과 현대제철의 제철인력 양성을 위한 취업약정 특약학과 설치가 대표적 사례이다. 이런 유형의 지역밀착형 인력양성이 성공을 거두기 위해서는 기업과 지자체, 전문계고교, 대학 등 지역의 혁신주체가 협력을 위한 네트워크, 즉 지역 내 "학습공동체"를 결성하는 것이 선결되어야 한다는 생각이다.

각 지자체마다 전략산업 육성을 통하여 지역경제 활성화와 경쟁력을 갖추기 위한 다양한 정책을 추진하고 있다. 지자체는 전략산업육성 사업에 지역대학을 참여시키고 지역 전략산업 분야와 연계하여 특화를 추구하는 대학에 지원을 아끼지 않고 있다. 대학은 다양한 산학협력을 실무능력 향상의 기회로 활용하고, 기업은 재교육 비용부담 없이 인력을 공급받기 위한 기회로 활용하고 있다. 이와 같은 상생(win-win)모델이 성공을 거두기 위해서는 기업은 원하는 인력에 대한 니즈(needs), 즉, 교육내용을 미리 주문하고 졸업생 채용을 선약하여야 하며, 대학은 기업의 주문에 맞춰 교육과정을 편성하여 운영하여야 한다. 지자체는 이와 같은 주문식(맞춤형) 교육과정 운영에 참여하는 대학과 기업에 대해 행정적· 재정적 지원을 강화해나가야 한다.

지역경제 발전의 핵심은 인력개발 네트워크를 근간으로 지역민의 직업능력을 개발하고 일자리를 창출하여 고용을 높임으로써 주민의 삶의 질을 향상시키는 일이다. 전라북도는 자동차, 조선, 기계부품, 에너지, 방사선, 식품, 문화, 관광 관련 유망기업 유치와 창업을 통한 일자리 창출 및 일자리 지키기 정책을 지속적으로 추진하고 있다. 산업구조와 기술수준이 고도화된 지역에서는 인력수준 고도화에 대한 요구가 필연적이다. 이 때 필요한 것이 지역 내에서 지식직업능력 개발을 위한 효율적 방안을 찾아내는 일이다.

지역기업이 원하는 인력 양성을 위한 인프라, 즉, 산학연관 협력시스템 및 파트너십이 구축되어 노동시장에서의 원활한 수급구조가 가능할 때 기업 유입은 증가하며, 그만큼 양질의 일자리도 만들어지게 된다. 기업은 입지를 위해 교육열과 기술수준이 높은 지역을 선호하기 마련인데, 이 때 우선적으로 고려하는 사항이 기술과 인력의 비대칭(mismatch)문제이다. 기업경영에 있어서 핵심인 이 문제의 해결을 위해서 "지역 학습공동체"는 사전 기술조사에 의한 교육내용의 재구성, 학습효과 극대화 방안, 교육시장에서 노동시장으로 혹은 노동시장에서 교육시장으로의 이행이 큰 비용 부담 없이 원활하게 이루어지는 방안에 대한 격의 없는 협의가 필요하다. 산학연관 협력이 생산적으로 운영되면 지역은 경쟁우위를 차지할 수 있고, 경기가 활성화되어 지역민의 삶의 질적 향상이 가능한 선순환적 구조가 가능해질 것이다.

따라서 지역 대학과 기업은 지역경제 발전의 핵심주체로서 "지역 학습공동체"의 일원으로서 부여된 책임과 역할을 다할 수 있어야 할 것이다.

(전라일보, 2009. 1. 21)

지방대학 육성과 지역발전

지난해 하반기 이후 글로벌 경제의 동반침체가 본격적으로 가시화되면서 생산 감소 등 내수경기의 위축이 심화되고 채용이 격감하고 있다. 정부, 지자체, 기업을 비롯한 각 분야에서 "일자리 나누기(Job sharing)" 등 일자리 창출을 위한 백방의 대책이 광범위하게 추진되고 있다. 대학에서는 현장실무교육과 인성교육을 강화하고, '인력개발원' 등 학생 취업기회 확대를 위한 전담기구를 설치하고, 취업비상대책팀을 구성하여 진로지도와 경력개발 프로그램을 구축하는 등 대책 마련에 부심하고 있다.

올해 신입생 모집 결과를 보면 산업구조 변화와 졸업 후 노동시장의 인력수요 예측에 따라 학과별 학생모집 성적은 크게 다른 것으로 나타났다. 자동차·기계·조선 등 지역전략산업 관련학과와 보건계열과 복지관련 학과는 지원자가 많이 몰렸다. 지난 1년간 산업별 기술수요에 대한 조사를 바탕으로 학과 구조조정을 단행하고, 교육 환경과 여건을 대폭 개선하며, 세계적 대기업인 현대중공업과 매년 100명의 졸업생 취업을 조건으로 협약학과를 설치하는 등 백방으로 노력하였으나, 전체 모집정원을 다 채우지 못하였다. 지방대학 특히 지방전문대학에 대한 사회적 편견이 높다는 사실을 또 다시 확인할 수 있었다.

최근 지방대학은 학생 수의 급감과 대학의 경쟁력 약화로 심각한 위기에 봉착해 있다. 지금의 추세를 감안해보면 대학 입학정원 역전현상은 호전의 기미가 보이지 않는다. 지금 거의 모든 지방대학이 겪고 있는 이 위기는 대학 스스로가 자초한 면이 없지 않다. 1980년대 중반 이후 인구 증가율의 둔화현상이 지속되고 있었음에도 불구하고 경쟁력 없는 분야 학과에 대해 과감한 폐지가 아니라, 학과 조정 등으로 안이하게 대처해왔음을 부인할 수 없기 때문이다.

오늘날 지방대학은 교육인력 부족과 그에 따른 교육재정 부족의 폭이 갈수록 커져가고 있다는 근원적 문제를 안고 있다. 대학 교육시장에서 교육의 공급과잉 구조가 호전되지 않는 한 지방대학 재정난은 가속화될 것이며, 결국 퇴출이라는 비극에 이르게 될 것임은 자명하다. 교육수요 확충을 위한 획기적 방안을 마련하는 것이 문제해결의 실마리가 될 것이다. 수요측면에서는 특별전형이나 정원 외 전형의 확대, 평생교육과 성인교육 활성화, 특성화·전문화, 대학 브랜드 이미지 제고를 통해 교육수요자를 창출하거나 간접적으로 대학 지원율을 높이는 방안 등을 고려해볼 수 있다. 교육정책 측면에서는 대학 수와 입학정원 증가 등 초과 공급현상을 더욱 심화시킬 수 있는 정책의 시행은 가급적 자제되어야 할 것이다.

최근 수년 간 많은 국고를 투입하여 추진된 지방대학 특성화사업, BK21 지역대학 육성사업, 지역 기술혁신센터, 테크

노파크 조성과 수도권 대학입지 규제 등 정책은 지역발전과 지역경제 활성화를 위해서 지방대학을 지원하여 육성하는 것이었다. 신정부 들어 대학 재정지원 방식은 지금까지 수년간 지속되어 온 프로그램 방식에서 포뮬러(formula) 방식으로 바뀌었다. 이제 대학이 상대적 경쟁력을 갖추지 못하거나, 총체적 교육역량을 강화하지 않으면 국고를 지원받기가 쉽지 않게 된 것이다. 일부 우수 대학과 수도권 대학에 지원이 편중될 소지가 많은 이 방식은 지역 간 불완전 경쟁 조건 속에서 수혜를 받는 대학과 그렇지 못한 대학 간 간격을 더욱 크게 벌어지게 할 것이다. 교육여건이 열악한 지방대학은 정원미달과 재정압박이라는 이중적 어려움을 겪게 되어 결국 존립자체가 어려워지는 상황으로 몰아갈 수도 있다.

지방대학 발전은 대학의 자생역량을 길러주는 방향으로 추진되어야 한다. 우수학생 유치와 질 높은 교육을 통한 우수 인재의 양성이 학생취업기회를 확대함으로써 대학의 경쟁력을 높이는 선순환 구조를 지닐 수 있도록 하여야 한다. 경쟁력을 상실한 분야는 과감한 구조조정을 단행하고, 지역 발전계획과 교육수요자의 요구를 충분히 수용하는 등 자율적 자구노력을 유도하여야 한다. 지자체나 정부는 지방대학의 이와 같은 자구노력이 결실을 맺도록 행정적・재정적 지원을 아끼지 않아야 한다.

(내일신문, 2009. 3. 20)

지식사회와 직업기술 교육의 혁신

피터 드러커(Peter F. Drucker)에 의하면 우리 사회는 '지식'이 새로운 생산 수단이자 유력한 생산요소가 되었으며, 지식근로자가 이끌어 가는 지식기반 사회로 진입하고 있다. 지금 우리 사회에서 나타나고 있는 가장 큰 변화는 산업구조와 고용구조가 '지식사회'의 형태로 급속히 바뀌기 시작했다는 것이다. 산업구조, 고용패턴, 근무형태, 필요 인재상 등 많은 면에서 변했다.

산업구조는 지식집약적인 고기술과 고부가가치 산업이 주류를 이루고, 이에 필요한 고급 산업기술 인력의 양성이 교육과 훈련의 가장 중요한 당면 문제가 되었다. 고용 패턴 또한 뚜렷한 변화를 보이게 되었다. 기업체에서는 모든 작업을 직무(職務)로 나누고 직무수행에 필요한 인력만 채용하게 되었다. 인력운영에 있어서도 계약에 의해 고용과 퇴출이 결정되는 '고용의 유연화'가 일반적인 현상이 되었다. 근무형태도 업무에 따라 다양화되고 있으며, 고용의 형태도 정규직 보다는 훨씬 적은 비용으로 충분히 활용하되 활용한 후 쉽게 해고가 가능한 계약직 위주의 비정규직을 선호하게 되었다.

대부분의 기업은 해당 기업 문화에 순응하면서 적은 비용으로 최대한의 이익을 창출할 수 있는 역량의 인력만을 필요로

하게 되었다. 특히 각 기업은 국제적 감각과 매너, 정보 활용 능력, 의사소통능력이 우수한 글로벌 인재를 절실히 필요로 한다. 기업이 이러한 핵심인재를 확보하는 방법은 자체 계획에 따라서 육성하거나, 전문 '헤드헌터'(headhunter)의 힘을 빌리는 방법을 주로 사용한다. 기업에서 양질의 인력, 특히 핵심역량의 인력을 어느 정도로 확보할 수 있느냐의 여부가 경영의 관건이라 생각한다.

그러나 아쉬운 것은 거의 모든 기업이 실제로 필요한 인력 수급을 위한 노력은 소홀히 하고 있다는 점이다. 필요로 한 만큼의 인력을 지역에서 공급받을 수 있느냐의 여부가 기업에게는 절대 필요한 일임에도 대학과의 협력에 매우 소극적인 것이 현실이다. 기업은 필요한 인력 확보를 위하여 대학과 협력하여야 한다. 기술수준에 맞춰 교육내용을 주문하고, 교육과정개발, 교재개발, 교수활동 등 교육활동에 동참하여야 한다. 산학협력 교육활동에 의해 배출된 졸업생의 고용이야말로 가장 효율적인 인력 확보의 방법이라 할 수 있다.

현재 고급 기술인력 개발의 가장 중요한 요소라 할 수 있는 직업기술 교육은 많은 변화를 겪고 있다. 그동안의 직업기술교육은 급속한 산업 성장에 발 맞춰 양적 팽창 위주로 추진됨으로써 질적 수준 제고에 대한 고려가 미흡하였다. 당연한 일이지만 기술수준의 불일치(mismatch)로 인한 재교육비 부담 등 많은 추가 비용이 발생하였다. 기업이 흔히 드러내는 불만은 대학에서의 직업기술 교육의 내용 및 수준이 산업현장 기술수준을 고려하지 못하고 현장 적합성 함양에 매우 소홀했음에 대한 불만이다.

직업기술교육은 비전을 가져야 한다. 질 높은 직업기술교육으로 우수한 기술 인력을 육성할 수 있어야 한다. 직업기술교육 지원시스템을 갖춰야 하고, 교육의 질과 성취도를 높일 수 있도록 교육여건을 선진화해야 한다. 교육기관의 선택이 직업을 결정하는 것이 아니라, 교육내용과 교육여건이 직업의 범위를 결정하는 것이다. 지식사회의 직업기술교육은 산업사회의 단순 기술 및 기능 습득의 차원을 넘어 창조적 '지식'을 활용하는 직업역량을 갖추는 방향으로 개혁되어야 한다.

새만금의 본격적인 개발을 계기로 많은 기업이 입주하고 있는 시점에 필요한 인력의 수급이 균형을 이룰 수 있도록 지역 내 산-학-연-관이 긴밀히 협력하면 지역사회의 발전은 물론이요, 기업과 학교는 서로 '윈-윈'(win-win)할 수 있게 될 것이다.

(전라일보, 2009. 4. 22)

배움의 올바른 펼침

배움과 그 실천에 관련된 두 가지 유명한 중국 고사가 있다. 하나는 중국 한(漢)나라 경제(景宰)때 원고생(轅固生)이라는 학자가 공손홍(公孫弘)이라는 학자에게『배운 것을 굽혀 세상에 아부하는 일이 없도록 하게(務正學以言 無曲學以阿世)』라고 충고한 고사에서 비롯된 곡학아세(曲學阿世)란 말이다. 자기가 배운 것을 출세를 위해서가 아니라 올바르게 펼칠 수 있어야함을 이르는 말이다. 다른 하나는 〈논어(論語)〉의 '학이편(學而篇)'에서 증자(曾子)가 매일 반성함으로써 자신을 돌아보았던 세 가지, 즉『남을 위해서 일을 하는데 정성을 다 하였든가, 벗들과 함께 서로 사귀는데 신의를 다 하였든가, 배워 익히지 못한 것을 남에게 전하지 않았던가(爲人謀而不忠乎, 與朋友交而不信乎. 傳不習乎)』라는 말이다.

하계방학이 벌써 한 달째에 접어들었다. 겉으로는 조용해 보이는 캠퍼스도 사실은 '곡학아세'에서 이르고 있듯이 배운 바를 세상에 올바로 펼치기 위해서, 그리고 '증자'가 말하듯이 배운 바를 제대로 전수하기 위해서 어느 때 보다 분주히 움직이고 있다. 대학은 9월부터 시작되는 내년도 신입생 모집을 준비하고, 교수와 학생들은 전공능력을 함양하기 위하여 산업체 현장연수, 현장실습, 인턴실습 등으로 분주하다. 캠퍼스 안팎에서 일어나는 이 모든 일련의 과정이 지극히 평범하지만, 실은 수많은 변화를 의식하면서 경쟁력을 갖추고자하는 치밀한 계산 속의 정중동(靜中動)인 것이다.

요즈음 사회의 거의 모든 분야에서 변화와 경쟁의 가치를 지나치다싶을 정도로 강조하고 있다. 이제는 누구든지 생존을 위해서는 변화를 인식하고 경쟁에서 이기지 않으면 안 된다는 사실을 무의식적으로 인정하고 있을 정도이다. 특히 국가의 경쟁력을 말할 때 빼놓지 않고 등장하는 말이 대학 교육이 국가의 경쟁력이라는 것이다. 국가의 경쟁력은 대학이 축적한 지식과 배출한 인재에 의해 만들어지기 때문에, 나라마다 대학 개혁과 대학 경쟁력 향상에 큰 관심을 기울이고 있는 것이다. 우리나라에서도 대학교육의 경쟁력을 향상시키기 위하여 고등교육 재정확충, 연구 및 교육역량 강화, 교육의 질 관리, 수요자 중심 교육과정 운영, 국제화 교육 등에 노력을 다하고 있는 것이 그 중요성을 반증한다.

오랫동안 산업체에서는 기술경쟁력이 있고 없음을 말할 때마다 대학교육과 현장기술의 불일치를 기업 및 국가 경쟁력이 저하의 주요 원인으로 꼽고 있다. 따라서 수요자가 만족하는 교육을 위해서는 기업의 기술수준 조사와 직무분석을 거쳐 새로운 교육과정을 개발하지 않으면 안 된다. 지식기반사회 인력개발은 광범위한 직업군(群), 즉, 여러 직무를 두루 해낼 수 있는 능력 개발 보다는 특정 직종, 특수 직무 능력 개발에 역점을 두지 않을 수 없기 때문이다. 따라서 새로운 패러다임의 교육과정은 기존 교육과정의 개선이 아니라, 완전 재설계가 필요하다. 기존 교과목을 과감히 버리고, 직업군 분석 및 직무분석에 의해 도출된 새로운 교과목으로 대치해야 한다.

경쟁력을 갖춘 대학은 시설, 연구는 물론, 교육 및 교육지원 분야에 투자를 아끼지 않은 대학이라고 말할 수 있다. 교육의 질 담보를 위해 다양한 관리 체계를 갖춘 대학으로서, 교수 개개인에 대해서도 강의평가, 산학협력 활동평가, 사회봉사활동 결과 등 다양한 교육활동을 평가하고 평가결과에 따라 이에 상응하는 인센티브를 과감하게 부여하는 대학이라고 말할 수 있다.

대학교육은 지역사회와 국가에서 꼭 필요한 교육이 되어야 한다. 이를 위하여 정부는 연구·교육의 수월성 등 경쟁력을 확보한 대학에 대해서는 지원을 아끼지 않아야 한다. 또한 기업도 학습공동체의 중요한 한 축으로서 인재양성에 투자로 적극 참여해야 한다. 교수연수 지원, 교수학습 지원, 인턴 실무교육, 현장학습 지원, 장학금 지원 등이 그것이다.

(전라일보, 2009. 7. 1)

대학입시와 지역균형발전

지난 11월 12일 수능시험이 끝남에 따라 2010학년도 대입전형은 12월 18일부터 정시모집에 들어간다. 2010학년도 대입 수시전형을 치루면서 우리는 수험생들이 진정 원하는 바가 무엇인지를 알 수 있었다. 그들은 모두 그동안 키워온 나름대로의 꿈을 실현할 수 있는 대학과 학과를 선택한다는 것이었다. 그들은 졸업 후 취업이 용이한 분야의 학과와 평생 활용이 가능한 자격증을 취득할 수 있는 분야의 학과를 선택했으며, 그들이 보기에 희망이 없다고 판단한 학과는 철저하게 기피했나.

수시전형만으로 살펴볼 때, 4년제 대학과 2,3년제 대학을 불문하고 지방대학이라고 할지라도 의대, 치대, 한의대, 약대, 간호학과 등 의료보건인력 양성 관련 학과는 전국적 지원현상으로 높은 경쟁률을 보였으며, 대부분의 우수한 수험생들은 올해도 예외 없이 수도권 대학을 선호했다. 그 결과 특성화 되지 못하거나, 전국적 지명도를 갖지 못한 지방대학은 입학자원 부족으로 경쟁력을 상실하게 되어 어려움을 겪고 있다.

일련의 대입전형을 치루면서 우리는 수험생 수도권 집중현상에 대하여 다음과 같은 딜레마를 갖게 되었다. 하나는 지방의 균형발전을 위해서는 지방대학이 활성화 되어야 하고, 지역 고등학교 졸업자들로 하여금 그 지역 대학에 진학하도록 함으로써 지역 경제력 유출 없이 직접적으로 지역발전에 기여할 수 있게 해야 한다는 생각이며, 다른 하나는 수도권 진학을 지역 인재 유출이나 지역 경제력 유출로만 볼 것이 아니라, 나중에 지역을 위해 직접 또는 간접적으로 일할 수 있는 역량 있는 중앙무대의 인재를 키운다는 생각인 것이다.

사람을 낳으면 서울로 보내고, 말을 낳으면 제주도로 보낸다는 옛말이 있지만, 이런 저런 연유로 재화, 정보, 그리고 사람 모든 것이 수도권에 지나치게 집중되는 것은 수도권을 포함한 모든 국민의 삶의 질을 위해서나 지역의 균형발전 차원에서도 결코 바람직스럽지 않다. 우리가 대전 이남의 지방 어디서나 쉽게 볼 수 있는 지역의 피폐현상은 지난 수십 년간 수도권으로의 지속적인 인구유입으로 인한 인구감소에서 비롯된 것이다. 지방고등학교 졸업자의 수도권 대학 진학과 대학 졸업자의 수도권 거주 및 취업은 지역인재 유출과 인구감소의 전형적 특징으로서 지방여건의 획기적 개선이 이루어지지 않는 한 지속될 수밖에 없는 현상이라 할 수 있다.

그렇다면 지역인재의 수도권 대학진학과 이로 인한 지역경제력의 유출 현상을 개선하기 위해서는 어떤 조치가 취해져야 하는 것일까? 먼저 모든 것이 서울로 향하는 우리 사회의 기형적 시스템이 개선되어야 한다. 경제적 효율성과 지리적 이점만을 따진다면 수도권이 유리할 수밖에 없는 상황에서 정부의 정책결정자나 기업인들의 애향심에 의존해서는 수도권 집중현상을 해결할 수 없다. 그래서 지난 정부는 다소 무리가 따르지만 정권적 명운을 걸고 행복도시를 추진했고 공공기관을 전국 방방곡곡에 배치하는 지방 이전과 지방혁신도시를 추진하지 않았던가?

인구가 지속적으로 줄고 있는 지방에는 전국으로부터 인구유입이 가능할 정도의 규모 있는 대기업이 입주해야 한다. 영남지방의 울산, 포항, 창원, 구미시 등이 대기업을 유치함으로써 허허 벌판에서 대표적인 기업도시로 성공한 지역이 되었고 호남에서는 최근에 와서야 여수, 목포, 군산 등에서 대기업을 유치하며 지역경제 활성화가 진행되고 있다. 또한 지방에 있는 대학이라도 전국적으로 특히 수도권의 학생들이 지원할 수 있도록 학교의 경쟁력을 키워야 한다. 지방의 경제가 활성화되고 지방대학 출신들이 지방의 대기업 또는 관련 협력업체 등에 취업이 되기 시작하면 지방대학에 보건의료계열 뿐만 아니라 공업계열이나 인문사회계열 더 나아가 문화 예술계열까지도 학생들이 지원하는 지방대학의 시대가 열릴 것이다. 전라북도가 이러한 점에 착안하여 지난 3년 동안 현대중공업을 비롯하여 398개의 기업을 유치하고, 대학 재정지원 확충에 도움을 준 것은 취업을 통한 인구유출 방지책으로서 매우 훌륭한 것이었다. 중앙정부도 수도권의 반발에 발목 잡혀 행복도시의 추진을 재검토할 시간에 지역균형발전을 위한 묘책을 강구하는 것이 바람직하지 않을까?

(전라일보, 2009. 11. 1)

인재육성은 지역발전의 원동력

5월에 나는 두 번의 의미 있는 만남을 경험한 바 있다. 하나는 지난 해 6월 군장국가공단에 입주한 위그선(Wig Craft) 생산업체 윙쉽테크놀로지(주)의 강창구 대표이사를 만난 것이었다. 윙쉽테크놀러지(주)는 물위를 1~5m로 떠서 시속 300~450km로 운행하는 비행선박인 위그선 생산전문업체이다. 강창구 대표이사는 직접 학교를 방문하여 대학에서 추천한 재학생 2명의 취업을 약속하고, 5월 26일에 산학인턴십교육협약을 체결하기로 약속하였다. 강창구 대표이사는 지역 내 대학과 협력하여 필요한 인력을 적기에 공급받는 것이 기업에 주는 긍정적 효과를 잘 알고 있었다. 우리대학은 2008년에 현대중공업(주)과 협약하여 조선해양과를 설치하여 운영 중인데 이제는 산학협력으로 해양플랜트 관련 인력과 위그선 등 특수선박을 제조하고 운항하며 정비할 수 있는 인력을 양성할 수 있는 학과를 2011년에 신설할 예정이다.

다른 하나는 항공관련 자율학교로서 특성화에 성공한 고창의 강호항공고등학교를 방문하여 강인숙 교장을 만난 것이었다. 1979년에 설립된 강호항공고등학교는 상업계, 공업계 전문계고를 거쳐 2005년 항공특성화고등학교에 지정되고, 2007년에 국방부 군(軍)특성화고등학교에 선정되어 공군 고정익 항공 정비

분야 인력을 양성하고 있는 학교이다. 수년간 신입생 부족현상에 시달리던 이 학교는 전국 4대 항공특성화 자율학교로 바뀜으로써 전국에서 우수한 자원이 밀려드는 큰 변화를 겪은 고등학교이다. 우리대학은 2011년에 항공조종과 항공정비 학과를 설치할 예정으로 강호항공고등학교의 신입생 분포내역, 항공실습장과 교육기자재를 견학함으로써 큰 도움을 받을 수 있었다.

이 두 가지 사례는 기업과 교육은 경영자의 의지 여하에 따라서 무한한 효과를 낼 수 있음을 보여주는 것이라고 할 수 있다. 강호항공고등학교의 경우는 3월말 현재 2만7천 세대에 인구 6만 명인 작은 농촌 고창의 한 고등학교에 지역출신 34명의 학생을 제외한 2백여 명의 학생이 전국에서 몰려드는 이유가 차별화 교육, 특성화 교육에서 찾을 수 있다는 사실을 여실히 보여주었다. 윙쉽테크놀러지(주)의 경우는 직업교육에 대한 별다른 개념 없이 일반대학 졸업생 위주로 직원을 채용하여 기업을 경영해 오던 기업이 이제는 적재적소에 필요한 인력의 교육을 고등직업교육기관인 인근 2,3년제 전문대학에 아무런 거리낌 없이 주문하고 있는 사례라고 할 수 있다. 인력을 주문받은 대학은 수요자 요구를 충족시켜주기 위해서 산학협력을 바탕으로 협력교육을 수행하게 된다. 교육내용의 재구성, 교과목개발, 교육방법과 시설 및 기자재의 공동 활용으로 주문식교육 혹은 맞춤형교육이 수행되는 것이다. 기업으로서는 일반적인 직원을 채용한 후 시켜야 할 재교육의 비용과 시간을 절약하게 되어 이익이고 학생과 학교는 졸업 후의 취업이 재학 중 보장되어 이익이 되는 상생의 산학협력이 된다.

전국 각 시도마다 지역발전을 위하여 차별적 교육시책을 시행하고 있다. 공교육 지원 및 활성화 대책을 마련하고, 학생들의 학습능력 향상을 위한 다양한 시책을 통하여 학교발전과 지역발전을 함께 도모하려고 노력하고 있다. 성적이 우수한 학생에게는 장학금 지급, 기숙사 지원, 원어민교사지원, 우수학생 보충수업비 지원, 영재교육원 운영, 주민을 위한 사이버학습센터 운영 등 교육환경개선을 위한 각종 지원책을 찾아내 시행하고 있다. 그 결과 지역 내 교육기반이 튼튼해짐으로써 각 지역마다 우수학생과 인구유입이 늘어나고, 타 지역으로의 진학이 감소하는 등 긍정적인 변화가 일어나고 있음을 볼 수 있다.

지역에 인구가 줄어들면 지역경제는 위축되고, 이는 다시 인구감소를 유발하는 악순환을 일으키고 있다. 인구감소는 소비둔화 및 주택건설 감소로 이어져 지역경제를 위축시키고 지역 내 교육기관의 활동도 위축시킴으로써 기업 활동을 담당해야 할 인적자원을 빈약하게 만든다. 지역 내에 기업을 유치하고 지역경제의 활성화를 도모하기 위해서는 교육 등 정주여건의 개선을 통해 더 이상 사람을 빼앗겨서는 안 된다는 것이다. 교육은 지역이 필요로 하는 인재를 육성하는 작용이며, 인재육성은 지역발전의 알파요 오메가라고 말할 수 있다.

(전라일보, 2010. 5. 1)

평생학습사회와 대학의 역할 재정립

다원화·전문화 시대를 맞이하여 대학의 기능과 역할을 재설정해야 한다는 의견이 적지 않다. 지금까지 대학은 사회와 국가와 인류발전에 이바지할 수 있도록 각 전문분야의 심오한 이론과 그 응용방법을 교수하고 연구하는 것이 주된 역할이었다. 그러나 이제는 급격한 사회변화와 지식기반사회, 그리고 학령인구 감소와 고령화 사회의 도래와 더불어 대학은 국가가 지향하는 평생학습 사회, 평생학습 대국의 실현을 위하여 지역의 평생교육 중심기관으로, 열린 대학으로 거듭 태어나야 할 시점에 이르렀다고 말할 수 있다.

우리가 잘 알고 있듯이 현 정부 국정의 근본적인 방향은 두 가지라고 말할 수 있다. 하나는 국민이 충분히 먹고 살아갈 수 있도록 하기 위해서 새로운 미래 성장동력 산업, 즉 새로운 농업기술(AT), 생명공학(BT), 문화관광콘텐츠(CT), 환경공학(ET), 정보통신공학(IT),나노기술(NT) 등을 발전시키는 것이며, 다른 하나는 전 국민이 배우지 못함으로써 실제 생활을 영위함에 있어서 불편을 겪어서는 안 된다는 전제로 평생학습사회를 만들어 평생교육기회를 제공해야 한다는 것이다.

사회변화에 따라 평생교육 수요가 다양하게 발생하는 상황에서 우리나라에 평생교육제도가 도입된 것은 1982년에 「사회

교육법」을 제정하고 이를 근거로 하여 1999년에 평생학습사회를 지향할 수 있도록 「평생교육법」을 공포하고 나서부터였다. 21세기 지식기반사회가 도래함에 따라 전 생애에 걸친 평생학습이 개인과 국가의 장래를 좌우하며 나아가 삶의 질을 좌우하는 중요한 요인이 되고 있다. 우리 사회에서 실용적인 평생학습은 필수불가결하게 되었다. 정부는 평생학습사회의 실현을 위하여 다양한 학습지원 제도를 도입하고 평생교육에 대한 지원체제를 강화하기 시작했다. 그 결과 원격교육과 다양한 평생교육시설을 법제화하고, 성인에 대한 고등교육 수준의 평등교육 기회를 제공하기 위해서 전문대학이나 대졸자와 동등한 학력을 인정할 수 있는 평생교육시설에 대한 법적 제도가 마련되었다. 2007년 12월 14일 개정된 「평생교육법」은 국가평생교육 지원체제를 시대에 맞게 개편한 것이었다. 이로써 평생교육진흥원, 시도평생교육진흥원, 시·군·구 평생학습관으로 이어지는 평생교육전담기구의 설치·운영을 위한 근거를 마련하고 문해교육프로그램의 학력인정 등을 통해 국가차원의 평생교육 진흥정책을 명확하게 규정하였다.

평생교육진흥원 통계에 의하면 2009년 학점은행제 학사학위과정 학습자 수는 9만5천명, 학점은행제에 의한 학사학위수여자는 4만8천명에 이르렀다. 2010년 3월 현재 학점은행제를 위한 평가인정교육훈련 기관의 수는 모두 496개소이며, 표준교육과정에는 22개 학사학위의 108개 전공, 전문학사 학위의 108개 전공이 설치되어 있다. 그리고 자기주도 학습으로 인정

시험을 거쳐 학사학위를 받을 수 있는 전공분야가 영어영문학, 경영학 등 9개에 이른다. 이와 같은 통계에서도 알 수 있듯이 이제 평생교육은 고등교육의 패러다임을 그 동안의 엘리트 교육에서 대중적, 보편적 교육으로 바꾸게 했다.

현 정부의 중요한 국정과제의 하나는 「고등교육기관의 평생교육 기능강화」이다. 대학은 평생교육 기능의 강화를 위해서 실무능력이 우수하고 국제화 마인드를 갖춘 글로벌 인재양성이라는 본연의 역할 이외에 지역사회가 필요로 하는 지식과 정보를 제공해줄 수 있는 지역 평생학습센터로서의 역할을 담당할 수 있어야 한다. 이를 위해서 대학은 먼저 시간제등록제, 학점등록제 등 성인학습자를 위한 학사제도의 도입 등 평생교육체제로 개편되어야 하고, 선담조직을 갖추어야 한다. 교육내용의 재구성, 교수학습 방법과 교육환경의 개선, 인적자원 개발 등을 통하여 자체 교육역량을 강화하고, 이들을 활용하여 평생교육의 기능을 강화하는 것이 무엇보다 중요한 일이다. 다음에는 지역특성과 학습자 요구를 고려한 전문 교육프로그램을 운영해야 한다. 자격증 취득 과정, 일자리 창출 과정, 창업과정, 전통문화전문가 과정 등이 이에 해당한다. 셋째는 평생교육기관, 산업체, 기관과 네트워크를 구축하고 정보를 교류해야 한다. 이제 대학은 평생학습을 위한 새로운 교육수요의 증가에 대하여 더 큰 관심을 가져야 할 것이다.

(전라일보, 2010. 6. 1)

백년의 미래, 흔들리는 전북교육

얼마 전까지만 해도 교육의 수월성 제고에서 최고의 학력을 자랑했던 우리 전라북도가 최근에는 다른 각 시도와의 상대적인 비교에서 최하위 꼴찌수준의 학력격차를 보이고 있다. 교육은 평준화의 논리이건, 특성화의 논리이건 간에 궁극적으로는 인간의 수월성을 함양 시키는 것을 결과로 하고 있다. 기본적으로 교육은 수월성을 길러 인격을 완성하는 것을 본질로 하고 있으며, 그 인격이란 도덕적, 지적, 기능면에서 뛰어난 사람이다. 도덕·지적·기능면에서 뛰어난 사람이 많은 국가가 강대국이다. 그래서 교육은 개인의 행복과 국가의 발전을 추구하기 때문에 교육의 정책과 행정은 백년의 미래를 염두에 둔 대계(大計)인 것이다.

지금의 전북교육의 정책과 행정의 방향을 보면 백년은커녕 하루 앞도 예측할 수 없는 오리무중 속에서 갈팡질팡하고 있다. 교육의 정책과 행정을 잘 관리하고 이끌어가야 할 김승환 교육감 체제가 출범한지 이제 겨우 한 달 남짓 되었지만, 전북의 각종 교육관련 현안들은 한 여름 열대야의 더위만큼이나 나른하고 처지고 짜증날 만큼 지루함을 넘어서 장차 이 일을 어찌 할꼬 하는 불안감마저 느끼게 하고 있다.

김승환식 교육정책은 교육적 사변(思辨)이 아닌 정치적인 쇼의 대중선동적인 행태를 보이고 있다. 취임과 동시에 교육평가제의 입법 예고를 했다가 교육과학기술부의 개선안을 핑계 삼아 진행을 중단시킨 일이라든가, 일제고사와 관련해서 대체 프로그램으로 인한 해프닝 등이 있었다. 또한 교육감 취임준비위원회에 참여한 인사들을 특권과 혜택을 주지 않겠다고 공언해놓고서는 교육장 공모 심사위원에 대거 위촉하고, 취임준비위원회 대변인을 교육청 교육국장의 요직에 임명하는 등 그야말로 정치적인 행태를 보이고 있다. 교육장 공모심사위원회에서 뽑은 익산교육장 내정자를 일주일도 안 되어 취소하는 모양새는 김승환 교육감 취임 한 달 동안의 교육정책 공연 쇼(?) 치고는 너무 황당하여 정신이 없을 정도이다.

도민과 국민과 나라를 경악케 한 김승환식 독선의 최고의 하이라이트는 익산 남성고와 군산 중앙고의 자율형 사립고 지정을 지정 된지 두 달도 안 되어 지정을 취소한 일이다. 자율형 사립고 지정 취소의 근거를 면면히 살펴보면 그가 얼마나 편협한 교육적 소신을 갖고 있으며, 과연 전라북도의 교육정책을 관리하고 조정할 수 있는 능력과 자질이 있는지를 의심케 한다.

자율형 사립고 지정취소의 첫 번째 이유는 해당학교 재단측의 법정 부담금 납부의 불확실성이라고 한다. 납득하기 어렵다. 두 학교의 재단은 전라북도 자율학교 등의 지정 및 운영규칙 제13조(법인전출금의 안정적 확보)에 의거하여 법정부담금의 납부를 전북 교육청에 공개리에 법적 공증을 거쳐 약속하였고 전북 교육청은 충분한 심의와 검토를 거쳐 두 학교를 자율형 사립고로 지정 고시하였다. 즉, 법정 부담금을 확실히 납부하도록 하고 있다는 점이다. 그럼에도 불구하고 불확실성을 이유로 삼아 자율형 사립고의 지정을 취소하는 것은 밥을 먹여 보지도 않고 배탈 날 것을 우려하여 못 먹게 함으로써 굶겨 죽이겠다는 심산과 같은 것이다.

두 번째 이유는 고교 평준화 정책에 악영향을 미친다고 하는 것인데, 김승환 교육감은 고교 평준화 제도에 대한 매우 낮은 수준의 식견을 갖고 있는 것 같다. 고교 평준화의 입법취지는 공교육의 활성화와 과열과외 방지를 근간으로 하고 있다. 그러나 고교 평준화 정책은 원래의 입법취지를 충족하지 못하였음은 모두가 알고 있는 사실이다. 사교육은 더욱 기승을 부리고 있고, 평준화 정책의 보완책으로 만든 외고나 특목고도 오히려 원래의 입법 목적을 충족시키지 못하였다. 자율형 사립고는 현재의 평준화 제도의 미비점을 보완하기 위한 사회적 합의와 교육 수요자들의 심정적 요구를 토대로 정부가 중점적으로 추진하고 있는 교육정책이다. 즉, 교육과정과 학사운영을 자율적으로 운영하고 학교별로 다양하고 개성 있는 교육과정 및 프로그램의 실시를 통해 학생과 학부모의 학교 선택권을 보장하여 주는 것이다. 자율형 사립고는 창조적인 인간을 육성하고 학부모의 다양한 교육권을 충족시켜 줌으로써 사교육의 필요성을 줄여주는 그야말로 자율적 교육선택에 의한 평준화의 보완책인 것이다.

자율형 사립고 지정 취소의 세 번째 이유로 불평등 교육의 심화라고 하고 있는데, 우리 전라북도의 수많은 고교 중에서 자율형 사립고 몇 개가 있다고 해서 평준화의 골격이 무너지는 것은 아니다. 아마도 김승환 교육감은 자율형 사립고가 일반고교 보다 3배정도 많은 수업료를 받게 되므로 학부모의 부담이 증가되고 여기에 따른 빈부격차가 발생하여 교육의 양극화와 계층화가 심화될 수 있다는 정치경제적인 함수로 불평등을 염두에 둔 것 같다. 그러나 이와 같은 식상한 교육 불평등의 주장은 50년 전에 이미 미국의 콜맨 보고서(Coleman Report)나 영국의 프라우든 보고서(Prowden Report)등에서 제기 되었지만, 교육은 가르치는 자와 배우는 자의 의지가 가장 중요한 변수로 작용하기 때문에 그와 같은 교육 불평등의 우려는 이론에 그치고 말았다. 설령 자율형 사립고에 다님으로써 등록금이 늘어난다고 해도 사교육을 받을 필요가 적어지므로 학부모의 사교육비 부담은 훨씬 줄어들게 된다.

자율형 사립고의 실시는 공교육의 정상화를 선도할 수 있는 대안으로 기대 될 뿐만 아니라 한 학교에 30~40억에 지원되는 지방교육재정 교부금을 자율형 사립고에는 지원하지 않게 됨으로써 이를 전환하여 공교육에 투자할 수 있다. 자율형 사립고가 전국적으로 50개가 운영되면 매년 2000억 원 정도의 재원이 마련된다. 이것이 김승환 교육감이 공약으로 내세운 '사교육비 걱정이 없는 교육'을 이루는 지름길임을 김승환 교육감은 모르는 모양이다. 자율형 사립고의 지정을 취소하면 오히려 사교육을 조장하는 결과를 가져온다는 것을 알면서도 평준화에 대한 집착증을 내세워 반대했다면, 그럴리야 없겠지만 김승환 교육감은 사교육 시장과 은연중에 검은 거래가 있을 수 있다는 본의 아닌 오해를 받을 수도 있다.

법은 규제하는 것이 아니라 물 흐르듯 순리를 따르도록 하는 것이다. 부모가 잘못했다고 해서 자식이 법으로 부모를 단죄하는 것은 천륜을 거스르는 일이다. 그래서 공자는 부모가 돌아가셔도 3년 동안 부모의 제도와 도리를 고치지 않은 것이 효도의 근간이라고 하였다. 전임 교육감이 법적인 정당한 절차에 의해 지정 고시한 자율형 사립고를 자기 생각과 맞지 않는다고 조변석개(朝變夕改)하듯 뒤집는 일은 아버지의 잘못을 자식이 단죄하는 패륜을 저지른 것과 다를 바 없다. 자율형 사립고의 운영을 지켜보고, 보완하고, 그래도 안 되면 취소해도 늦지 않았을 일이다.

백년의 미래에 대한 기약 없이 갈팡질팡 흔들리고 있는 전북교육을 바라보는 도민과 국민은 불안하기만 하다.

(전북도민일보, 2010. 8. 12)

회초리 없는 교육, 두들겨 맞는 선생님

서울시 교육청의 체벌 전면금지 시행과 경기도 교육청의 학생인권조례 제정 덕분에 일선 학교 현장에서의 교육과 생활지도가 북한의 연평도 포격만큼이나 맹렬한 타격으로 혼란을 겪고 있다.

교육 현장에서의 체벌에 관한 논쟁은 인류의 교육사와 그 궤를 같이 하고 있다. 교육적 이상향에서는 체벌은 있을 수 없는 일이며, 선생님 모두는 체벌 없이도 학생교육이 가능한 가르침을 꿈꾸고 있다. 그러나 교육의 실제에 있어서 '교육적인 벌(罰)'은 역설적이게도 교육적 이상향을 지향하는 교육의 수단이기도 하다. 서양 중세시대 문화의 부흥을 선도했던 칼 대제도 그의 교육령에서 교육적 수월성의 완성을 위해서는 회초리를 사용하라고 하였고, 우리 민족의 스승으로 추앙 받고 있는 퇴계 이황 선생도 스승이 엄해야 학생이 공경하는 마음이 생긴다(師嚴生敬)고 하여 교칙을 어긴 사학(四學)의 유생들에게 태형 40대의 벌을 내리기도 하였다. 제자의 바람직하지 못한 행동을 금지하거나 바로잡기 위한 교육적 달초(撻楚)의 문화였던 것이다.

교육적 회초리는 스승의 가르침을 나타내는 권위의 상징이었으며, 배우는 자로 하여금 바른 길로 가도록 하는 교육의 사회적 풍토였다. 그래서 교직에 종사하여 사도(師道)의 길을 가는 사람을 교편(敎鞭)을 잡고 있다고 표현한 것이다. 진정한 사도의 길을 걷는 교사는 가르침을 위한 회초리(鞭)를 함부로 사용하지 않았다. 자식을 학교에 맡긴 아버지가 아들을 잘 가르쳐 달라는 의미로 싸리나무 한 다발을 묶어 선생님께 전달하자 그 아들이 공부를 게을리 할 때면 싸리나무 회초리로 선생님 자신의 종아리를 그 아들로 하여금 때리도록 하여 공부를 하게 가르친 것이 진정한 교육적인 벌의 의미로서의 회초리였던 것이다. 체벌을 규정으로 규제하지 않아도 선생님이 들고 있는 회초리 자체가 온당한 가르침으로 이끌어 가는 상징적인 의미였다.

일제 강점기를 거치면서 일본 식민지 지배하의 군국주의 문화 교육에서의 체벌은 그야말로 교육의 회초리가 아닌 비교육적 직접 체벌로서 폭행과 구타, 가혹행위 수준에서 이루어진 것이었다. 이러한 일제의 훈육의 잔재가 학생을 통제하고 다스리는 체벌문화가 된 것이다. 해방 후 학습자 중심의 교육사조가 교육현장에서 정착되고 발전되어 오면서 일제 잔재의 체벌문화는 상당 부분 사라졌다. 그럼에도 불구하고 소위 '오 장풍 교사' 사건을 계기로 서울시 교육청은 교육적인 벌, 체벌, 폭행 등을 구분하지 않은 채 모두 체벌이라는 이름으로 전면 금지 시켰다. 학교에서 일체의 벌을 주지 말자는 얘기다. 시행 된지 두 달이 되는 시점에서 학교 현장은 그야말로 아수라장이 되어

버렸다. 선생님의 교육적 지침과 지도는 먹통이 되어 버렸고, 급기야 선생님을 희롱하는 것도 모자라 타이르는 선생님을 후려치는 학생의 폭력은 가히 북한의 연평도 기습 포격 수준을 능가하고도 남는다. 교육이 회초리를 놓으니 선생님이 두들겨 맞는 꼴이 된 셈이다.

한국교총에서 서울시의 체벌 전면금지 시행 후 실시한 서울지역 학생 설문조사 결과를 보면, 학생들 스스로도 체벌 전면금지 이전 보다 선생님의 지도를 따르지 않는 학생이 더 많아졌다는 것을 인정하고 있음을 알 수 있다. 즉, '체벌 전면 금지 이전이 더 좋았다'는 반응을 보인 것은 교육적 이상향의 포퓰리즘적인 추구가 오히려 학생들 스스로 교육을 흠씬 두들겨 패망가지게 하는 결과를 초래하고 있음을 보여주고 있다.

이것을 체벌 금지 조치에 따른 일시적인 혼란과 갈등의 과도기라고 치부하는 서울시 교육당국의 안이한 생각은 대한민국 미래 교육의 백년을 멍들게 하는 시발점이 된다는 것을 각성해야 한다. 우리 보다 10여년 먼저 체벌 금지를 택했던 영국과 프랑스도 체벌 금지 규정을 바꾸었음을 타산지석(他山之石)으로 삼아야 할 것이다.

교육에서 상(賞)만을 가지고는 교육이 될 수 없다. 벌(罰)이 있기 때문에 상(賞)이 있고, 그래서 교육의 의미가 있는 것이다. 제자가 잘못된 길을 갈 때 교육적 회초리로 바른 사람을 만들어 상(賞)을 받게 하는 것이 교육이며, 거기에서 교육자의 사명감과 열정이 나오는 것이다. 회초리 없이 교육하다 두들겨 맞는 선생님이라면 단순한 지식 전달마저도 어려울 일이다.

(전북도민일보, 2011. 1. 18)

학교 무상급식, 복지 보다 교육의 문제

우리 초중등학생들이 학교에서 점심 한 끼 먹는 것을 놓고 모두가 공짜로 먹어야 하느냐 마느냐를 놓고 온 나라가 시끄럽다. 어른들 싸움에 아이들 밥맛이 떨어질 지경이다. 학교의 무상급식 논란이 이렇게 과열된 것은 단군 이래 아마 처음일 것이다. 불과 40여전 만 해도 도시락 한통 싸올 형편이 안 되어 점심시간이면 학교 우물가에서 두레박으로 물을 길어 꿀꺽 꿀꺽 마시며 점심시간을 때우던 학생들이 있었을 때를 생각하면 이 얼마나 행복한 복지국가의 어기찬 전망인가.

세상에 공짜 싫어할 사람이 어디에 있겠는가마는 아무래도 공짜로 먹는 것은 아무리 복지라는 말로 치장하더라도 뭔가 어색하다. 보릿고개 흉년에 나물먹고 물마시고 용트림하는 시대도 아니다. 세계에서 가장 빠른 기간에 성장을 하면서 경제 발전의 풍요 속에 기호에 따라 먹고 싶은 것을 마음껏 골라 먹는 나라가 되었다. 그만큼 풍요하니 무상으로 학교 급식을 풍성하게 해주어야 한다면 이해가 될 수도 있는 문제다.

지금의 학교 급식에서 급식비를 내는 것은 엄마의 정성을 담은 도시락이 금전으로 환산되어 진 것뿐이다. 자녀의 도시락을 준비하지 않은 시공간적 편리함의 복지는 실현된 듯하나 그 복지보다 더 포근하고 편안한 엄마 마음은 찾을 수가 없게 되었다. 친구들과 매일 똑 같은 밥과 반찬을 먹어야 하는 것은 아이들 먹을거리만큼은 빈부차이를 두면 안 된다는 획일적 평등의 복지논리로서 아이들의 먹을거리를 단순화 시켜 버렸다.

엄마의 도시락 정성의 부담(?)을 줄여주고, 그 정성이 돈으로 획일화 되어버린 것마저도 공짜로 하는 것이 복지 논리는 아니다. 무상급식은 엄밀하게 보면 국민의 세금으로 하는 것이기 때문에 결국 모든 국민이 급식비를 내는 유상급식이다. 부모님의 주머니에서 현실적으로 돈이 나가지 않는다고 해서 그것이 무상급식이고 복지라고 생각하면서 무상 시리즈를 들이대는 논쟁은 복지도 생각하지 않고 교육도 돌아보지 않는, 그저 다가올 선거의 계절에 어떻게 하면 튀어서 표를 얻고 당선되어 정치의 패도를 잡을까하는 생각에 더 몰입되어 있다. 정치적 야욕을 위해 소중한 자녀들의 먹을거리를 놓고 장난치는 꼴이고 보면 정말 아이들의 밥맛 떨어진다는 말이 허튼 소리는 아니다.

먹는 것에 대한 자유로서 식욕은 인간의 본능적이면서도 기본적인 욕구이다. 한창 성장하면서 다양한 욕구를 채우고 분출해야 할 청소년들의 기본적 욕구의 바탕인 먹는 자유를 공짜로 먹인다는 복지의 미명으로 허울 삼아 획일화 시킨다면 과연 인간의 창조성을 계발하는 다양성의 교육을 보장할 수 있을까 하는 생각이 든다. 욕구는 다양하게 분출되어야 다양한 가치가 만들어 진다. 아무리 공짜가 좋다고 한들 영양섭취를 각 아동의 체질, 체격 등의 신체조건, 타고난 건강과 영양상태를 고려하지 않은 채, 획일화된 식단에 의해 기계적으로 먹여짐으로써 인위적인 기본적 욕구를 충족시키다 보면 사람의 욕구나 의욕을 단순하게 만들 수 있다는 연구보고서는 수없이 많다.

학부모의 급식비 지출에 기준을 두고 유상급식이냐 무상급식이냐를 따지면서 복지사회의 구현이다 아니다하고 있는 논쟁자체가 어불성설이다. 학교급식은 복지의 차원보다는 교육적인 문제로 접근해야 한다. 학교급식은 엄마들이 도시락 싸기 힘든 입장, 빈부차이 없이 저비용으로 점심 식사를 할 수 있는 복지적 입장, 질 높은 점심식사의 영양학적 입장만을 고려하여 결정된 것이지 아이들의 교육적 입장은 전혀 고려하지 않았다. 결국 우리 아이들은 먹고 싶은 것의 기호적 식욕의 기본적 욕구를 억누르면서 모두 같은 음식을 한 줄로 서서 받아먹는 급식의 문화에 익숙해 저서 왠지 먹는 것조차도 획일적으로 줄을 섰다는 느낌을 지울 수 없다.

무상급식을 전면 실시해야 하느냐 마느냐를 복지라고 하면서 정치적 호들갑을 떨 때가 아니다. 돈을 받고 밥을 먹이든, 공짜로 밥을 먹이든 아이들이 얼마나 풍성하고 다양하게 먹느냐에 따라 그 먹는 즐거움과 포만감이 의욕으로 충만 되어 학교는 배우고 익히는 사랑을 먹는 곳이라는 교육의 문제로 접근해야 하는 것이 학교급식의 본질이어야 함을 표를 얻고자 공짜 좋아하시는 분들이 더욱 생각해 볼 일이다.

(전북도민일보, 2011. 2. 22)

학교 주 5일 수업과 가정교육

우리는 언제부터인가 교육을 말할 때에 '학교 교육'만을 논의의 대상으로 삼아 왔다. 그래서 교육의 모든 문제를 학교의 탓으로만 돌리고 있다.

학교의 주 5일 수업을 확대하여 실시하자는 논의 중의 하나는 부모는 5일 근무하는데 자녀가 토요일에 학교에 나가면 안 된다는 아이러니한 견해를 가지고 주 5일 수업의 실시를 정당화하는 주장을 펴고 있다. 결국 학교의 교육도 노동시장의 근무조건으로 설명하려고 하니 아이들의 학교 가는 날짜도 부모의 노동 여건에 따라 결정되어야 한다는 논리로 비약되고 있다.

고용노동부의 발표대로 하면 올해 7월부터 20인 미만 사업장에서도 주 40시간 근무제를 도입해야 하기 때문에 진정한 5일 근무제의 완성은 주5일 수업에 있다는 것이다. 주 5일 근무제의 걸림돌도 학교인 셈이다.

혹자는 당연히 학교 교사도 근로 기준으로 봐서 주 5일 근무를 해야 한다는 단순한 접근을 펴기도 한다. 한국교원단체총연합회는 주 5일 수업은 교사의 근로조건 개선의 의미도 있지만 동시에 가족문화를 살리는 것이라며 가정교육의 의미를 부여하는 다소 진전된 주장을 하고 있다. 한국교원단체총연합회는 교과부장관에게 올해 하반기에는 시범실시, 내년부터는 전면실시를 요구하고 있다. 이를 위해서는 올해 말까지 관련법을 개정해야 한다.

주 5일 수업 전면실시에 대한 정부의 입장은 긍정적이지만 관련부처의 입장은 각양각색이다. 교육과학기술부는 주 5일 수업을 전면 실시하면 주말에 학원을 더 보내면서 사교육비가 늘어날 우려가 있다는 근시안적인 우려를 하고 있다. 또 결손가정이나 주말에도 근무해야 하는 직종의 저소득층 가정에서 자녀를 위한 주말관리 프로그램이 필요하다는 이유로 주 5일 수업의 전면실시를 주저하고 있다. 고용노동부는 교사도 근로자이므로 근로자의 복지차원에서 주 5일 수업의 전면실시를 주장하고 있다. 더 가관인 것은 토요일에 자녀들이 학교를 가지 않으면 여가 활동이 늘어나므로 문화 관광사업 발전에 도움이 될 것이라는 문화체육관광부의 장삿속 속셈이다. 아이들의 교육을 학교중심으로만 생각하고 교육의 문제를 학교의 탓으로만 돌리려는 작금의 세태에서 교육의 본질을 파악하지 않은 채, 무의식적으로 오도된 관행에서 나온 발상들이다.

주 5일 수업의 전면 실시를 교육적 차원에서 생각한다면 주 5일 근무제의 시행을 위해서 학교의 주 5일 수업을 하는 것이 아니라, 학교의 주 5일 수업을 확대하기 위해서 주 5일 근무제를 도입해야 한다는 발상을 하여야 한다.

우리 사회에서 가정교육이 실종 된지가 오래 되었다. 우리 사회가 산업화되고 선진화되면서 엄마와 아빠, 아들과 딸 들은 가정의 구성원으로서의 역할보다는 산업사회에서 요구되는 노동자로서의 역할에 더 몰두하고 있다. 산업사회가 심화되기 이전에는 교육의 시작과 중심은 가정이었다. 가정은 그 중심이 사랑이다. 부부간의 사랑, 부모자식간의 사랑, 형제자매간의 사랑이 곧 가정인 것이다. 그래서 가정은 인격 형성이 시작되는 곳이며, 자아정체성과 자기효능감의 근원이 되는 곳이다.

산업사회의 노동 집약적 사회는 가정의 기능을 빼앗아 버렸다. 서로의 일을 가진 부부는 생물학적인 관계적 존재일 뿐이고, 부모는 자식에 대한 의무일 뿐이며, 남동생이 드물고, 여동생이 드문 가족관계는 산업사회의 역군으로 승승장구하는 자랑스러운 아빠 엄마이고, 새벽 일찍 저녁 늦게 학교로 학원으로 내몰리며 일등만이 살길이다, 대견한 내 아들 딸, 언니 오빠 동생이다.

아빠의 훈훈한 이야기도 엄마의 포근한 내음도 자식들의 작은 효성도 형제자매간의 알콩달콩함도 사라져 버렸다. 이제 모든 교육은 학교만을 탓하게 되었다. 가정을 잃어버린 아이들, 가정을 만들지 못하는 아빠 엄마들의 안옥한 가정을 위해서 주 5일 수업과 주 5일 근무가 이루어져야 한다. 교육은 학교뿐만이 아닌 가정이 중심이 되어 학교와 사회가 어우러져야 하는 것이어야 한다. 그래서 가정교육, 학교 교육, 사회교육을 교육의 삼위일체라고 한다.

주말과 휴일에 아빠의 훈훈함, 엄마의 포근함, 엄마 아빠 앞에서 형제자매가 오손도순 웃음 짓는 사랑이 그득한 가정이 되어야 한다. 감성이 훈습에 젖고, 인성을 풍부하게 하는 행복의 꽃이 활짝 피는, 가르침이 가득한 가정을 꿈꾸려면 주 5일 수업을 위한 주 5일 근무제가 되어야 한다.

(전북도민일보, 2011. 5. 19)

경세제민(經世濟民)과 청년실업(靑年失業)

새로운 나라가 세워지자 공자(孔子)의 제자인 염유(冉有)가 공자에게 가장 먼저 해야 할 일이 무엇이냐고 묻자 "백성을 부유하게 하는 일이다"고 하였다. 그 다음 할 일이 무엇이냐고 다시 묻자 "백성을 가르치는 일이다"고 하였다.

공자와 그의 제자인 염유의 대화를 정리하면 백성을 잘 가르쳐 부자로 살게 하는 것이 나라를 다스리는 기본 근간이라는 것이다. 요즈음의 의미로 보면 학생들을 잘 가르쳐 일자리를 갖게 해야 나라의 살림살이, 즉, 경제가 활성화 된다는 말이다. 경제(經濟)는 원래 '經世濟民'의 줄임말로서' 세상을 경륜하여 국민을 구제한다.' 는 뜻이고, 국민을 구제하는 그 첫 번째가 공자의 말씀처럼 부유하게 살도록 만드는 것이었으니 경제는 잘 먹고 잘사는 살림살이의 의미가 되었던 것이다.

잘 먹고 잘사는 경제생활을 영위하는 그 일차적 관문이 지금 자본주의 사회에서는 취업이고 보면 우리 사회에서 청년실업의 문제는 결국 국가 부흥의 미래적 근간을 확립하는 것과 직결된다.

대학을 졸업하고도 일자리를 구하지 못하는 자녀의 취업준비를 뒷바라지하기 위해 50대 이상의 어머니들이 일용잡급직에 종사하는 비율의 전체의 60%에 달하고 있다. 자녀들이 직장을 잡아 그 봉양을 받아야 할 연령대는 이제 옛말이 되어버렸고, 황혼이 가까워 오는 장년의 나이에도 허리가 휘어지게 자식의 취업 뒷바라지를 해하는 우리 어머니들의 슬픈 자화상이다.

2011년 7월 현재, 고용지표의 개선에도 불구하고 청년실업 문제는 끝이 없어 보인다. 고용률은 지난해 대비 60%를 넘어서면서 전체적인 고용률은 상승했음에도 불구하고, 청년실업율은 오히려 높아졌다. 청년실업자 수는 현재 약 31만 명으로 지난해 27만 명보다 4만 명 정도가 급증하였다. 이와 같은 청년실업율의 증가는 아이러니 하게도 경기회복의 부산물 성격이 짙다. 경기회복과 함께 청년층의 구직활동이 활발해 지면서 경제활동 인구가 늘어나 실업률 통계대상의 모수가 많아진 측면이다. 그것은 청년 모두가 원하는 일자리는 한정된데 반해 대졸 취업 희망자들의 눈높이가 높은데서 오는 청년 노동시장의 수급 불균형 때문이다. 이와 같은 현상은 청년들은 실업난에 허덕이고 있음에도 불구하고 중소기업은 25만 명 이상의 인력부족을 겪고 있는 기이한 상황을 보이고 있다.

대학 예비졸업자와 어머니의 뒷바라지를 받으며 취업준비 상태를 유지하고 있는 수는 현재 58만 3000여명 수준이고, 대기업 등의 공채채용에서 탈락하여 눈높이에 맞는 직장에 취업하지 못하여 아예 구직을 포기한 청년은 25만 7000여명에 달하고 있다. 특히 구직 포기자들을 고용시장에 끌어 들이지 못하면 청년실업문제는 해결하기 힘들다.

잘살아 보겠다는 경제활동의 영위를 포기한 청년실업 인구에 대하여 국가와 사회가 구직활동을 지원 해주고, 취업알선 등의 대책을 세워주는 것은 국민을 구제한다는 경세제민의 차원에서 무엇보다 시급하다. 외형적인 취업 지표관리를 위한 예산의 지원과 정책적 홍보의 대책만이 능사가 아니다. 정부의 인력양성정책이 취업을 원하는 부류의 각자의 실제적 성향과 능력에 맞게 맞춤형 처방의 지원전략을 가진 보다 세밀한 정책으로 바뀌어야 한다.

전문고교나 전문대 교육으로도 충분한 산업체 인력들을 비싼 등록금 들여 4년제 대학을 다니도록 만들고 있고, 눈만 높아진 많은 청년으로 하여금 구직을 포기하게 만들고 있는 정부의 무능한 정책이 바뀌어야 한다. 더욱 중요한 것은 4년제 대학교육을 선호하는 우리 사회의 맹목적이고 무지한 인식이 바뀌어야 한다. 자녀에 대한 과잉교육비 지출로 노후대책비용을 까먹고 있는 늙은 부모들을 고령화 사회에서 누가 책임지어줄 것인가? 국가 부흥의 미래적 근간을 확립할 수 있는 경세제민을 위해서는 산업체의 인력수요와 교육의 수준이 부합되는 실질적이고 체계적인 교육이 이루어지도록 국가가 적극적으로 관심을 갖고 지원하는 일이 먼저 이루어져야 한다.

(전북도민일보, 2011. 8. 17)

전북 교육환경의 황폐화와 학력저하

전북지역 교사의 67.8%가 1년 전 보다 '교육환경이 황폐해져 학생 학력이 저하되어 가고 있다'고 응답했다는 조사 결과가 있었다. 이와 같은 현장교사들의 실제 인식과는 달리 출범 1년 반이 지난 김승환 전북 교육감 체제는 '가고 싶은 학교, 행복한 교육공동체'로의 교육 본연의 모습으로 자리매김하는 여정이었다고 자평하고 있다.

미래의 동량을 길러내는 일이 교육의 본질이고 보면, 그 중요성만큼이나 교육현장의 문제들은 언제든지 있어 왔다. 지금껏 제기되었던 다양한 교육의 문제들은 항상 교육의 본질을 넘어서지 않고, 사회와 국가의 발전적인 틀에서 논의되면서 발전적으로 타개되어 왔다. 대한민국이 부존자원 하나 없는 열악한 환경에서 오늘의 삶의 풍요를 이룩한 것도 따지고 보면 다양한 교육의 문제들을 타개해 가면서 인적자원개발에 매진한 교육의 덕분이라고 해도 과언이 아니다. 다른 도(道)에 비해 지역개발이 뒤처진 우리 전북이지만 예향의 도시이며 전국적으로 교육의 수월성(秀越性 ; excellence)을 지닌 고장이라는 명성을 얻었던 것도 오직 교육적 전통과 교육에 대한 도민의 깊은 관심에 의한 것이었다.

그러나 교육에 관한 한 전국적인 최고 학력을 자랑했던 우리 전북이 이제 최하위 꼴찌 학력수준을 벗어나지 못한 상황에서 교육환경의 황폐화가 중첩되고 있으니, 우리 도민 모두는 과연 전북교육이 본연의 모습을 찾을 수 있을지 한 숨 섞인 걱정을 할 뿐이다.

교육은 무엇보다도 학생들을 잘 가르쳐 학생들이 배운 능력을 창조적으로 발휘하게 하는 수월성의 신장이 본질인 것이다. 학생들의 수월성이 신장되는 과정에서 학생들의 학습만족도를 말할 수 있으며, 교사의 자부심이 있고, 학생들이 학교에 가고 싶으며 비로소 교육공동체로서의 행복한 학교가 되는 것이다. 그런데 지금의 전북교육의 정책방향을 보면 학생의 수월성을 향상시키는 방향과 역행하고 있다. 교육현장의 문제들을 이상적으로 타개하겠다는 의도와 취지는 나무랄 일이 없다. 문제는 교육적 문제들의 타개책이 교육의 본질에 부합하는 것이라기보다는 튀는(?) 교육정책을 추구하는 정책을 위한 정책일 뿐이라는 것이다.

무상급식 등을 내세우며 보편적 교육복지 실현을 표방하는 김승환 전북교육감 체제는 학생들의 학력신장과는 무관해 보인다. 교육의 복지를 위한 인적·물적 자원, 교육환경정비는 너무나 당연히 추진해야 할 기본적 과제인 것이다. 이것은 교육의 본질인 수월성 제고를 위해서도 반드시 추진되어야 할 일이다. 하지만 무상급식을 한다고 해서 학생들의 저하된 학력이 직접적으로 신장되지는 않는다.

학생의 인권조례를 제정한다고 해서 학생들의 학력신장이 될 리는 만무하다. 학생의 인권은 이미 교육기본법, 청소년 기본법, 청소년 보호법 등의 내용만을 가지고도 충분히 보호될 수 있다. 교육에서 학생의 인권은 학생에게 주어진 권한이 아니라 보호되고 육성되어야 할 권리인 것이다. 행복한 교육공동체를 만든다는 미명아래 학생의 권한으로서 인권조례를 만들고, 학업성취도 평가의 자율적 선택으로 학생능력의 수월성 제고를 포기 한다면, 그야말로 교육은 교육이 될 수 없는 교육환경의 황폐화로 전북교육의 학력은 꼴찌를 면할 수 없을 것이다.

학생의 인권을 권한으로 인정해주고, 평가받는 것을 내 맘대로 할 수 있는 학교에서 학생들이 무법천지로 날뛸 수 있는 학교, 그들에게 있어서는 학교는 언제든 가고 싶은 곳이고, 무한한 방종이 있는 행복한 곳일 수 있다. 하지만 그 행복하지만 황폐화된 교육환경에서 학생들의 창조적인 수월성은 길러질 수 없으며, 수월성을 달성하지 못한 학력의 저하는 결국 꼴찌인생만을 되 물림하는 교육이 될 수밖에 없다.

(전북도민일보, 2011. 10. 11)

학교폭력과 학생인권조례

학교폭력, 정확히 말해서 학생폭력의 행태는 학교 안에 학생의 비공식적 조직의 권력구조면에서 볼 때 자연스럽게 학교의 역사와 더불어 존재하여 왔다. 또한 학생의 폭력적 행위는 시대의 의미표출을 반영하고 있다.

일제 식민지 시대, 통학하는 열차 안에서 조선여학생의 댕기머리를 잡고 희롱하는 일본 놈 학생을 보고, 민족적 의분을 참지 못하여 식민지제국의 서슬 퍼런 헌병의 칼날 앞에서도 일본 놈 학생을 흠씬 두들겨 팬 폭력적 행위는 광주학생 의거의 도화선이 되었다. 지금의 일진학생폭력 조직 체계처럼 조직을 갖추었던 학생협객 조직의 두목 '낙화유수(별명)'는 나라 잃은 울분의 설움을 일본인 학생 깡패 조직들과 맞서 청춘의 열정을 내뿜었다. 반공 이데올로기 시대에는 학생의 폭력조직은 호국의열단 같은 흉내를 내기도 하고, 각자의 학교의 명예를 내세우며 학교 간 불법적인 패싸움을 하기도 하였다. 사회적인 문제이고 불법적이기는 하였지만, 그래도 그 내면에는 학생다운 격(?)을 갖춘 학교폭력이라고 할만 했다. 학교폭력에도 그들 나름의 명분이 있었던 것이다.

1980년대에 들어서면서 경제가 풍요로워지고 민주화가 진행되면서 우리 사회는 사회적 공익과 공동선의 지향점이 사라지고 있다. 물질적 가치가 삶의 지표의 절대기준이 되는 사회풍조에 수반된 극단적 이기주의는 교육 현장에도 자본주의적 경제논리가 지배적 가치관이 되게 하고 있다. 경제의 빈부차이는 학교 학생들 간에도 양극화를 형성하였고, 자연스럽게 학생들의 비공식적 권력구조 관계도 있는 자와 없는 자로 구분되면서 '집단따돌림(왕따)'의 현상이 나타나기 시작하였다. 있는 자는 있는 자 대로, 없는 자는 없는 자 대로 상호 반목현상이 학교폭력으로 투영되었다.

나름대로 그들 세계에서 만이라도 갖고 있었던 폭력적 행위의 명분은 없어지고, 갈취·폭행 협박의 저급한 학교폭력의 문화가 형성되었다. 이른바 앵벌이 식 피라미드 조직에 조폭문화가 개입되면서 학교폭력하면 '일진조직'이 학교폭력의 상징이 되어버렸다. 그나마 교육적 전통과 풍토의 명분 안에서 통제될 수 있었던 학교폭력이 이제는 교실붕괴로 이어져 교육의 근간을 부정하는 심각한 사회문제로 대두되었다.

학생인권조례는 어찌 보면 이러한 학교폭력을 완충시키고 내면적으로는 그러한 학생들의 인권을 존중하여 자각적 교화를 의도하고 만들어졌을지도 모른다. 그럼에도 불구하고 학생인권조례는 성인의 입장에서 학생들을 생각한 것일 뿐, 전혀 학생에 대한 교육적 고려를 하지 않고 있다는데 문제가 있다. 학생의 자유와 책임을 보장해 준다던 그 학생인권조례를 시행한 경기도와 광주광역시, 학생인권조례의 내용으로 학생체벌 금지

지침을 내린 서울특별시를 보면 2011학년도 현재, 다른 시·도보다 학교폭력이나 교권침해 사례가 평균 30%이상 증가하였다는 통계적 수치만 보더라도, 결국 학생인권조례가 학교폭력을 더욱 진화 시키는 환경을 만들어 줬다는 결론 밖에 되지 않는 것이다. 저급한 수준의 학교 폭력의 바이러스가 확산될 수 있도록 학생인권조례라는 균을 배양해준 꼴이 된 것이다.

다행히 더 이상의 악성 감염을 막고자 학교장의 학칙 제정권을 담은 '초중등교육법'과 학교폭력의 근절을 위하여 '학교폭력예방 및 대책에 관한 법률'이 강화 개정되어 그 시행을 준비중에 있다. 여전히 일부 시·도의 교육행정 당국과 학교 현장의 갈등의 소지는 남아 있지만, 더 이상 학생인권조례가 학교폭력을 악의적으로 진화·발전하게 하는 자양분으로 작용 되어서는 안 될 일이다.

(전북도민일보, 2012. 3. 20)

폐기되어야 할 학생인권조례

학교현장에서 개혁의 화두처럼 몰아치던 '학생인권조례'의 열풍이 곪아터진 학교폭력을 덧나게 하는 종양의 진균이 되어 교육을 더욱 병들게 할 것이라는 여론의 진단으로 사실상 교육적 왕따(?)를 당하고 있는 현실이다.

더욱이 서울학생인권조례 제정의 주역이었던 곽노현 서울시 교육감의 부도덕한 금품 부정선거행위가 만 천하에 드러나자 그의 개혁정책처럼 보인 학생인권조례는 포퓰리즘적 선동으로서의 동력을 잃어 버렸다. 서둘러 학생인권조례를 시행한 경기도와 광주광역시가 작년도의 통계결과 다른 시·도보다도 학교폭력과 교권침해 사례가 30%이상 증가했다는 사실은 학생인권조례가 저급한 학교폭력문화 확산의 바이러스가 된다는 것을 짧은 기간에 증명해 주었다.

학교현장에서 학생의 인권은 무엇보다도 중요하다. 그러나 학생인권의 중요성만을 강조하고 학교 당국이나 선생님들을 학생인권을 침해하는 가해자로 전제하고 있는 학생인권조례는 선생님들의 학생지도권을 심각하게 약화시키고 있다. 학생인권조례 제정의 주체들은 학생의 인권을 핑계 삼아 학생교육의 문제를 범벅으로 만들었고, 이에 장단이라도 맞추듯 학교폭력의 크고 작은 문제들이 우후죽순처럼 드러나기 시작했다. 학생이 왕따를 당하고 학교폭력의 피해자로 고통을 받아도 선생님들은 이를 사전에 예방하고 가해학생을 제지할 권한이 없는 것이다. 가뜩이나 선생님들이 스승으로 존경받기 보다는 지식전달자인 교원으로 격하되고 있는 작금의 현실에서 학생인권조례는 선생님들의 위상을 위축시키는데 크게 기여하고 있다.

학생을 위한 교육적 신뢰와 학생지도의 원칙을 보장하기 위하여 제정된 학생인권조례가 오히려 선생님의 학습지도권을 위축시키고 학교폭력을 조장시켜 교육공동체가 무너져가는 이 아이러니를 어떻게 설명해야 할지 난감할 뿐이다. 학생인권조례가 행복추구권으로서 사람됨의 인격을 존중하는 인격권을 고려하지 못하고 헌법에 나열되어 있는 권리의 명분과 법조문을 차용하여 '인권'이라는 이름아래, 미성숙자인 학생들에게 특권적인 권한을 갖게 함으로써 결국 교육의 현장을 무법천지화 할 수 있도록 멍석을 깔아준 셈이다.

학생의 인권은 선생님께 대항하기 위한 권리로 주장되기 보다는 선생님으로부터 보호되고 육성되어야 할 권리로 주장되어야 한다. 학생의 인권은 교육받을 권리로서의 교육권 자체가 인권이기 때문에 학생인권은 교육적으로 타당해야 하고, 그래서 교사의 교육권 범위 내에서 육성되고 보호되어야 한다.

현재 거론되고 있는 학생인권조례의 내용으로는 교사는 학생인권보호의 책임자로서 학생을 지도하고 이끌어갈 수 없는 사각지대에 서있게 된다. 학생의 자유와 책임을 존중한다는 미명아래 학생의 권리를 교사들이 교육권으로 제한할 수 없기 때문에 학생지도에 임해야 하는 교사들을 직무를 방기하는 방관자로 만들어 버린다. 주어지는 학생의 권한 때문에 학교의 기능이 없어지는 것이다.

때늦은 염불처럼 교권조례제정 논의 등의 법석을 떨고 있지만, 이미 부러진 화살일 뿐이다. 백년의 미래를 생각한다면 교사와 학생이 서로 대립적인 구도의 학생인권조례는 폐기하고 교사와 학생이 서로 공경하고 사랑하는 구도의 교육공동체를 지향하는 '학교인권조례'를 교육의 본질적 차원에서 검토하여 그 제정을 생각해 볼 일이다.

(전북도민일보, 2012. 5. 17)

전북교육의 학력저하, 이대로는 안 된다

6월 13일 한국교육과정평가원이 발표한 2012학년도 대학수학능력시험 분석결과는, 전북교육이 수능점수 조사가 시작된 2005년 이래 8년 연속 '수리 가' 영역에서 전국 최하위를 기록하더니, 올해는 모든 영역에서 하향되고야 말았다. 전북 교육의 학력이 전국하위권을 맴돌기는 했지만, 그래도 이 지경에 이를 정도라고는 생각지도 못했다. 언어, 수리, 외국어 전 영역에서 전년보다 표준점수가 떨어졌고, 특히, '수리 가' 영역에서 급기야 꼴찌를 하는 전북교육의 망신살이 제대로 드러나고 만 것이다.

어느 지역보다 가르침과 배움이 탁월하여 교육의 도시이며 예향의 고장이었던 우리 전북에 대한 긍지와 자부심을 가지고 있었다. 그러나 그런 긍지와 자부심을 갖기에는 우리 전북교육은 이제 자랑스럽던 교육의 토대도 무너지고 전국 최하위 학력이라는 기록적인 불명예를 갖게 되었다. 무엇이 우리 전북교육을 이토록 피폐하게 만들었을까. 설마 설마하면서도 열악한 경제적 여건 속에서도 자녀를 학교에다 학원에다 과외다 내몰며 누가 뭐래도 우리 자녀들을 교육시켜 놓고 보겠다며 허리띠를 졸라맸던 학부모들 입장에선 이번 2012학년도 대학수학능력시험 분석결과가 청천벽력 같은 일이다. 자녀를 공부시킬 때 학부모들이 가장 염두에 두는 일은 내 자녀들이 좋은 상급학교에 진학해야한다는 기대이다. 부모들의 자녀에 대한 과잉기대는 우선 눈앞의 성과만 봐야 하는 조급함 때문에 기능적 방편으로 학원이나 과외에 의지한다. 당장의 성과가 있는 것처럼은 보이나 수학능력을 향상시키기 위한 기초학습능력 향상이 되어 있지 않아 종합적 수학능력을 평가 하는데서는 능력이 발휘되지 못한다. 그런데 그 불신은 학교교육으로 되돌아온다.

학원과 과외공부에서 기능적 방편으로 훈련된 학생들과 그 짧은 단맛에 익숙한 학부모들은 학교 공부를 소홀하게 하고 학교의 교육을 무시해버린다. 그러니 공교육이 제대로 될 리 없다. 이런 악순환이 계속되다 보니 이제 학교의 교육에서도 실제적으로는 학생들의 학습을 사교육에 의탁하고 있는 실정이 전북교육의 현 주소이며 풍토이다.

학원과 과외에 몰입하여 익숙해진 학생들은 학교의 교육내용은 말할 것도 없거니와 학교선생님은 안중에도 없다. 수업시간에 조는 학생을 나무라는 선생님한테는 대들어도 학원 강사나 과외 강사가 매를 때려도 고분고분하다는 이러한 현실을 어떻게 교육적으로 설명해야 할 것인가. 공교육이 무너지고 있는 현실을 단적으로 보여주고 있는 것이다. 학교교육의 내용에 관심이 없고 선생님을 무시하고서야 공교육이 바로 설 리가 없다. 공교육이 무너지면 기초학력이 신장될 수 없다. 기초학력이 갖춰지지 않으면 수학능력은 저하된다. 그런 상황에서 이곳

저곳 학원에 다닌들 밤새워 과외를 한들 학력이 신장 될 리는 만무하다. 수도권 지역을 제외하고 전국에서 사교육 시장이 제일 많이 형성되어 있는 우리 전북의 학력저하의 결과가 이를 반증해 주고 있다.

오늘, 우리 전북교육의 현실은 앞이 보이지 않는 깜깜한 암흑의 도시를 연상케 한다. 길이 어딘지 보이지 않아 우왕좌왕하는 동안 애꿎은 우리 자녀들만 고스란히 피해를 입게 된다. 학력신장을 하려면 우선 공교육을 믿고 따라야 한다. 공교육을 통하여 기초학업능력의 토대를 다지고 수학능력을 길러야 한다. 거기에는 학교교육을 존중하고 선생님을 공경하는 풍토가 선행되어야 한다. 공교육을 살려야 한다.

전북교육의 학력저하를 더 이상 방치해서는 안 된다. 이대로는 안 된다. 이제는 과감히 문제점을 드러내놓고 치료를 해야 할 때다. 학교교육을 존중하고, 스승을 공경하는 풍토아래 우리 전북의 아들딸들이 공교육을 믿고 의지하는 전북교육의 길이 새롭게 펼쳐 나가길 바란다.

(전북도민일보, 2012. 6. 14)

학교의 적정규모

최근 교육과학기술부는 '적정규모 학교육성'을 골자로 하는 초중등교육법 시행령 개정안을 입법 예고했다. 개정안의 내용을 보면 초·중학교 6학급이상, 고등학교 9학급 이상 및 학급당 학생 수 20명 이상을 최소 적정규모로 하는 기준을 신설하는 것을 중심으로 이에 미치지 못할 경우에는 통폐합하여 강제로 문을 닫게 하겠다는 것이다.

이 개정안이 시행될 경우 우리 전북의 760개 학교의 절반이 넘는 400여개 학교가 문을 닫아야 하는 실정이다. 전북 도내 초등학교 419개중 260여개 학교, 중학교 210개중 100개 학교, 고등학교 132개중 40여개 학교가 통폐합 대상이 된다.

이와 같은 통폐합대상 학교들은 거의 대부분이 농어촌 지역에 있다. 전북은 농어촌 지역의 학교가 약 70%에 이른다. 이들을 다 통폐합 해버린다면 전북교육은 설자리가 없이 망해버린다.

교육이 황폐화 되면 지역이 공동화 될 뿐만 아니라 피폐화 된다. 이제 겨우 귀농과 귀촌의 바람이 불어 농촌의 일자리가 창출되면서 농촌이 살아나고 있을 무렵, 귀농과 귀촌의 필요조건인 자녀의 교육여건을 보장해 주지 않는다면, 농촌을 되살린다는 정부의 정책에 초·중등교육법 시행령 개정안은 엇박자를 놓고 있는 셈이다.

상명하복의 획일적 체제하에서 적정규모를 최우선으로 삼는 군대의 전투조직에서도 최소전투 단위인 분대 전술에서 만큼은 전략 내에서 독단활용을 보장해준다. 그것은 작은 단위의 소규모 전투 단위가 소대 공방이나 대대 전투 승패의 밑거름이 되기 때문이다. 그렇기 때문에 분대단위가 대 부대를 돌파할 수는 있지만 대 부대가 분대 단위를 쉽게 돌파할 수 없다는 손자병법의 논리가 성립되는 것이다. 즉, 소규모 단위학교가 대 단위 학교의 교육보다 효과적이며 교육적 능력을 훨씬 더 제고시킬 수 있다는 의미이다.

농어촌 소규모 학교에 대한 교육예산이 그 규모의 작음에 비해 표준예산 교육비를 상회하여 낭비적 요소가 있다는 교육과학기술부의 고충을 이해 못하는 바는 아니다. 그렇다고 학생들의 개인적 수월성과 교육역량을 발휘할 수 있도록 자연적으로 형성된 적정한 맞춤형 교육의 여건을 예산 타령의 경제논리로 바꿀 수는 없다. 교육과학부는 백년대계인 교육의 무한한 미래의 가치를 놓쳐서는 안 된다.

경제논리를 앞세우더라도 두부 자르듯 꼭 적정규모(?)로 통폐합 하지 않아도 얼마든지 그 효과를 볼 수 있다. 학생 수 보다 교사의 적정비율이 높을 경우 교사의 수를 줄이고, 일부 과목을 사이버 원격교육 등으로 통합운영하며, 공동통학구역 내에 커뮤니티센터를 설치하여 교류하게 한다면 각 학교별 특성과 교육의 개별적 효과를 유지하면서도 통폐합적인 성과를 거둘 수 있을 것이다. 그러면 오히려 학생들의 다양성과 창조성에 기반을 둔 교육의 효과는 더욱 상승될 것이다. 또한 일본의 농촌에 있는 학교처럼 마을 주민의 평생교육센터로 활용한다면 학생뿐만 아니라 주민까지도 교육시키는 지역의 중심이 될 수 있다.

교육이 황폐화 되면 인간은 가치적인 삶을 영위할 수 없다. 인간은 교육에 의해 오랜 세월 동안 가치를 창조하였고 또한 문명을 발전시켜 왔기 때문이다. 그렇기 때문에 교육의 정책은 백년의 미래를 염두에 두고 시행해야 한다. 황폐화된 교육을 복구하려면 다시 백년이 소요된다. 문명의 발전이 백년 늦어지는 것이다. 전북교육의 황폐화를 막아 백년의 미래를 이어가야 한다.

(전북도민일보, 2012. 7. 3)

학교폭력 학생부기재, 처벌인가 교육인가?

우리 학교사회에 학생들 간의 '집단따돌림(왕따)'이 생활지도 문제로 제기된 90년대 초반만 해도 교육의 일선에서는 학교 안에서 지도하고 선도할 수 있는 그야말로 '학교 안의 문제' 수준으로 인식하고 있었다.

그러나 이미 고착화되어 있는 학벌주의 사회 분위기와 이에 편승한 살인적인 입시위주의 경쟁교육, 사교육의 팽창으로 인한 공교육의 몰락, 학생인권의 신장과 교권의 실추 등은 학교폭력을 '학교 안의 문제'로 대처할 수 있는 교육계의 능력을 상실시키고 있다. 학생들 간의 집단따돌림 현상은 학교폭력으로 비화되고 있다. 경쟁체제의 학교문화에 적응하지 못한 학생들에게 가해지는 소속욕구의 좌절과 그에 따른 비관으로 문제행동의 이탈은 급기야는 청소년들을 자살로 몰고 있고, 결국은 학교폭력의 심각성이 사회적 분노 지점에 도달하게 된 것이다.

이와 같은 학교폭력에 대한 극약처방으로 지난 2월 교육과학기술부는 학교폭력의 학생부 기재를 훈령으로 지시했다. 대학입시에 반영되는 학생부 기재를 통하여 학교폭력에 대한 경각심을 높이고 폭력의 확산을 예방하겠다는 취지이다. 하지만 교과부의 '학교폭력 학생부 기재' 훈령은 그 취지에는 공감하면서도 헌법의 과잉금지 원칙에 어긋난다는 비판을 받고 있다.

즉, 폭력사건 자체와 관련한 징계나 처벌 외에, 그 사실을 기재해 '낙인효과'를 낳는 과잉처벌이라는 것이다. 교육을 받으며 성장하고 있는 청소년기의 일탈에 대해 너무 과한 처벌이 아니냐는 논리이다. 한 번의 사실 기록으로 인하여 학생들의 진학이나 취업에 불이익을 주는 것은 인간의 기본권인 행복추구권과 인격권을 심각하게 침해하는 것이다. 국가인권위원회에서도 '학교폭력 사실을 학생부에 기재하도록 한 것은 인권침해의 소지가 있다'고 하였다. 특히 가해 사실을 초등학교, 중학교는 졸업 후 5년, 고등학교는 졸업 후 10년간 보존하게 한 것은 지나친 처사라고 하여, 어린 시절의 한 번의 잘못으로 입시와 취업에서 지속적으로 불이익을 받게 되는 것은 인권의 침해 소지가 있다고 하여 개선을 권고 하였다.

교과부의 조치에 대한 비판적 입장에 있는 일부 시도 교육감과 인권위의 권고는 학교폭력을 처벌보다는 교육적으로 해결하라는 논리이다. 학교폭력은 이유여하를 막론하고 근절되어야 한다. 학생부에 학교폭력을 성인범죄 공소내용처럼 기재하여 그 예방의 극약처방을 해야 할 만큼 학교폭력이 만연되어 있는 문제의 심각성은 이해되지만, 교육에 있어서 처벌적 조치만 있다는 것은 교육을 포기하고 있는 것과 같다. 물론 처벌 자체의 교육적 효과도 있겠지만, 처벌 이후에 가해학생들의 변화를 위해 학교와 가정, 그리고 사회가 합심하여 진지하고 헌신적으로 노력해야 하며, 그 결과 가해학생들의 개선여부에 따른 구제하는 등 교육적 활동이 절실히 필요하다. 학생생활기록부는 학생의 학교생활의 발달상황에 대한 교육적 지도를 기록하는 곳이다. 학교폭력의 학생부 기재는 교육적으로 이루어져야 한다. 기재는 하더라도 학교폭력 학생부 기재의 교육부 훈령이 위헌적이거나 비교육적 요소가 있는지를 살펴보고 바로 잡아 시행해야 한다. 개전의 정이 없을 때는 장래의 불이익을 전제로, 학교폭력의 문제 학생이 교육적으로 지도되고 선도되었다는 기록을 남기고, '졸업 전 삭제 심의제도'나 '중간삭제 제도'를 만들어 학교폭력 가해자에게 낙인을 찍는 것보다는 반성하여 성장하고 발달하였다는 기록을 남기는 것이 학생생활기록부의 교육적인 본연의 기재가 될 것이다.

(전북도민일보, 2012. 9. 18)

또 다른 차원의 반값 등록금

대학 입시철이 시작되고 있다. 대한민국에서 고등학교 졸업생의 10명중 8명이 대학을 들어가는 상황에서 대학의 학과와 전공의 선택은 인생설계의 전환점이 될 만큼 중요하다. 그러나 학력과 학벌주의의 프레임에 갇혀 있는 대한민국의 대학입시 풍토는 무조건 4년제 대학교부터 가고보자는 묻지마식 진학과 함께, 일부 학생들은 원하지도 않는 학과를 선택하여 비싼 등록금을 투자하고 있는 실정이다. 그러다 보니 전공과 적성에 맞지도 않는 공부에 학적을 두고 있으면서 소질과 능력을 계발하지도 못한 채, 학생들은 비싼 등록금을 마련하기 위하여 아르바이트에 소중한 시간을 투자해야 한다. 부모들도 노후용 자금을 비축하기는 커녕 자녀학자금을 위해서는 빚까지 져야 한다. 고등교육의 본질이 상실되어 가는 상황에서 대학의 비싼 등록금 때문에 일어나고 있는 우리 사회 현상의 한 단면이다.

비싼 대학 등록금의 부담을 완화해 주자는 취지에서 이미 정치권 등에서 반값등록금 정책을 백가쟁명의 우후죽순으로 내놓았지만, 그 재원만을 보더라도 연간 7조원 이상의 예산이 소요되어야 한다. 그 예산 역시 궁극적으로는 국민세금 부담으로 원천 징수되는 것이니, 아무리 좋은 방안인들 그에 따른 흡족한 실현 대책이 없어 보인다. 설령 반값등록금 정책이 실현되어 지원된다고 하더라도 학벌과 학력 중심의 대학진학이 만연된 입시풍토에서 그 막대한 예산지원이 과연 교육적 투자의 실효를 얻을 수 있느냐 하는 점도 따져 보아야한다. 막연하게 대학등록금만 지원해 준다고 해서 그것이 사회와 산업에 필요한 인재들을 제대로 길러 내는 기회비용으로 타당하게 투자되느냐 하는 점이다. 결국 반값등록금의 문제는 국가가 대학교육 수요자들에게 등록금을 지원하여 그 부담을 완화시키는 것만으로 해결될 수는 없다. 대학교육을 선택하는 수요자들에게 자기 적성에 맞고 능력에 맞는 학과와 전공을 선택하도록 지도하여 대학등록금에 대한 사회낭비적 요소를 줄이는 것이 더 중요하다. 대학졸업 후 능력과 적성에 맞는 일을 찾아 창업과 취업을 확보할 수만 있다면 대학 등록금은 소중한 투자가 된다. 하지만 대학 졸업 후 창업과 취업이 제대로 안 되는 현 상황에서는 대학등록금은 비싸게 느껴지고 원성의 대상이 될 수밖에 없다. 대학등록금의 낭비적 투자를 생산적 투자로 전환하는 것이 실제적인 반값등록금을 지불하는 것이 된다.

애플사를 창립하여 세계적인 거부가 된 스티브잡스도 대학의 철학과에 진학을 했지만, 대학의 전공보다는 자기가 사랑하는 일에 시간과 돈을 집중 투자해서 좋은 결과를 얻었다. 대학이라는 형식적 틀보다는 자신의 능력과 적성에 맞는 길을 선택한 것이다. 4년제 대학의 간판을 얻기 위하여 적성과 능력에도 맞지 않는 4년제 대학을 선택하느니 차라리 자신의 능력과 적성에 맞는 학과가 있는 2년제 전문대학을 선택하는 것도 또 다른 차원의 반값등록금을 실현하는 일임을 대학을 선택하는 요즈음 우리 수험생들이 한번 생각해 볼 일이다.

(전북도민일보, 2012. 11. 13)

국민통합과 창조교육

2013년 계사년 새해가 시작되면서 우리는 새로운 전환기의 논리에 직면하고 있다. 그래서 밝아오는 새해의 2013년은 어느 해보다 의미가 남다르다.

대통령직선제 개헌이후 국민유권자의 최대 다수가 참여한 투표율을 기록하면서 최초로 과반수를 넘긴 지지로 대통령이 탄생하여 새 정부 출범을 준비하고 있다. 박근혜 대통령 당선인은 100% 대한민국의 기치를 내걸고 국민대통합의 국민행복시대를 열어 가겠다고 국민과 약속을 하였다.

그러나 박근혜대통령 당선인을 지지하지 않았던 48%에 달하는 1200여만 명의 국민을 어떻게 끌어안고 가며, 쉽게 통합할 수 있겠느냐 하는 것이 지금 호사가들의 전환기적 이야기거리다. 국민통합을 하나의 색깔로 만든다는 획일적인 관점에서 보면 얼핏 불가능한 약속처럼 보인다. 사람과 사람사이의 획일적인 단일화 통합이란 성립될 수 없다. 사람은 각기 다른 능력과 개성을 가지고 있다. 교육은 그러한 능력과 개성을 발휘할 수 있는 수월성(秀越性)을 길러 타고난 저마다의 소질과 인격을 함양하는 것이 궁극의 목표이다. 호사가들의 이야기 거리를 전제로 하면 교육에서 국민통합이란 말은 어느 경우에도 성립될 수 없으며, 그래서 그것은 박근혜대통령 당선인의 이상적인 정치적 구호에 불과하다는 논리로 귀결 된다.

하지만 통합은 국민을 하나의 색깔로 만든다는 획일적인 논리가 아니다. 국민 대통합은 국민 모두가 참여하되 각자의 개성과 능력이 조화를 이루는 것을 말한다. 그것은 사회의 각 분야와 계층에서 상생을 위한 협동과 경쟁, 지원과 견제의 조화인 것이다. 무조건 수용하는 종속적 통합이 아닌 정(正)과 반(反)을 통하여 합(合)이 이루어지는, 그래서 헤겔의 말처럼, 절대정신이 구현되는 통합인 것이다.

모든 사람들이 타고난 소질을 계발하고, 개성과 능력이 서로 협동을 이룰 수 있으며 상생할 수 있는 존재가 될 수 있다는 논리는 인간이 창조성을 가지고 있기 때문에 가능한 것이다. 창조성은 인간만이 갖고 있는 고등정신이며 인간의 본질로서 기능한다. 창조성에 의해서 인류는 문화의 가치를 창조하고, 그 창조된 문화가치 속에서 또다시 가치를 창조하여 문화가치를 축적하며 삶의 번영을 일구어 가는 상생의 통합을 만들고 있는 것이다.

그러므로 국민통합의 본질은 국민 각자의 창조성을 함양하는 창조교육에서 찾아야 한다. 인간의 삶은 전부가 교육으로 점철 된 것이기 때문에 학생뿐만 아니라 일반인들에게도 평생교육의 차원에서 창조교육의 기회가 주어져야 한다. 각자의 개성과 끼를 살리며 서로가 조화롭게 어울리는 사회를 만들기 위해서는 인간의 창조성을 발현시키는 창조교육을 평생교육의 차원에서 모든 국민에게 제공해야 한다. 학교뿐만 아니라 직장, 지역, 사회, 가정에서 교육 받은 사람의 끼가 완성될 때 인간은 각기 다른 모습으로 완성된다. 그 각기 다르게 완성된 모습은 일곱 빛깔 무지개처럼 서로 어울려 조화로운 아름다운 통합을 만들고 있다. 하나의 색깔로 획일화된 통합보다 무지개의 영롱한 통합이 그 얼마나 아름다운가! 개성과 끼를 살리는 창조교육의 이상적인 모습이다. 국민의 상생과 조화를 위한 새 시대의 국민통합을 위한 교육적 전제는 창조교육에 있는 것이다.

(전북도민일보, 2013. 1. 1)

디지털 시대, 무너져가는 가정교육

우리 사회는 태풍과 같이 급속도로 빠르게 변하는 사회변동에 휘말려 있다. 정보 통신의 발달에 따른 디지털시대화로 인하여 미증유의 사회적 혁명을 겪고 있다. 가정도 예외 없이 이 혁명의 소용돌이를 비켜가지 못한다. 부모자녀간의 지식전달체계 및 권위의 상하관계, 역할 문화, 사회화 패턴 등이 디지털시대의 커뮤니케이션 코드 변화와 가상 전자집단의 가정 내 침투 등으로 인하여 자고나면 바뀌듯 정신없이 이루어지고 있다. 부모가 자녀와 교육적으로 관계 맺는 방식도 혼란의 와중에 있다. 지금으로 봐서는 가정교육이 무너져 가고 있다.

디지털 시대의 자녀들은 참고 기다리지 않는다. 사이트를 읽어오는 중 반응이 5초 이상만 늦어도 다른 사이트로 가버리는 세대이다. 그러므로 자신의 의사가 제대로 반영되지 않고, 부모로부터 즉각적인 호응이 나타나지 않는 가정에 대해 큰 매력을 느끼지 못한다.

이러한 디지털시대 자녀들의 관심을 부모들은 다시 가정으로 끌어들여야 할 처지에 놓여 있다. 부모들은 공세적으로 디지털 시대의 문화에 적응해야 하고 디지털화로 인한 가정부재의 상황을 효과적으로 대처해야 한다. 문제해결의 열쇠는 평범한 곳에 있다. 자녀들이 빠져 있는 디지털 전자공동체가 갖고 있는 정서적 약점을 파악해서 가정에서 이를 보완해 주고, 가정만이 가지고 있는 강점으로 대안적 체제를 구축해, 자녀들을 가정의 일원으로 끌어 들여야 한다.

멀티미디어 체제의 디지털화로 상대방의 모습을 보면서 말하고 들을 수는 있지만, 부모나 가족 구성원들이 앞에 있을 때처럼 정서적 교감이 일어나기는 어렵다. 부모의 격려어린 힘찬 목소리를 듣거나, 다정하게 끌어안거나, 고민을 하소연 하고, 공감하는 등의 상호 작용이 불가능하기 때문이다.

가정이 현재처럼 입시준비의 초소로 남고, 부모는 공부의 조력자로만 기능하는 행태를 계속한다면, 자녀는 가정보다는 디지털 전자공동체로 달려갈 것이다. 그러나 부모가 자녀와의 대면적인 상호작용을 심도 있게 증대시켜 나간다면, 자녀들은 정서적 접촉을 할 수 있게 되고, 정서적 유대를 강화시킬 수 있으며, 신뢰감을 느낄 수 있다.

디지털 전자공동체 속에서는 책임과 신뢰를 기반으로 한 대인관계보다는 쏟아지는 정보의 교류와 공유, 급변하는 사회 트랜드의 동참 등 사회적 관계에 치중하다보니 사람과 사람간에 책임과 신뢰가 부족한 관계를 맺게 되기 쉽다. 그래서 디지털 시대에는 혈연적인 의미의 가족은 있으되 교육적 의미의 가정은 없으며, 가정에서의의 교육이 상실되어 가고 있는 것이다.

부모와 자녀간에 일차적인 인간관계로서 감정의 공명이 일어나야 하며, 같은 밥상에서 가정의 밥맛을 서로 느낄 때 자녀들은 아날로그의 가정으로 돌아올 것이다. 그리고 나서야 부모가 자녀를 교육할 가정이 만들어 진다.

(전북도민일보, 2013. 2. 5)

질풍노도의 뿌리 깊은 상처, 학교폭력

질풍노도와 같은 격정의 시기 청소년들의 푸른 꿈이 멍들어 가고 있다. 학교가 울고 있다. 잔인하게도 깊이 박혀 있는 상처의 뿌리처럼 학교폭력이 뼛속까지 아리기 때문이다. 몇 번이고 도려내고 긁어내 보려고 하지만, 골수까지 퍼진 아픔은 치유할 길이 없어 보인다.

이제 학교폭력은 학교와 사회적 일탈의 문제를 넘어서서 우리사회의 4대 사회악(社會惡)의 하나로서 국가의 문제가 되었다. 대통령이 근절 대책을 말하고, 범국가적 차원에서 대책에 대한 본질적인 재검토가 시작되고 있다. 악(惡)을 선도하고 계몽해야할 학교가 폭력의 사회악이 조장되고 양산되는 본거지가 되는 학교 아노미 현상이 일어나고 있다. 학교의 교육이 학교폭력의 현상에 의해 주객이 전도된다면 이제 교육은 무의미해지며, 학교는 설자리가 없어진다. 우리의 백년의 미래가 답답하기만 하다.

학교폭력에 대한 백가쟁명(百家爭鳴)의 예방책과 우후죽순(雨後竹筍)의 대책들이 쏟아지고 있지만, 그 실효성이 일시적이고 단기적인 미봉책에만 이를 뿐, 학교폭력이 근본적으로 근절되지 못하는 것은 우리사회의 교육에 대한 인식의 모순에서 기인한다.

그동안 성장제일의 국가 중흥정책을 성공으로 이끈 배경에는 교육이 기여한 바가 크다. 그러나 지난 60년 넘게 근대화의 성장을 주도했던 교육의 덕분에, 아이러니 하게도 우리 사회에서는 최고를 지향하는 경쟁적이고 획일적인 교육이 좋은 교육으로 인식되어 버렸다. 학교는 서열화 되고, 상위로 서열화 된 학교에 진학하기 위해서 오직 진학과 입시만을 위한 교육이 되어, 학생들은 가열 찬 투쟁으로 경쟁의 일선에서 밤늦도록 새벽까지 과외로 학원으로 내몰려야 한다. 상위등급을 쟁취한 학생과 그 학부모는 교육적 상위계층으로 인식되며, 하위등급에 머문 학생과 그 학부모는 교육의 하위계층으로 분류된다. 교육적 성취과정의 이러한 계층적 구분의 인식으로 인해 우월감과 박탈감의 갈등구조가 학교에서 비롯되어 사회전반의 통념적 인식으로 만연되어온 세월이 60년을 넘긴 것이다. 이처럼 누적되어온 경쟁 일변도의 획일적 교육의 결과는 질풍노도 청소년기의 공격적 성향을 폭력으로 표출하게 하였다. 서로에 대한 우월감의 지배욕과 박탈감에 대한 반대급부의 보상심리는 가학적인 학교폭력의 유형으로 나타난 것이다. 학교폭력의 저변에는 오직 경쟁에서 이겨야한다는 나만의 욕심이 있을 뿐, 상대방을 존중하는 마음은 실종되어 있다.

학생들의 폭력적 공격성이 동료 학생에 대한 사랑과 존중의 열정으로, 더 나아가 창조적 열정으로 바뀔 수 있도록 가르치고 길러진다면, 거기에는 학교폭력이 설 자리가 없게 된다. 사람을 배려하는 어진(仁) 인성과 열정에 대한 관심으로서 창조성이 온전하게 발휘되기 위해서는 인성함양의 교육이 이루어져야 하고, 입시경쟁 위주의 교육보다는 창조성 함양의 교육이 이루어져야 한다. 이를 통해 학교폭력의 깊은 상처가 치유되기를 바란다.

(전북도민일보, 2013. 3. 21)

존망의 기로에 선 전북 교육

전국 최고의 학력을 자랑하며 교육명문 지역으로 일컬어졌던 전북교육의 영예는 이제 까마득한 옛날이야기가 되어가고 있다. 그동안 전북교육의 정책적인 의제가 유독 이념적 성향에 흔들리고 정치판의 당리적인 흉내 내기와 선언적 구호에 그쳐 정작 교육의 실질적인 면을 도외시한 채, 정책의 수사적 언설만 나열하면서 10여 년간 전북교육이 방치된 결과이다. 현재 전북교육은 존망의 기로에 선 처지이다.

직선제로 출범한 최규호 전 교육감체제에서 전북의 교육은 학력신장과 인성교육을 내세웠지만, 그 결과는 참담했다. 2007년을 학력신장의 원년의 해로 선포하며 학력신장의 프로젝트를 추진했지만, 2009년 전국 학업성취도 평가에서 학력미달 비율이 전국 최하위로 나타났다. 이어 출범한 김승환 현 교육감 체제의 전북교육은 차마 눈뜨고 볼 수 없는 망연자실한 결과를 낳고 있다. 일제고사 실시를 거부하는가 하면, 수준별 수업을 금지하는 등의 조치를 취하여 학력신장의 기초적 토대가 되는 교육의 기반을 송두리째 없애버리고 있다.

얼핏 보면 김승환 전북교육감 체제에서 이러한 조치는 이념적이고 공리적인 논리에서는 타당성이 있어 보인다. 그러나 교육에 있어서 기초적인 형식도야(mental discipline)를 위한 일제고사는 학교와 학생 서열화에 대한 비판의 정당성보다는 우위에 있어야 하며, 또 교수-학습에서 가르침과 배움의 절대조건인 학생 개인의 적성과 능력을 고려하는 개별화의 원리와 이 원리에 의해 실시되는 수준별 수업은 학생간의 위화감조성과 경쟁교육 조장이라는 비판보다 우위에 있어야 한다. 어떤 경우에도 교육은 기회균등의 평등은 보장되어야 하지만, 결과의 평등은 성립될 수 없다. 교육의 결과는 인간의 능력을 무한대로 개발하는 수월성(excellence)을 고양하는 것이기 때문이다.

마치 수준별 수업이 못하는 사람을 소외시키고, 평등교육이 모두를 배려하는 것으로 생각하는 현 김승환 전북교육감 체제의 학력관은 인간의 수월성과 창조적 능력을 개발하여 인성을 함양하는 것이 교육의 본질임을 모르는 데서 오는 교육적 무지와 오만함의 극치를 보여 주고 있다.

전북 교육청의 '2013 학력신장 기본계획'을 들여다보면 전북교육청이 과연 전북교육의 학력신장의 의지가 있는지를 의심케 한다. 교육 3.0시대의 도래라는 패러다임의 변화를 언급하면서도 추진과제의 체계를 보면 교육 1.0시대의 수준에 머물러 있다. 그마저도 금과옥조격의 교육적 언설만 나열하고 있을 뿐, 학력신장을 위해 어떻게 가르쳐야 하는가 하는 방향제시가 없고, 그에 타당한 운영과 지원체계를 일치시키지 못하고 있다. 이러한 현상을 초래한 것은 전북교육이 발전과 혁신 보다는 서로의 자리와 명예와 입지에 몰두한 지난 3년간의 김승환 교육감 체제였기 때문이다. 김승환 교육감체제는 그 운영의 일부 바람직한 측면이 있다는 것은 차치하고라도, 교육에서 가장 핵심적이고 중요하게 여기는 전북교육의 학력이 하위권을 맴돈다는 오명에서 벗어나지 못하고 있다.

존망의 기로에 선 전북교육의 명예를 되살리는 길은 인권이나 평등교육과 같은 형식적이며 이념적인 가치에 치중하는 현재의 교육방식에서 과감히 벗어나 진정으로 학생들의 학력을 신장시키고 인간의 창조적 능력과 인성을 개발하는 학교교육으로 시급히 전환하는 것이다. 전북교육의 환골탈태를 위해서는 학교의 교육을 바로 세우려는 전북도민의 의지와 관심이 모아져야 한다.

(전북도민일보, 2013. 6. 25)

대학평가와 전북의 고등교육

지난 8월 29일 교육부의 대학구조개혁위원회에서 2014학년도 정부재정지원 대학, 학자금 대출제한대학 및 경영부실대학을 평가한 결과, 전북 소재 대학이 6개나 선정되어 비수도권에서 선정된 30개 대학의 무려 1/5을 차지하고 있다. 교육의 도시로 명예와 자긍심을 가지고 있었던 우리 전북 도민들의 자존심이 땅에 떨어지고 말았다.

현재의 평가방식을 통한 대학구조조정 정책은 대학가에 매년 불안한 경쟁의 파장을 몰고 온다. 대학별 총평가점수가 마지막 하위 순위 15%에 포함되면 재정지원제한대학으로 매년 정해지기 때문에 각 대학들이 노력한 결과 절대지표로서 좋은 성과를 냈다고 해도 상대평가에 의해 부실대학이 반드시 나오도록 설계되어 있다.

이와 같은 대학평가를 통한 구조조정 정책의 무리한 추진으로 인한 폐해가 늘어나고 있다. 대학들은 평가의 지표 값을 올리기 위해 취업률이 낮은 학과들을 폐과하여 인기학과 중심으로 대학체제가 재편되고 있고, 특히 전문대학에서는 전문능력인 향상과 거리가 먼 유명 브랜드지점 분양과 같은 판매영업의 수단과 방법 등을 학과로 개설하는 등 대학 내 상업주의가 기승을 부리는 전대미문의 일이 일어나고 있다. 대학은 이제 교육적인 것과 비교육적인 것의 경계를 넘어서서 유행과 인기분야 중심으로 대학체제가 형성되면서 기초분야 학문 등의 기반이 협소해 지고 교육의 기형화가 이루어지고 있다. 여기에 따라 대학은 교육에 몰입하지 못하고 구조조정의 여파로 대학 내 갈등만이 고조되고 있는 실상이다.

현재의 대학평가지표에서 가장 많은 비중을 차지하고 있는 재학생충원율을 평가지표로 사용하는 나라는 세계에서 우리나라가 유일하다. 이 평가 방식은 인구주거 비율이 열악한 비수도권이 수도권보다 언제나 불리하고, 비수도권 중에서도 대도시가 없는 우리 전북이 다른 지역보다 절대적으로 불리한 지표이다. 더 황당한 것은 학생들이 군복무하는 동안은 재학생충원율에서 제외되기 때문에 남학생 위주의 공업계학과를 신설하는 경우에 그 학생들이 군복무하는 2년 동안은 재학생충원율에서 손해를 보게 되어 있다. 특히 대규모의 학과를 신설하는 경우에는 그 손해가 더 크다. 도내 대기업들의 요청에 의해 맞춤형 공업계학과를 최근에 대규모로 2개 신설한 K대학은 그 학생들이 군복무를 하는 동안은 충원율에서 15% 이상 손해를 보아 취업률이 전국 13등이면서도 재정지원제한대학으로 선정되는 수모를 겪고 있다. 공업계학과를 신설하면 초기 3년간은 무조건 손해를 보는 평가방식 때문에 대학들은 지역사회와 산업체에서 요구하는 공업계보다는 여학생 비중이 높은 보건계학과를 과잉 신설하는 이상한 현상이 벌어지고 있다. 교육부의 잘못된 평가방식이 산업인력양성체계를 심각히 왜곡시키고 있는 것이다.

대학교육의 가시적인 성과로서 취업률은 중요한 지표이다. 그러나 취업수요가 제한되어 있는 기초학문 분야나 예체능 분야 등에 대한 고려가 있어야 한다. 이러한 문제점 때문에 2014년부터 예체능 분야의 취업률을 평가에서 제외한다고 했지만, 그것만이 능사는 아니다. 사회적 수요를 고려한 적정한 기준점을 상정하여 평가지표를 마련해야 한다. 오죽하면 예능계열 중심으로 운영되고 있는 B 대학의 경우 교육부의 대학평가를 거부하여 정부의 재정지원 없이 대학의 독자적 운영을 택했겠는가. B 대학은 정부의 지원을 받지 않아도 운영을 건실히 잘하고 있고, 졸업생들도 해당 분야에서 훌륭히 활동하고 있음을 보면 교육부 대학평가 정책의 허상을 반증할 만한 실례라고 하겠다.

현재 시행되고 있는 평가방식을 통한 대학 구조조정 정책은 우리 전북의 고등교육발전의 전망을 어둡게 한다. 천편일률적인 지금의 대학평가과 재정지원 방식은 단기적 처방의 효과는 있을지 모르지만, 결국 지역의 특색과 함께 지방의 교육적 전통을 어어 온 요소들을 고려하지 않고 있다. 현재 인구수와 경제규모가 빈약한 전북은 정부재정지원도 다른 지역보다 적게 받는 악순환이 반복되어 전북 고등교육은 낙후를 면치 못하게 되고 전북 발전의 동력이 상실되고 말 것이다.

교육부는 대학정원 감축과 구조조정만을 위한 획일적인 대학평가 정책보다는 지역의 특색과 여건을 감안한 지방대학의 평가정책을 새롭게 마련해야 한다.

(전북도민일보, 2013. 9. 24)

전북의 교육감 선거

전북교육감 선거가 내년 6월로 다가왔다. 벌써부터 현 김승환 교육감의 재선 출마를 전제로 이에 대응하는 자천 타천 후보들이 10여명에 이른다. 교육감 선거는 지방자치 단체의 도지사 선거와 버금가는 것으로 시·도 교육정책의 향방을 결정하여 지역교육의 성쇠를 결정짓는 중요한 선거이다.

그러나 교육감 선거는 지방자치선거와 함께 치러지는 탓에 지방자치 정당후보들의 경쟁에 매몰되고 있다. 지난 전북교육감 선거에 대한 전북도민 유권자들의 관심은 50%를 넘지 못하였다. 또한 많은 후보들이 난립하여 투표에 참가한 유권자의 30%미만의 지지를 받고서도 교육감으로 당선되었다. 이처럼 낮은 지지율로 당선된 교육감은 근소한 차이로 낙선되었던 후보군들의 선거불복의 심리가 내재하여 교육감 임기 내내 견제와 비판에 시달릴 수밖에 없다. 직무수행에 있어도 각종 교육현안에 대한 정책이 도민의 대표성을 확보하지 못하는 결과를 초래하였다. 지난 4년 동안의 전북교육이 타 시·도에 비해 향상적이며 발전적이지 못하고 갈팡질팡했던 사실이 이를 반증해 주고 있다.

주지하다 시피 지난 전북교육감 선거는 많은 분들이 출사표를 던졌지만 도민들에게 교육정책의 차별화와 비젼을 제시하는 일은 소홀히 하였다. 더욱이 교육감 선거는 정치적 중립으로서 정당의 정치성을 지양해야 함에도 불구하고, 실제적으로는 유력한 정당 후보에 편승하거나, 동문과 지역 그리고 이념의 연고를 등에 업은 소수 특정단체의 여론몰이 식 선거였음을 전북도민 모두는 알고 있다. 도민의 뜻이 제대로 반영되지 못한 선거였던 것이다.

교육감선거가 직선제로 바뀌기는 했지만, 지금껏 지방자치단체 선거만큼 도민의 관심을 끌지 못하고 있다. 교육감 출마자들이 교육정책의 의제를 도민과 함께 널리 소통하거나 제고시키지 못했기 때문이다, 이러한 현상이 이번 교육감선거에서도 반복된다면 그것은 우리 전북도민이 갖는 교육에 대한 관심과 열망을 크게 저버리는 것이며 전북을 교육의 낙후지역에서 계속 벗어나지 못하게 할 것이다.

전북의 인구가 지속적으로 감소한 주요 원인이 그전에는 산업체의 부족이었으나 지금은 교육의 낙후성 때문인 것을 아는가? 전북의 교육을 '떠나가는 교육'으로 만들어서는 안 된다. 지난 세월 가족의 생계와 자식의 교육을 위해 많은 도민들이 전북을 떠났다. 지금은 산업체와 공공기관을 도내에 많이 유치했지만 가족은 수도권이나 다른 시도에 두고 본인만 부임하고 있다. 대규모 산업체를 유치해도 인구가 늘지 않고 있다. 본인의 직장뿐만 아니라 자식의 교육을 위해서라도 전북으로 오게 해야 한다. 전북교육을 '찾아오는 교육'으로 만들어야 한다. 이를 위한 교육정책이 절실히 필요하고 이를 실천할 수 있는 능력 있는 교육감을 전북도민은 원하고 있다. 교육감선거에서 진보와 보수의 이념적 투쟁이나 하고 있을 시간이 없다. 현재 전북의 '떠나가는 교육'의 문제점을 제대로 진단하고 대안을 제시하기에도 시간이 충분치 않다.

이번 선거에서는 전북교육을 '찾아오는 교육'으로 만들 수 있는 정책적 대안들이 제대로 제시되어야 한다. 또한 이 정책 중에서 도민들 다수의 지지를 얻는 정책과 교육감이 선택되어야 한다. 이를 위해서는 교육감후보들이 지난 선거처럼 난립해서는 안 된다. 정책적 입장을 공유하는 후보들끼리는 치열한 토론과 검증을 통해 후보와 정책을 단일화해야 한다. 정책적 입장의 차이에 의해 단일화된 후보들 중에서 도민의 선택이 이루어져야 도민 다수의 지지를 받는 교육감과 정책적 입장이 선택되어질 수 있다. 교육감이 도민 다수의 지지를 받고 선출되어야 비로소 교육개혁과 정책집행이 탄력을 받을 수 있는 것이다.

(전북도민일보, 2013. 10. 29)

1분 논평

지금이 전북교육의 위상을 되찾을 때입니다

일부 시·도에서 학생인권조례를 제정해서 시행하고 있고 전라북도도 학생인권조례의 제정을 추진하고 있습니다. 그 어느 때 보다도 학교폭력이 사회적으로 우려 되고 있는 이 시점에 학생인권조례의 제정을 추진하는 것은 바람직하지 않다고 생각합니다.

교육청정 지역으로서의 전통과 명예와 자부심을 갖고 있던 우리 전북교육도 학교폭력에서 예외가 아닙니다. 선생님과 학교당국을 가해자로 전제하는 학생인권조례를 제정한다고 학교폭력이 사라집니까? 선생님들의 학생지도권한이 위축되어 학교폭력을 사전에 예방할 수 없게 됩니다. 사후에 가해학생을 처벌하며 공권력을 학교에 투입하는 임시방편적인 대책 등으로는 우리 전북교육의 위상을 되찾을 수는 없습니다.

우리 학생들에게 전북교육의 전통에 대한 자긍심을 심어 주어 스승을 존경하고 동료학생을 배려하며, 서로 존중해 주는 교육적 풍토의 조성이 필요한 때입니다. 위기는 기회라는 말이 있듯이 지금의 교육적 위기에서 전북교육의 위상을 되찾을 기회입니다.

(JTV 1분 논평, 2012. 3. 1)

전북교육 학력저하 벗어나야 합니다

전북교육의 학력저하가 심각한 수준입니다. 2007년 이후 학업성취도 평가에 따르면 전북의 초·중·고등학교에서 학력부진학교로 지정된 비율이 타 시도보다 상당히 높습니다.

2000년도 이후 현대중공업, LS산전 등 많은 기업들이 전북으로 와서 일자리는 많아지고 소득은 높아지고 있는데 오히려 인구는 줄고 있습니다. 한때 250만 명을 넘어섰던 전북의 인구가 현재 180만 명으로 감소한 것은 일자리를 찾기 위해 서울로 부산으로 전북도민들이 이사를 갔기 때문입니다.

그런데 지금은 일자리를 만들어도 인구가 늘지 않고 있습니다. 자녀들의 교육여건이 만족스럽지 못해 일은 전북에서 해도 가족은 서울이나 부산 등에 두고 있는 경우가 많습니다. 기업을 유치해서 일자리 만드는 것도 중요하지만 가족이 전북에서 생활하고 교육받을 수 있는 여건을 만드는 것도 중요합니다. 질 높은 교육으로 가족들이 전북으로 이사 오도록 만들어야 합니다.

(JTV 1분 논평, 2012. 4.16)

학력 편견, 사라져야 합니다

직업에는 귀천이 없습니다. 특히 선진사회로 갈수록 직무의 난이도와 업무시간에 따라 일에 대한 대가가 결정되지 사무직이냐 생산직이냐의 구분에 따라 근로자가 차별받지 않습니다. 우리나라도 선진국으로 진입하면서 사무직이나 생산직에 대한 편견이 많이 없어졌습니다.

요즘처럼 사무직의 정년이 당겨지는 상황에서는 오히려 전문성이 있는 생산직에 대한 사회적 평가가 높아지고 있습니다.

사무직 인력은 주로 4년제 대학교가, 생산직 인력은 2,3년제 전문대학교와 실업계 고등학교가 양성하고 있습니다. 생산직 또는 기능직인력은 전문대학교나 실업계고등학교만 나와도 충분한데, 4년제 대학교에서 관련학과를 개설해 양성하면서 사회적 낭비가 발생하고 있습니다. 부모님들의 노후자금이 자녀들의 학자금으로 낭비되고 있는 것이지요. 4년제 대학교나 전문대학, 고등학교 졸업 경력에 대한 사회적 편견만 사라져도 반값 등록금 문제는 해결될 수 있습니다.

(JTV 1분 논평, 2012. 5. 21)

농촌학교 통폐합은 엇박자 정책

최근 교육과학기술부가 적정규모의 학교를 육성하고 이를 통해 학교통폐합을 유도하는 입법예고를 하였습니다. 교육계가 거세게 반발하자 학급당 학생 수 등을 명시하지 않는 것으로 한 발 물러서긴 했지만 우려는 여전합니다. 전북의 경우 760개 학교의 절반이 넘는 400여개 학교가 문을 닫을 수도 있기 때문입니다.

이와 같은 통폐합 대상 학교들은 거의 대부분 농어촌 지역에 있습니다. 이제 겨우 귀농과 귀촌 바람이 불어 농촌의 일자리가 창출되면서 농촌이 살아나고 있는데, 교과부는 경제논리를 앞세워 농어촌지역 자녀들의 교육여건을 보장해주지 않겠다고 하니 농촌을 되살린다는 정부의 정책에 엇박자를 놓고 있는 셈입니다.

일본의 예처럼 농촌에 있는 학교를 폐교시키지 않고 마을 주민의 평생교육센터로 같이 활용한다면 학생뿐만 아니라 주민도 이용하는 지역의 중심센터가 될 수 있습니다.

(JTV 1분 논평, 2012. 7. 3)

학교폭력 기재는 교육적 차원에서 이루어져야 합니다

전북 교육청이 학교폭력 가해사실을 학생부에 기재하라는 교육과학기술부의 훈령을 거부하면서 우리 전북교육이 혼란을 겪고 있습니다. 학교폭력 기재는 범정부 차원의 학교폭력 종합대책에 포함되어 이미 올 1학기부터 전국 대부분 학교에서 시행되고 있는 정책입니다.

대입 수시모집을 코앞에 둔 상황에서 교육감이 이를 거부하는 것은 마치 입시를 볼모로 한 극한 반대로 비춰져 무책임한 행위라는 비판에 직면할 수밖에 없습니다. 학교폭력 기재는 가해학생에게는 낙인효과 등 과잉처벌로 인한 또 다른 인권침해의 소지가 있습니다.

이런 문제는 국가인권위에서 권고한 것처럼 학교폭력 기록에 대해 졸업 전 삭제심의제도나 중간삭제제도 등을 도입하는 등 교육당국이 교육적 차원에서 개선하면서 시행해야 할 사항이지, 이를 이유로 일방적으로 거부하는 것은 바람직하지 않습니다.

(JTV 1분 논평, 2012. 9. 4)

대학입학, 적성과 흥미에 맞는 선택이어야 합니다

대입 시즌이 시작됐습니다. 대학진학을 앞둔 청소년들에게 전공 선택은 미래의 인생 지표가 될 만큼 중요합니다. 그런데 언제부턴가 고등학교는 개인의 적성과 흥미보다는 대학 진학의 양에 중점을 두는 이른바 실적 위주의 대입 성과에 매몰되어 있습니다.

학생의 적성과 흥미는 제쳐 두고 우선 대학에 입학시켜 놓고 보자는 식의 진학지도는 대학교육의 경쟁력을 약화시키는 결과를 초래하고 있습니다. 적성과 흥미에 맞지 않은 대학 선택은 중도 탈락률을 높여 인적 자원의 낭비를 가져옵니다.

전공을 포기하고 전자기기 조립의 흥미를 살려 '애플사'를 창립한 스티브 잡스와 부모님의 권유를 물리치고 스스로 알아서 음악을 공부하여 '강남 스타일'로 세계 시장을 강타한 가수 싸이의 성공은 적성과 흥미에 맞는 진로 선택의 결과이었음을 알아야 할 것입니다.

(JTV 1분 논평, 2012. 10. 15)

대통령 선거,
국민을 위한 선택이어야 합니다.

다음달 19일은 대통령 선거일입니다. 나라 지도자를 선택하는 일은 국가의 번영과 직결되고 각 이익집단별로 이해가 걸려 있기 때문에 무엇보다도 중요한 일입니다. 그러나 작금의 대선 정국을 보면 후보들이 당선을 위해 인기몰이식 투표를 조장하고 있는 것 같아 안타까울 뿐입니다.

후보들과 그 후보를 지원하는 정치집단들의 국가운영에 대한 공약과 집행능력에 대한 엄밀한 평가에 의해 대통령이 선출되어야 하는데, 이에 국민의 평가는 실종됐습니다. 오로지 후보와 그 세력에 의한 선동과 국민동원만이 난무하고 있습니다.

후보들 간 차별성 없는 중복된 구호나 대선기간에 반짝 등장하는 선심성 공약, 당선 후 실천가능성이 의심스러운 공약에 대해서는 엄중한 심판과 선택을 해야 합니다. 국민이 이를 소홀히 하면 이번 대통령선거는 국민을 위한 선택이 아니라 후보와 그 정치집단을 위한 선택이 될 것입니다.

(JTV 1분 논평, 2012. 11. 21)

국민통합, 상생을 위한 조화이어야 합니다

새 정부의 출범 화두가 국민 대통합입니다. 그래서 우리 국민 모두는 새로 출범할 정부에 거는 기대가 그 어느 때보다 큽니다. 지난 대선 기간 동안 이념간, 세대간 표심이 보여준 차이는 그만큼 국민통합의 필요성을 절감하게 하고 있습니다.

국민통합은 국민을 하나의 색깔로 만든다는 획일적인 관점에서 이루어지는 것이 아닙니다. 국민 모두는 각기 다른 능력과 개성을 가지고 있습니다. 그러므로 국민 대통합은 국민 모두가 참여할 수 있게 각자의 개성과 능력이 조화를 이루는 터전을 만들어주어야 가능합니다.

무조건 수용하는 종속적인 통합이 아니라 타고난 저마다의 소질을 계발하고 개성과 능력이 서로 협동을 이룰 수 있는 상생의 통합인 것입니다. 사회의 각 분야와 계층에서 상생을 위한 협동과 경쟁, 지원과 견제를 위한 조화인 것입니다. 서로 다른 국민의 개성과 능력이 일곱 빛깔 무지개처럼 서로 어울려 조화를 이루며 아름다운 통합이 되는 것이 국민 통합의 이상적인 모습일 것입니다.

(JTV 1분 논평, 2013. 1. 5)

가정교육을 되살릴 때입니다

만연되어 있는 청소년들의 탈선과 학교폭력 등을 보면서 그 어느 때 보다도 가정교육의 중요성을 절감하게 됩니다. 가정은 부부의 사랑을 토대로 부모자녀, 형제자매의 온정과 아낌과 보살핌이 있는 곳입니다. 그래서 예로부터 교육과 인간 도리의 근원이 가정에서부터 시작된다고 한 것입니다.

지금의 가정은 산업사회의 발달에 따른 맞벌이 부부의 증가 등으로 가족은 있으되 가정은 실종되어 있습니다. 같은 공간에 거주하면서도 부모자녀, 형제자매간의 소통은 이루어지지 않고, 마치 낯선 모임의 만남처럼 자기중심적인 일에만 몰두하고 있습니다.

어머니의 온화한 보살핌, 아버지의 꾸지람, 서로를 보듬어 주는 형제자매간의 온정은 온데간데 없습니다. 가정교육의 기능이 상실되어가고 있습니다. 서로를 격려하고, 아픔을 어루만져 주고, 따뜻한 마음으로 감싸주는 가정의 교육적 기능이 되살아날 때, 우리의 자녀들은 긍지를 갖고 희망을 펼치는 미래의 동량으로 자랄 것입니다.

(JTV 1분 논평, 2013. 2. 4)

창조적 인성교육이 학교폭력 근절책입니다

학교폭력이 우리사회의 4대 사회악의 하나로 규정될 만큼 만연하고 있습니다. 자기성장을 도모해야 할 학교가 폭력에 멍들어 있고 학생이 전전긍긍, 불안한 마음으로 가야하는 곳이라면 더 이상 배움의 전당이라고 할 수 없을 것입니다.

그동안 학교폭력에 대한 수많은 대책들이 강구되었지만, 그 실효성을 거두지 못한 것은 사후적 관리대책에 중점을 두었기 때문입니다. 학교폭력이 발생한 후 이루어지는 처방들은 일시적이고 단기적인 미봉책의 효과는 있을지언정, 근원적인 예방책은 되지 못합니다. 청소년들의 폭력적 가학성은 그들의 넘치는 열정이 공격성으로 표출되는 것이기 때문에 이들의 열정을 승화시키고 진정시키는 교육이 필요합니다.

그러기 위해서는 우리사회의 경쟁 일변도의 교육을 과감히 혁신해야 합니다. 폭력적 공격성을 창조적 능력을 발휘하는 열정으로 바꾸는 교육과 나를 존중하고 상대방을 인정하는 인성함양의 교육체제가 구축된다면 학교폭력은 저절로 근절될 것입니다.

(JTV 1분 논평, 2013. 3. 21)

안보교육이 필요한 때입니다

평화를 원하거든 전쟁에 대비하라는 말이 있습니다. 우리는 남북의 평화공존을 위해 끊임없이 노력하여 왔습니다. 그러나 북한의 적화 통일 전술에 번번이 속아 오히려 남남갈등과 국가안보의 불감증만을 초래하였습니다.

북한은 '우리민족끼리'를 내세우고서도 천안함 폭침, 연평도 포격 등 우리의 생존을 위협하는 도발을 감행했습니다. 지금도 북한은 한반도에 매우 높은 군사적 긴장을 조성하고 있습니다. 그러나 우리 교육의 현실은 입시경쟁의 교육에만 몰두하고 있고, 개인적이고 이기적인 학교풍토는 북한 도발의 위기상황을 양치기 소년의 거짓말 정도로 치부하고 있습니다.

국가안위에 대한 안보의 불감증이 심각한 상황입니다. 만일 한반도에서 북한의 도발로 전쟁의 상황이 전개된다면 우리 젊은이들은 어떤 생각과 행동을 보일지 심히 우려됩니다. 국가안위에 대한 안보교육을 통하여 유사시를 대비한 정신무장을 제고시킬 때입니다.

(JTV 1분 논평, 2013. 4. 29)

호국 보훈의 달 6월

6월은 호국보훈의 달입니다. 나라와 겨레위해 목숨을 바치신 호국영령들의 정신을 기리고 아로새겨야할 때입니다. 우리 민족은 국가의 위기 때마다 분연히 나서서 구국의 혼을 던져 나라를 지켰던 수많은 충신, 열사, 지사, 투사들의 자랑스러운 역사를 간직하고 있습니다. 그 선열들의 얼이 있었기에 우리사회는 자유와 민주와 평화를 누릴 수 있습니다.

그러나 지금의 현실은 선열들의 숭고한 희생에 대한 보훈정신이 퇴색되어 가고 있습니다. 민족혼의 상징이 이념적 갈등에 의해 폄훼되고 있으며, 정치적 당략으로 이용되고 있고, 세대간의 갈등을 조장하기도 합니다. 미래의 희망인 청소년들에게 호국보훈의 정신은 고리타분하고 과거 속 이야기 정도일 뿐입니다.

시대가 변하여 가치가 변한다고 해도 호국의 얼은 불변하는 삼천리 금수강산의 푸른 정기이며 높은 기상으로 만세를 이어갈 교훈입니다. 호국 선열들의 멸사봉공에 대한 보훈의 도리는 나라사랑 정신의 하나로 뭉쳐 조국통일의 초석을 만들어가는 일입니다.

(JTV 1분 논평, 2013. 6. 3)

역사교육이 바로 서야 합니다

역사를 잃어버리면 미래를 창조할 수 없다는 말이 있습니다. 역사는 인간의 절대정신이 구현된 것이고, 그 정신에 의해 미래를 발전시키는 교훈이 되기 때문입니다.

지금 우리의 교육에서 청소년 역사교육은 왜곡되어 있거나 무지의 상태입니다. 건국신화의 시조인 단군왕검을 무슨 칼의 이름으로 추측하고 있고, 발해는 무슨 바다의 이름으로 인식하며, 각 나라를 세웠던 역사의 인물들은 아예 알지도 못하는 등 우리 역사에 대한 무관심과 무지가 청소년 학생들의 경우 80%에 달한다고 합니다. 미래의 주역이 될 청소년들이 이처럼 역사를 모른 채 뿌리의 근본을 잃어버리고 있다면 반만년 역사를 가진 대한민국의 미래는 결코 새롭게 창조될 수 없을 것입니다.

우리의 역사를 바르게 세우는 역사교육이 이루어져야 합니다. 역사의 뿌리가 굳건해야 일본의 독도 망언을 물리칠 수 있고, 중국 동북공정의 역사 왜곡을 바로 잡을 수 있습니다. 올바른 역사교육만이 민족과 국가를 보전하는 초석이 된다는 것을 우리 모두는 명심해야 합니다.

(JTV 1분 논평, 2013. 7. 14)

국가주의 교육을 확립할 때입니다

대한민국 정부가 수립되고 65년이 지나는 동안 우리의 교육은 이른바 입시위주 교육에 매몰되어 왔습니다. 그 결과 지금의 교육은 교육의 목적과 수단이 전도된 채 방황하고 있습니다.

모든 교육의 지향점이 상급학교에 진학하기 위한 수단으로 전락하다보니 입시경쟁에 청소년기를 몰입해 온 젊은이들에게는 국가관이나 애국심을 함양할 기회가 없었습니다. 국가와 사회의 위기가 닥쳐와도 개인의 이기적인 권리만 주장할 뿐 공익과 나라의 융성을 위한 헌신의 마음은 찾아보기 어려운 실정입니다.

21세기의 전환기적 상황에 직면해 있는 지금, 우리 사회는 민족의 운명이 나라의 발전을 위한 국가주의 교육의 확립에 있다는 것을 직시해야 합니다. 19세기 초, 독일 멸망의 위기에서 국가주의 교육의 제창으로 조국을 구했던 피히테의 '독일 국민에게 고함'을 타산지석으로 삼을 때입니다. 나라의 융성이 곧 나의 발전의 근본임을 깨닫게 하는 국가발전을 위한 교육을 확립해야 합니다.

(JTV 1분 논평, 2013. 9. 2)

교육감 선거,
정책에 의한 선택이어야 합니다

내년에는 교육감 선거가 있습니다. 우리 선거풍토의 고질적인 병폐는 학연과 지연에 의한 선거입니다. 후보의 정책은 안중에도 없고, 동문과 지역, 집단별로 배타적인 이기심만 극대화 되고 있습니다.

전북의 초·중등 교육을 책임지는 교육감이야말로 정책에 의해 선출 되었어야 하는데 지난 선거의 경우, 후보난립의 결과로 정책대결은 사라지고 투표자의 30% 미만의 지지를 받은 교육감이 선출되었습니다. 70% 이상의 지지를 받는 교육적 입장과 정책은 후보자의 난립으로 선택을 받지 못하였습니다. 그 결과 전북교육은 도민의 다수가 지지하는 교육정책이 아닌 소수의 집단에서 주장하는 편협하고 독선적인 정책의 시행을 초래하여 전북교육을 갈팡질팡하게 만들었습니다.

내년 전북교육감 선거에서는 후보 난립을 방치할 게 아니라, 정책적 입장에 따라 후보들을 단일화 하여야 합니다. 도민의 다수가 지지하는 교육적 입장과 정책이 선택되고 추진될 때 비로소 전북교육의 혁신이 추진력을 받게 되고 전북교육의 발전을 도모 할 수 있습니다.

(JTV 1분 논평, 2013. 10. 24)

교육이 살아야 나라가 산다

초판 1쇄 2013년 12월 6일 발행

지은이 이 승 우

펴낸곳 도서출판 박학사
주소 서울시 마포구 서교동 460-26 동아B/D
전화 (02) 3142-3764~5
팩스 (02) 3142-3766
www.pakhaksa.co.kr
등록번호 제10-2230호

ISBN 978-89-98521-13-4

기획 · 인쇄 우일인쇄(wooilpro@hanmail.net)
전화 063-442-7733, Fax 445-3483

값 17,000원